Renata Fu-sheng Franke
Wolfgang Mitter (Hg.)

Das Bildungswesen in China

Bildung und Erziehung

Beiheft 12

Herausgegeben von Oskar Anweiler, Otto Ewert,
Karl Frey, Martha Friedenthal-Haase, Walter Georg,
Manfred Heinemann, Joachim H. Knoll,
Gisela Miller-Kipp, Wolfgang Mitter, Harm Paschen

Renata Fu-sheng Franke
Wolfgang Mitter (Hg.)

Das Bildungswesen in China

Reform und Transformation

2003
BÖHLAU VERLAG KÖLN WEIMAR WIEN

Bibliografische Information der Deutschen Bibliothek

Die Deutsche Bibliothek verzeichnet diese Publikation
in der Deutschen Nationalbibliografie;
detaillierte bibliografische Daten sind im Internet über
http://dnb.ddb.de abrufbar.

Ursulaplatz 1, D-50668 Köln
Tel. (0221) 91 39 00, Fax (0221) 91 39 011
vertrieb@boehlau.de

Druck und Bindung: MVR Druck GmbH, Brühl
Gedruckt auf chlor- und säurefreiem Papier.
Printed in Germany
ISBN 3-412-17301-0

Inhalt

TEIL III – BILDUNGSTRANSFER UND INTERKULTURALITÄT

Vorwort der Herausgeber

In diesem Beiheft zu *Bildung und Erziehung* mit dem Titel „Das Bildungswesen in China: Reform und Transformation" wird in insgesamt sechzehn Beiträgen nebst einer inhaltlichen Einleitung eine größere Anzahl unterschiedlicher Themen angesprochen, die einen Einblick in die Komplexität neuerer Entwicklungen auf dem Gebiet des Bildungswesens in China vermitteln. Viele aktuelle Fragen und Probleme bleiben dabei unberührt, da ihre wissenschaftliche Aufarbeitung und Darstellung den Rahmen dieses Beiheftes gesprengt hätten. Beabsichtigt ist mit diesem Heft, vor allem auch einen deutschen Leserkreis anzusprechen, der keinen unmittelbaren Zugriff auf international ausgelegte, meist englischsprachige Zeitschriften oder gar chinesische Literatur hat, der aber ein Bedürfnis nach Informationen über die weitläufigen Veränderungen in China auf diesem Gebiet verspürt.

Um einen Eindruck von den aktuellen Diskussionen auf dem Gebiet des chinesischen Bildungswesens zu erhalten, wurde an bereits vorhandene Kontakte der beiden Herausgeber zu Erziehungswissenschaftlern in China selbst angeknüpft. Damit war die Hoffnung verbunden, einen direkteren Einblick in die chinesische Bildungswirklichkeit zu erhalten. Die Themenauswahl war mehr oder weniger abhängig von den jeweiligen Arbeitsgebieten der Betreffenden, so dass das Beiheft nicht für sich den Anspruch erheben kann, das Thema Transformation im chinesischen Bildungswesen vollständig und umfassend abzudekken. Vertreten sind vor allem das Hochschulwesen (CHEN, LIU/XIE) und die Lehrerbildung mit jeweils zwei Beiträgen (LI, JIN); zwei Artikel beschäftigen sich mit Fragen des Schulwesens Chinas (PEI, HUANG Mei) sowie einer mit dem von Hongkong und Macao (BRAY); darüber hinaus werden in weiteren Beiträgen spezielle Fragen behandelt, nämlich Frauenbildung, Minderheitenbildung und Chinesisch als Fremdsprache (SHI, LI/LAN, HUANG Hong). Der Bericht über die Deutsche Schule Peking (MESCHEDE) vermittelt schließlich eine innerchinesische Sicht jedoch aus deutscher Perspektive.

In der Pädagogik hat man sich am intensivsten der Zusammenarbeit auf dem Gebiet der deutsch-chinesischen Berufsbildungshilfe gewidmet, woraus einige Veröffentlichungen hervorgegangen sind. Dass dieser Bereich mit drei Artikeln deutscher Berufspädagogen (EHEIM, SCHAFRANSKI, ZIMMERMANN) vertreten ist, hat also seinen Grund in dieser Schwerpunktaktivität.

Die Beschäftigung mit Fragen von Bildung und Erziehung in China im Rahmen der gegenwärtigen deutschen Sinologie ist ein Themenbereich, der bisher sehr vernachlässigt wurde. Allerdings werden interdisziplinäre Forschungen betrieben (FRANKE), die sowohl auf chinesischsprachigen als auch auf westlichen Quellen beruhen. Der Beitrag zur schulischen Wirtschaftstätigkeit widmet sich einem besonders interessanten Randaspekt des chinesischen Bildungswesens, der allerdings in seinen Auswirkungen für die bildungsökonomische Diskussion von zentraler Bedeutung ist.

Die Behandlung des Themas China aus unterschiedlichen Blickwinkeln bringt mit sich, dass hinsichtlich der Begrifflichkeit keine vollkommene Einheitlichkeit hergestellt werden konnte. Dies betrifft vor allem die Bezeichnung der drei verschiedener Typen von chinesischen Oberschulen bzw. höheren Schulen, d.h. die Allgemeine und die Berufliche Sekundarschule auf Sekundarstufe I und II sowie die Sekundare (technische oder pädagogische) Fachschule auf Sekundarstufe II. Leider hat sich im Deutschen die missliche Übersetzungen „Mittelschule" eingebürgert, die weder ein korrektes Äquivalent zum chinesischen Begriff bildet, noch inhaltlich eindeutig ist.

Abschließend ist zu bemerken, dass vom erkenntnistheoretischen und methodischen Zugang her das vorrangige Anliegen chinakundlicher Studien heute mehr als je zuvor ist, die Ereignisse in China über Stereotypen hinweg verständlicher zu machen. Dem Untersuchungsgegenstand China kann man daher - auch im Bereich Bildungswesen – in differenzierter Weise nur noch anhand von chinesischem Quellenmaterial und/oder über einen direkten Zugang durch Feldforschung gerecht werden; verantwortungsvolle und zuverlässige fremdkulturelle Studien sind überdies eigentlich auch nur noch über sinologische Fachgrundlagen hinaus interdisziplinär und in Kooperation mit Wissenschaftlern des betreffenden Landes durchzuführen.

Die Herausgeber

Renata Fu-sheng Franke

Bildung und Erziehung in China
Reform und Transformation

1. Die moderne Bildungsreform in China begann am Anfang des letzten Jahrhunderts mit der Abschaffung des traditionellen Prüfungssystems für den Beamtenstatus im Jahre 1905. Sie setzte sich fort in der geistig-kulturellen Bewegung vom 4. Mai 1919, die von dem anti-traditionellen pro-westlichen Ruf nach „Demokratie und Wissenschaft" bestimmt wurde. Der Sinologe Wolfgang FRANKE, der den Anpassungsprozess des traditionellen Bildungswesens als erster in westlicher Sprache ausführlich beschrieben hat, spricht von einem Jahrhundert der chinesischen Revolution, zu denen er auch diese beiden kulturellen Ereignisse als Ausdruck fundamentaler gesellschaftlicher Umwälzungen rechnet.[1] Das revolutionäre Jahrhundert Chinas endete mit einem letzten Aufbäumen, das ebenfalls unter einem kulturellen Vorzeichen stand, d.h. mit der chinesischen Kulturrevolution der 1960er Jahre. Die Kulturrevolution, die sich nicht nur anti-traditionell gebärdete, sondern sich auch total gegenüber westlichen Einflüssen abkapselte, sollte dazu verhelfen, unter der „Diktatur des Proletariats" eine egalitäre Gesellschaftsstruktur und zwar mittels Erziehung und Umerziehung zu etablieren. Vorstellung von Egalität finden sich bereits in den klassischen chinesischen Sozialutopien von der Großen Gemeinschaft (*datong*), die auch die revolutionären Strömungen um die Jahrhundertwende zum 20. Jahrhundert beeinflusst haben. Die u.a. solches Denken enthaltenen klassischen Schriften bildeten den Grundstock konfuzianischer Bildung und Ausbildung. Der Egalismus unter kommunistischen Vorzeichen hat allerdings paradoxerweise gerade sein Gegenteil bewirkt, nämlich den reformerischen Kräften in China und der Ausbreitung des Kapitalismus zu einem Durchbruch verholfen, indem sich die repressive Gewalttätigkeit revolutionärer Macht gegenüber der Bildungselite selber ad absurdum geführt hat. Eine ähnliche Wirkung hatte die gewaltsame Niederschlagung der Demokratiebewegung im Jahre 1989, die den Glauben der Bevölkerung an die Gerechtigkeit und selbstverständliche Berechtigung des kommunistischen Regimes ins Wanken gebracht hat.

Auch der Auffassung der chinesischen Erziehungswissenschaftlerin PEI nach, die einen Beitrag über die neuen Tendenzen in der Curriculumreform verfasst hat, griff der erste tiefgreifende Wandel der chinesischen Bildungsvorstellungen mit dem Blick auf Wissenschaft und Demokratie in den auf die o.g. Bewegung vom 4. Mai folgenden Jahren um sich. Sie knüpfte damit an vor-

---

1 Vgl. Wolfgang FRANKE: Anpassungsprobleme im chinesischen Erziehungswesen des 19. und frühen 20. Jahrhunderts, in: SAECULUM 19, Heft 1/1968.

kommunistische Zeiten der zwanziger und dreißiger Jahre an, als in China – wie im Deutschland der Weimarer Zeit – eine Vielfalt von neuen geistig-kulturellen Strömungen miteinander in Wettbewerb traten, nachdem in beiden Ländern durch die Abschaffung des Kaisertums die institutionellen Barrieren gefallen waren. Seit Mitte der achtziger Jahre vollzieht sich nach Meinung von PEI Dina ein zweiter großer Wandel in den Bildungsanschauungen, wobei es um das Thema „menschliche Entwicklung" gehe: Chinas Bildungswesen erlebe einen „Jahrhundertwechsel vom Lernen, ‚wie wir überleben' und ‚wie wir für andere sorgen' zum Lernen, ‚wie wir uns entwickeln'". Entwicklung wird von ihr im personalen Sinne als „Qualitätserziehung" (*suzhi jiaoyu*) wie auch im sozialen Sinne als „gesellschaftliche Anpassung" (*shiying shehui*) verstanden.

2. Das trotz aller Gegenströmungen im Konfuzianismus fundierte Bewusstsein über das Nonplusultra von Bildung und Erziehung fand unter den Bedingungen der Abgrenzung gegenüber dem Rest der Welt eine dogmatische Fortsetzung in der kommunistischen Theorie und Praxis Chinas. Das Aufbrechen dieser ideologisierten Struktur ist mit einem unvergleichbaren Impetus und einer unaufhaltsamen Dynamik verbunden, die auch zu einer Freisetzung von Lern- und Leistungsbereitschaft geführt hat. Die Fortschritte Chinas in den letzten beiden Jahrzehnten auf den Gebieten Wissenschaft und Bildung mit ihren zahlreichen internationalen Kooperationsprojekten sind ein eindrucksvolles Zeichen dafür. Auf der anderen Seite bringt die Einbeziehung Chinas in die globalen Prozesse marktwirtschaftlicher Expansion für Teile der chinesischen Bevölkerung eine direkte oder indirekte Ausbeutung und Enteignung. Die ursprünglich durch das sozialistische Staatsgefüge und die kommunistische Ein-Parteien-Herrschaft garantierte und gesicherte, wenn auch nur sehr bescheidene und beengte Existenz des Einzelnen, die einen langfristig staatlich zugewiesenen gesicherten Arbeitsplatz einschloss, bewegt sich entlang einer unaufhaltsamen Auflösung mit nur vage ausgewiesenen Zukunftsperspektiven. MAO Zedong verhieß in den 50er und 60er Jahren eine zukünftige ideale Gesellschaft der kollektiven Solidarität und individuellen Egalisierung, indem er auch der Jugend ein entbehrungsvolles „hinab aufs Land, hinauf in die Berge" (*xia xiang, shangshan*) auferlegte. DENG Xiaoping rief Ende der 70er Jahre zu einem geschäftlichen Streben nach Reichtum durch ein risikofreudiges individuelles „hinab in das Meer" der Privatwirtschaft (*xia hai*) auf, einem Ruf, dem viele junge Leute mit und ohne Bildungshintergrund folgten. Unter JIANG Zemin geht es schließlich um die Entlassung aus der kollektiven Obhut, wobei die öffentlichen Einrichtungen sich genötigt sehen, ihre Mitglieder von ihren angestammten Arbeitsstellen zu verweisen (*xia gang*), damit sie sich selber eine neue Existenz u.a. über Fort- und Weiterbildung schaffen. Dadurch ist ein privatwirtschaftlicher Bildungsmarkt entstanden mit einer an Fähigkeiten und Qualifikation orientierten Nachfrage. Die Abschaffung des kollektiv unterhaltenen Minban-Lehrersystems, wie es in dem Beitrag von JIN Xibin beschrieben wird,

zeigt, wie kommunistisch geprägte Bildungsstrukturen und Qualifikationen sich überholen und damit ihre Funktionalität verlieren.

Im Juni 1999 wurde die 3. Nationale Arbeitskonferenz über das Bildungswesen Chinas veranstaltet – die erste hatte im Jahre 1978 stattgefunden, auf der der Generalsekretär und Staatspräsident JIANG Zemin wie auch Ministerpräsident ZHU Rongji sich äußerten. Im Rahmen der Konferenz wurde ein neuer Bildungsreformplan ausgearbeitet, dem die auf dem 15. Parteitag entwickelte „Strategie, das Land durch die Entwicklung von Wissenschaft und Bildung stark zu machen" zugrunde gelegt wurde. Die Bedeutung für China, die Wissenschaft und Bildung durch diese ihnen eingeräumten strategische Position haben, legt ZHU Rongji in seinem Konferenzbeitrag dar, der in den chinesischen Medien veröffentlicht wurde. Demnach soll das Bildungswesen die Grundlage für nationale wirtschaftliche Entwicklung und gesellschaftlichen Fortschritt sowie internationale Konkurrenzfähigkeit bilden und die Stärkung Chinas durch die Verbesserung der Qualität von zahlenmäßig nicht zu übertreffenden menschlichen Ressourcen erfolgen. Es wird ein direkter Zusammenhang zwischen Bildungsniveau und Wirtschaftseffizienz gesehen, weshalb die durchschnittliche Ausbildungszeit auf dem Lande von fünf Jahren und in den Städten von neun Jahren angehoben werden müssen, denn die Hälfte der 140 Millionen Arbeiter in städtischen Betrieben sind Facharbeiter, wovon nur 35% eine mittlere und 3,5% eine höhere Ausbildung haben. Der Artikel von LI Qilong stellt dar, in welcher Weise die Lehrerbildung allgemein reformiert wird, um die entsprechend notwendigen Voraussetzungen für eine Ausweitung und Verbesserung der Bildung auf Primar- und Sekundarstufe zu gewährleisten.

3. Ein schwerwiegender Faktor für die Befriedigung der steigenden Bildungsnachfrage ist seit Gründung der Volksrepublik China das ununterbrochene Bevölkerungswachstum gewesen. Die chinesische Bevölkerung von 1. 243,5 Millionen im Jahre 1997 wird bis 2015 weiterhin ein jährliches Wachstum von 0,7% aufweisen. Seit 1997 nimmt der Anteil von Kindern und Jugendlichen an der Gesamtbevölkerung rasch zu (OECD, S.68), sodass auf eine Arbeitskraft 0,4 Personen im Schulalter, d.h. zwischen 5 bis 14 Jahre fällt (OECD, S.78).[2] Zunehmend erschwerend macht sich eine ungleiche Verteilung bemerkbar, indem die Zahl der 5-10jährigen Kinder abnimmt, jedoch eine Zunahme der 11-19jährigen zu verzeichnen ist, d.h. in der Altersgruppe für die Sekundar- und tertiäre Bildung zeichnet sich über den Zeitraum von 1996-2006 ein Wachstum von ein 21% ab (OECD, S.29). Eine allgemeine neunjährige Elementarbildung ist im heutigen China in den Städten eine Selbstverständlichkeit geworden. Im Jahre 1998 betrug die Einschulungsquote aller schulpflichtigen Kinder 98,93% und die Übergangsrate zur Unterstufe der Sekundarschule 87,3% (CHINA aktuell 2/2000, S.119). Über die letzten fünfzig Jahre hat also die chinesische Re-

2 Hier und folgend handelt es sich um die Studie der OECD: Investing in Education. Analysis of the 1999 World Education Indicators. Education and Skills. Paris 2000.

gierung trotz aller bildungspolitischer Kontroversen beim Ausbau des Bildungswesens der Primarstufe mit dem Bevölkerungswachstum Schritt halten können, und auch die untere Sekundarstufe erfuhr kontinuierlich eine Ausweitung. Dabei wurde auch die Situation der Frauenbildung und der nationalen Minderheiten zunehmend verbessert, worüber der Artikel von SHI Jinghuan und der von LI Xuejing berichten.

Beim Vergleich des Bildungsniveaus nach Altersstufen zeigt sich allerdings eine jahrelange Stagnation im tertiären Bildungsbereich und sogar eine zeitweilige Rückläufigkeit in der Sekundarstufe II (OECD, S.154), die offensichtlich durch die kulturrevolutionäre Nivellierung des Bildungswesens verursacht wurde. Der Mangel an höheren und tertiären Bildungsinstitutionen ist derart, dass im internationalen Vergleich China im Jahre 1997 trotz einer gegenüber Indien (59,9%) und dem entwickelten Malaysia (11,9%) relativ niedrigen Analphabetenrate von 13,6% (OECD, S.32, S. 38 u. S.28) mit seiner durchschnittlichen Bildungsversorgung weit hinter anderen Ländern zurücklag (OECD, S.59). Ein Vergleich der durchschnittlich zu erwartenden Verweildauer eines Schülers im Bildungswesen zwischen China (10,9 Jahre) und Deutschland (16,6 Jahre) zeigt allzu deutlich die große Diskrepanz (OECD, S.156). Das größte Problem in China ist also die Ermöglichung eines Lernens über grundlegende Bildung hinaus, d.h. die Versorgung der Bevölkerung mit Schulen für die höhere Bildung und mit Hochschulen sowie mit anderen tertiären Bildungseinrichtungen. Im Jahr 1997 betrug die Zahl der zugelassenen Hochschulstudenten nur 4% und die Zulassung für den tertiären berufsbildenden Bereich 7% der Altersgruppe (OECD, S.158). Die niedrigen Übergangsraten im Zusammenhang mit der wachsenden Zahl der Jugendlichen im Alter der Sekundarstufe II und im Hochschulalter sind die Ursache dafür, dass für die chinesischen Schüler der Leistungs- und Konkurrenzdruck außerordentlich groß ist. Dringende Aufgabe der kommenden Jahre wird es daher sein, die Engpässe beim Übergang in die Sekundarstufe II und vor allem an die Hochschulen durch Ausbau, Effizienzsteigerung und Kapazitätenerweiterung zu beseitigen. Von den konkreten Bemühungen und Problemen in diesem Bereich zeugen die beiden Beiträge von CHEN Hongjie sowie von LIU/XIE zur chinesischen Hochschulreform. In beiden Beiträgen wird ersichtlich, dass die Anpassung des Hochschulwesens an den neuen Bedarf einen transformatorischen Umbau des Bildungssystems mit sich bringt in Richtung zunehmender Dezentralisierung der Bildungsadministration.

4. Der Abbau hirarchisch-elitärer Strukturen in Verbindung mit einer Aufweichung staatlich selektiver Prüfungsverfahren zieht einerseits eine Vermassung, andererseits eine zunehmende Vermarktung von Bildung nach sich. Der Umbau etablierter Institutionen geht schwerfällig und langwierig vonstatten, sodass öffentliche wie auch zunehmend private Bildungseinrichtungen sich zur Beschleunigung dieses Prozesses der Marktmechanismen von Angebot und Nach-

frage bedienen. Dies hat zur Folge, dass in Verbindung mit Autonomisierung von Schulen und Hochschulen eine allgemeine Ökonomisierung stattfindet. Der Beitrag von FRANKE zur Schulischen Wirtschaftstätigkeit zeugt von einer Erweiterung entwicklungspolitischer Funktionen von Wissenschaft und Bildung, die zu einer Transformation des ausschließlich konsumptiven und alimentativen Charakters hergebrachter Bildungsinstitutionen führt. Aus der Perspektive der Pädagogik muß daher nicht zuletzt erneut die alte grundsätzliche Frage nach dem Verhältnis zwischen Pädagogik und Ökonomie aufgeworfen werden, und zwar nunmehr unter globalem entwicklungspolitischen Vorzeichen.

Das Problem der Anpassung des Bildungswesens an neue globale sozioökonomische Entwicklungen, das sich heute so dringlich für die Bundesrepublik stellt, zeigt sich auch in China. Es findet somit eine zunehmende Annäherung von Problemen, Fragestellungen und auch von Lösungsformen in Ost und West statt. Diese Situation weist darauf hin, dass unter den neuen Bedingungen von Globalisierung transkulturelle Transformationsprozesse weltweit an Bedeutung und Wirksamkeit gewinnen, und zwar im Sinne von Beeinflussungen und Systemangleichungen in beiden Richtungen. Globalisierung bedeutet für China zum einen der irreversible Eintritt in die Weltgemeinschaft vor allem über wirtschaftliche Verflechtungen im Zusammenhang mit technologischen Umbrüchen und zunehmender wirtschaftspolitischer Präsenz in internationalen Organisationen, wie der World Trade Organization (WTO), in die der Weg für China nunmehr geebnet ist. Den dabei verfolgten Ambitionen liegt ein Verständnis von Entwicklung zugrunde, das sich vorwiegend am Lebensstandard und an der Lebensqualität der Industrieländer orientiert. Dieser Entwicklungsprozess ist international gekennzeichnet von der realen Teilhabe einer größeren Anzahl von Individuen und sozialen Gruppen an internationaler politischer, sozialer, wissenschaftlicher und kultureller Kommunikation auf der Basis von Mobilität und Vernetzung durch die neuen Medien. Auch die Intensivierung des Chinesischen als Fremdsprache, wovon der Beitrag von HUANG Hong zeugt, dient der Behauptung Chinas auf einem neuen weltweiten Markt konkurrierender kultureller Systeme.

In China wird diese Teilhabe am globalen Geschehen durch einen zunehmenden Wohlstand unter breiteren Bevölkerungsschichten ermöglicht, wobei das Bestreben nach weiterer materieller, kultureller und geistiger Bereicherung den treibenden Faktor bildet. Darunter fallen auch im gesteigerten Maße Bildungsinteressen und Ausbildungswünsche quantitativer und qualitativer Art. Sie gehen zunehmend über das hinaus, was das hergebrachte System bildungspolitischer Steuerung in China anzubieten hatte. Infolgedessen ist das chinesische Bildungswesen einem reformerischen Veränderungsdruck ausgesetzt, der durch die gestiegene private Nachfrage nach zusätzlichen Bildungs- und Freizeitangeboten in- und außerhalb von Schule und Hochschule weiter zugenommen hat. Von dieser bildungsbürgerlich anmutenden privaten Nachfrage zeugt insbesondere der Artikel von HUANG Mei in diesem Beiheft über die Kunsterziehung in China. Dabei ist zu beobachten, dass die konsumerische Vermassung von Kulturgütern mit Verflachung und Qualitätsverlust einhergeht.

5. Seit der zweiten Hälfte der 80er Jahre ist die chinesische Regierung dabei, einen fundamentalen Umbau des Schulwesens durch die Differenzierung der Sekundarstufe II in einen allgemeinbildenden und drei berufsbildende Schulzweige vorzunehmen. Neben dem Ausbau vorhandener berufsbildender Schulen, bei der die deutsche Berufsbildungshilfe maßgeblich mit beteiligt ist, wurde ein neuer berufsorientierter Schultyp auf der oberen Sekundarstufe sowie in Berufshochschulen etabliert. Ausdruck dieser neuen berufstechnischen Orientierung ist überdies die Umwandlung der sozialistisch ausgerichteten „produktiven Arbeitserziehung" an der allgemeinbildenden Sekundarstufe in das vorberufliche Fach „Arbeitstechnik", das an die Arbeitslehre und das Fach Technik an deutschen Schulen erinnert. Die Struktur des chinesischen Bildungssystems hat sich dadurch wesentlich verändert, indem eine Ausdifferenzierung im höheren Schulwesen und Hochschulwesen erfolgte, um die Schülerströme entsprechend dem Wirtschaftsbedarf zu kanalisieren. Dieser neuen Situation im berufsbildenden Schulwesen der Volksrepublik China sind die beiden Beiträge von SCHAFRANSKI und ZIMMERMANN gewidmet.

Die Etablierung globaler Beziehungen ruft eine verschärfte Wahrnehmung der Belange der eigenen Kultur und des eigenen Gesellschaftssystems hervor. In diesem Zusammenhang kann man von transnationalen Bildungsprozessen sprechen. Fremdkulturelle Erfahrungen, die von der Konfrontation mit differierenden Lebensweisen, Normen und Wertigkeiten bestimmt werden, weisen auf die eigenkulturellen Anschauungen und Lebensformen zurück. Sie führen einerseits zu einer stärkeren fundamentalen Rückbesinnung auf nationale Traditionen, andererseits entstehen jedoch auch Ansätze einer neuen transkulturellen Identität, da die chinesische Gesellschaft traditionell eine weit höhere Absorptionsfähigkeit fremdkultureller Einflüsse ausweist als beispielsweise vom Islam geprägte Länder. Im chinesischen Bildungswesen ist dies - wie bereits erwähnt - seit längerem vor allem im Bereich Beruflicher Bildung erkennbar. Die Austausch- und Aufnahmebereitschaft in anderen Bereichen spielte sich zunächst vorwiegend auf wissenschaftlicher Ebene unter den Hochschulen und Forschungsinstituten ab, hat unterdessen jedoch auch die Lehr- und Unterrichtspraxis erreicht, nicht zuletzt durch verschiedene Deutsch-Chinesische Schul- und Hochschulpartnerschaften. Solchen interkulturellen Aspekten widmen sich die Artikel von EHEIM und MESCHEDE.

6. Im Zuge des wirtschaftlichen Umwandlungsprozesses ist in China eine neue gesellschaftliche leistungsorientierte Wohlstandselite entstanden, die durch ihre Wirtschaftskraft an Einfluss gewonnen hat. Mit einer horizontalen Teilung von Macht und Einfluss ist eine vertikale Verlagerung von Pflichten und Verant-

wortungen auf außerpolitische soziale Gruppierungen und auf das Individuum verbunden. Dies bringt mit sich, dass neue Kompetenzen bzw. Dimensionen von selbstverantworteter Handlungsfähigkeit benötigt werden. Hier wirken Bildung und Erziehung, die sich um ein Erlangen von allgemeinen umfassenden sozioökonomischen Grundfähigkeiten bemühen, nicht nur als Kompensation, sondern vielmehr auch als ein transformatorischer Motor im Sinne von Mündigkeit und Emanzipation. Dies trifft - trotz aller noch weiterhin währender politischer Restriktionen - auch für die Volksrepublik China zu, und macht sich nicht zuletzt in der chinesischen Bildungspolitik fest an dem Ruf nach der sogenannten „Qualitätserziehung". Dieser Begriff, der in sich den Aspekt der „Veranlagung" enthält, trägt zum einen Züge von Individualisierung, indem die moralischen, kulturellen, beruflichen, körperlichen und psychischen Veranlagungen bei dem einzelnen ausgebildet werden sollen, womit der Aspekt der Persönlichkeitsbildung in den Vordergrund rückt; auf der anderen Seite schlägt sich in diesem Begriff jedoch auch ein stark normativer Aspekt d.h. von Qualität und Leistungsfähigkeit nieder. Offensichtlich ist jedoch, dass die „Qualitätserziehung" an die Bildungstradition der allseitigen d.h. „moralischen, geistigen und körperlichen" Erziehung anknüpft, wie sie unter sozialistischem Vorzeichen vor Beginn der Modernisierung propagiert und auch noch in der Verfassung von 1982 festgeschrieben ist. In diesem Begriff verbinden sich somit moderne Ansätze mit traditionellen Komponenten zu einer überzeitlichen neuen Perspektive von Bildungsvielfalt. Die Veränderungen im Schulwesen von Hongkong und Macau im Zuge des Transfers von Soveränität, worüber Mark BRAY berichtet, zeugt nicht zuletzt von der eingeleiteten Pluralisierung der Gesellschaft Chinas durch eine additive Systemerweiterung. Diese Entwicklung lässt hoffen, dass auch in China allmählich demokratische gegenüber autokratischen Strukturen die Oberhand gewinnen, und die menschenunwürdigen „Nebenwirkungen" einer rein wirtschaftlichen Liberalisierung der kritischen Überprüfung durch Bildung und wissenschaftliche Erkenntnis unterzogen werden. Im Zuge dieser Auseinandersetzung ist überdies durchaus damit zu rechnen, daß auch die angesichts kolonialer und imperialer Vergangenheit gerechtfertigte Entstehung eines starken Nationalbewußtseins gegenüber einer globalen Verantwortlichkeit zurücktreten wird.

Pei Dina

Die Curriculumreform für die neunjährige Plichtschule in China

(übersetzt aus dem Chinesischen von R.F.Franke)

The curriculum reform in the Chinese education system is described in form of a brief research report. It deals with the current situation and the main features of the curricular principles and thoughts concerning the relations between them and the requirements to subject-bound curricula in basic education during the past twenty years. The article ends by outlining some predicted trends at the threshold to the 21st century and by emphasising the main challenges basic education in China will be confronted with.

Einleitende Bemerkungen

Diesem Bericht liegen die folgenden Forschungsprojekte zugrunde, die von der Verfasserin geleitet wurden oder an denen sie beteiligt war.

- Untersuchung zur Curriculumentwicklung für die chinesische Pflichtschulbildung im 21. Jahrhundert und zur Reform der Curriculumstruktur in der Lehrerbildung, erziehungswissenschaftliches Schwerpunkt-Forschungsprojekt des 9. Fünfjahrplans der Abteilung für Lehrerbildung des Erziehungsministeriums (ehemals Bildungskommission).
- Strukturuntersuchung und erweiterte evaluierende Studie zur Situation der Entwicklung der probeweisen Reform der chinesischen Primar- und Sekundarschulbildung von 1979 bis 1993, nationales Schwerpunkt-Forschungsprojekt des 8. Fünfjahrplans für den Bereich der Geistes- und Sozialwissenschaften.
- Vergleichende Studie über das Bildungsbewusstsein in Korea, China und Japan, internationales kooperatives Forschungsprojekt der Universitäten Seoul (Korea), Kobe (Japan) und der Pädagogischen Universität Beijing.
- Reform der Curricula und der Lehrmaterialien für die neunjährige Pflichtschulbildung, Untersuchung der Pädagogischen Universität Beiing zur Revision der Lehrmaterialien für das „5 + 4"-jährige Schulsystem.[3]

Curricula bilden den Kern der Grundbildung und sind ein konkreter Niederschlag des Bildungssystems und des pädagogischen Denkens.[4] Sie sind ein

[3] Gemeint ist hier das Sondersystem 5 Jahre Grundschule plus 4 Jahre Sekundarschule.

wichtiges Mittel, um Bildungsqualität zu gewährleisten. Bei der Modernisierung der Bildung ist daher die Reform der Curricula für die Primar- und Sekundarschule eine Kernfrage. Dieser Bericht versucht aus drei Blickwinkeln, d.h. durch historische Reflexion, in Konfrontation mit den gegenwärtigen Herausforderungen und mittels theoretischer Analyse die Entwicklungstrends der Curriculumreform in Chinas Grundbildung zu erfassen.

1. Bewertung der Curriculumreform in China seit 1979

Die Curriculumreform in der Grundbildung Chinas der letzten zwanzig Jahre wurde an klar definierter Zielen ausgerichtet und auf einer soliden wissenschaftlichen Grundlage durchgeführt. Besondere Aufmerksamkeit galt nicht nur Beobachtungen und Experimenten in unserem eigenen Land, sondern auch in anderen Ländern; hinzu kamen noch unsere eigenen historischen Erfahrungen. Im Endergebnis wurden Resultate erzielt, für die keine Parallelen in der Vergangenheit zu finden sind. Die moderne Curriculumreform der vergangenen zwanzig Jahre kann in drei Phasen gegliedert werden.

Phase 1 (1979 - Mitte der achtziger Jahre)

Diese Phase zeichnete sich dadurch aus, dass das Chaos der Kulturrevolution beseitigt und die Ordnung im Schulwesen wieder hergestellt wurde. Die „Kulturrevolution" wurde einer überprüfenden Reflexion unterzogen und im Jahre 1981 ein Lehrplan für die Primar- und Sekundarschule erlassen, während die fünfjährige wie auch die sechsjährige Primarschule parallel nebeneinander herliefen. In das Curriculum wurden „außercurriculare Aktivitäten" (*kewai huodong*) eingeführt, und an der Sekundarschule wurde der "arbeitstechnische Unterricht" (*laodong jishuke*) eingerichtet.

Phase 2 (Mitte der achtziger - Mitte der neunziger Jahre)

In dieser Phase kam es zu einem Aufschwung in der Curriculumreform. Im Geiste der Weisung „drei Dimensionen" (*sange mianxiang*) von DENG Xiaoping sowie gemäß dem „Beschluss über die Reform des Bildungswesens" und dem „Gesetz über die Pflichtschulbildung" wurden ausgedehnte Untersuchungen zur Curriculumreform an Primar- und Sekundarschulen durchgeführt. Die zentralen Themen dieser Reform waren:

- Um den Erfordernissen der lokalen Wirtschaftsentwicklung gerecht zu werden, sollte es Curricula vielfältiger Art geben.

---

[4] Mit dem Begriff „Grundbildung" ist hier nicht die berufliche Grundbildung gemeint, sondern der Zeitraum der neunjährige allgemeinbildende Schulpflicht (6 Jahre Primarschulbildung plus 3 Jahre Sekundarschulbildung).

- Die Curricula sollten vorteilhaft für eine allseitige Entwicklung der Schüler sein.
- Die Wissensbereiche der Schüler sollten erweitert werden; und die Inhalte der Curricula modernisiert und gleichzeitig in ihnen die Mannigfaltigkeit unserer nationalen Kultur verkörpert sein.

Bei diesen Reformen wurden folgende Fortschritte erzielt:

- Von der Staatlichen Bildungskommission wurde 1988 ein Zentrum für Curriculum- und Lehrmittelforschung eingerichtet und ein Komitee für die Approbation von Schulbüchern eingesetzt; die Politik der Lehrmittelerstellung „ein Curriculum und viele Bände" wurde umgesetzt, wodurch die seinerzeit staatliche zentralistische Verwaltungsform verändert wurde.
- Lernfächer und praktische Fächer, Wahlfächer und Pflichtfächer wurden miteinander kombiniert, sodass eine neue Fächerstruktur entstand, wobei die Flexibilität, Pluralität und Realisierbarkeit der Fächer verbessert wurde.
- Es wurde ein doppelgleisiges Modell der Curriculumreform entworfen, indem die Reform auf ein nationales Makro-Curriculumsystem sowie auf eine regionale Curriculumerstellung ausgerichtet wurde. Dafür können folgende Fallbeispiele angeführt werden:
  - Experimente mit einem universalen Curriculum in der Provinz Zhejiang: Auf der alles umfassenden Wissensbasis von Wissenschaft, Gesellschaft, Natur und Menschheit wurde ein universales Curriculum entworfen mit reduzierter Fächerzahl sowie mit mehr Zeit und Spielraum für das Eigenstudium der Studenten.
  - Curriculumreform an den Primar- und Sekundarschulen in Shanghai: Der gesellschaftliche Bedarf, die fachliche Systematik und die Entwicklung der Schüler wurden zum Ausgangspunkt sowie die Verbesserung allseitiger Qualität der Schüler als Kernpunkt genommen, um die grundlegenden Fächer und Wissensbestandteile zu festigen sowie der Mannigfaltigkeit und Flexibilität der Curricula Geltung zu verschaffen. Lokale Besonderheiten und Bedürfnisse sind auf diese Weise zum Tragen gekommen.
  - Das curriculare Modulsystem der Experimentellen Schule von Shanghai: Die Fächer aller zehn Schuljahre wurden an dieser Schule in die drei Module Pflichtfächer, Wahlfächer und außerunterrichtlichen Praxisunterricht (*kewai huodong ke*) unterteilt. Im Lehrplankonzept ist ein steiler Anstieg der letzten beiden zu verzeichnen, die in den verschiedenen Klassenstufen 25 bis 30 Prozent der Gesamtstundenzahlen ausmachen. Es werden verschiedene, d.h. klassenübergreifende (*fenke lianhe*), durchlässige (*shentou*) und polytechnische (*zonghe jishu*) Formen von praktischen Unterrichtsverknüpfungen angewendet; 36 flexible Wahlpflichtfächer wurden angeboten und ein ausgezeichnetes System von Praxis-Tätigkeiten (*shixian huodong tixi*) aufgebaut.

- Der „Allgemeine Tätigkeitsunterricht“ (*zonghe huodong ke*) an der 11. Schule in Beijing: Dieses Fach, das aus zehn Tätigkeitseinheiten gebildet wurde, hat zum Ziel, die Fähigkeit der Schüler, sich den gesellschaftlichen Erfordernissen anzupassen, zu verbessern.

In Anpassung an die Ausweitung der Curriculumreform wurde auf der Basis einheitlicher elementarer Anforderungen die Vielfalt von Lehrmaterialien gefördert. Es gibt unterdessen sowohl das von der Staatlichen Bildungskommission genehmigte Basismaterial von achteinhalb Bänden für das „6 + 3“ und für das „5 + 4“ jährige Primar- plus Sekundarschulsystem, wie auch auf die verschiedenen Fächer bezogene experimentelle Lehrmaterialien.

- In der Unterrichtspraxis werden die Schüler zu lebendigem und aktivem Lernen angeregt, und es wird darauf geachtet, dass sie Erfolgserlebnisse haben und ihre Weiterentwicklung erfahren. Neue Bildungsideen werden gefördert und praktische Reformen initiiert, sodass die Schüler sich zu echten Lernsubjekten entwickeln sowie Erkundungsgeist, Kreativität und kooperatives Lernen unterstützt werden.

Phase 3 (Mitte der neunziger Jahre - heute):

Diese Phase brachte eine Vertiefung der Curriculumreform. Auf der Grundlage der Untersuchungen zur Curriculumplanung von 1993 wurden unter der Leitung der Staatlichen Bildungskommission Leitprinzipien für die Currculumreform der chinesischen Grundbildung festgelegt sowie Standards für jedes Fachcurriculum verfasst und veröffentlicht. Ein Curriculumsystem der Grundbildung für das 21. Jahrhundert wurde konzipiert, das sich an den „drei Dimensionen“ als Leitprinzipien orientiert und von der spezifischen Lage Chinas ausgehend sowohl zur individuellen Entwicklung eines jeden Schülers sowie zum Aufschwung der chinesischen Nation beiträgt.

2. Drängende Herausforderungen

Um die Merkmale der zukünftigen Curricula, die in der Grundbildung zur Anwendung kommen sollen, eingehender diskutieren zu können, muss eine grundsätzliche Frage geklärt werden. Diese lautet: Welche Herausforderungen an die Entwicklung von Curricula in der Grundbildung stellen sich und welche neuen Anforderungen werden durch die Modernisierung Chinas an sie herangetragen?

China ist gegenwärtig mit zwei fundamentalen Wandlungen konfrontiert. Die erste betrifft den Übergang von der Planwirtschaft zur sozialistischen Marktwirtschaft, während die andere durch den Übergang von einer traditionellen Agrargesellschaft zu einer modernisierten Industriegesellschaft geprägt ist. Durch die sozioökonomische Transformation und die daraus resultierenden

Konflikte zwischen traditioneller und moderner Kultur kommt es zu neuen Anforderungen, die Antrieb und Chance für die Curriculumreform in der Grundbildung bilden. In diesem Zusammenhang stellen sich die Herausforderungen an Chinas Curriculumreform in der Grundbildung in mehrerer Hinsicht, die im Folgenden beschrieben werden.

2.1 Strukturelles Ungleichgewicht im Wirtschaftssystem

Vorliegenden Erhebungen und Berechnungen nach betrug seit 1990 bei unveränderter Kalkulation der Preise die Anteile des primären, sekundären und tertiären Sektors am Bruttosozialprodukt (GNP) 28.4 : 43.6 : 28,0 Prozent. Sie werden sich bis zum Jahre 2010 zu 12,7 : 51,3 : 36,0 Prozent verändern. Folglich wird sich der Anteil der Arbeitskräfte in den genannten Sektoren von ursprünglich 60,0 : 21,4 : 18,6 auf das Verhältnis 40,0 : 25,0 : 35,0 Prozent zu bewegen. Nahezu 100 Millionen Arbeitskräfte werden aus der Landwirtschaft in den sekundären und tertiären Sektor überwechseln, während ein großer Teil der städtischen Arbeitskräfte sich dem tertiären Sektor zuwenden wird. Viele Orte auf dem Lande werden rasch urbanisiert werden, sodass die Gesamtzahl der städtischen Bevölkerung 40 Prozent erreichen wird.

Die Auswirkung dieses ökonomischen und demographischen Wandels kann unter zwei Aspekten wahrgenommen werden. Einerseits führt der Wandel auf dem Arbeitsmarkt zu einem steigenden Bedarf an Ausbildung von freigesetzten Arbeitskräften für neue Funktionen, insbesondere im tertiären Sektor. Denn es müssen beschleunigt menschliche Ressourcen erschlossen werden, um auf dem Weltmarkt konkurrenzfähig werden zu können. Andererseits verlangt das neue Wirtschaftssystem eine höhere Qualität der Arbeitskräfte. Graduierte sollten daher in Zukunft in der Lage sein, sich den gesellschaftlichen Erfordernissen flexibel anzupassen, gleichzeitig aber auch Selbstbewusstsein und ausgeprägte Individualität entwickeln. Sie sollten im Höchstmaße fähig sein, sich eine eigene Existenz zu sichern, indem sie sich entsprechend den Anforderungen des Marktes neuen beruflichen Kompetenzprofilen öffnen und Chancen zur raschen Umsetzung von Forschungsergebnissen wahrnehmen.

China ist ein riesiges Land mit großen Ungleichgewichten in der ökonomischen, technischen. kulturellen und sozialen Entwicklung. Hinsichtlich des gegenwärtigen wirtschaftlichen Entwicklungsniveaus, der Industriestruktur und der geographischen Faktoren können drei Wirtschaftsgürtel identifiziert werden. Die am weitesten entwickelten Gebiete entlang der Ostküste verfügen über ein höheres technologisches Niveau, über reiche menschliche Ressourcen und über einen hohen Stand der Urbanisierung. Die sich auf mittlerem Entwicklungsniveau befindende Gebiete in Zentralchina erleben gerade einen Übergangsprozess in ihrer Wirtschaft. Die wenig entwickelten Gebiete im westlichen China haben riesige Landflächen, eine geringe Bevölkerung und reiche Bodenschätze, sind jedoch von einer rückständigen Wirtschaft gekennzeichnet.

Große Disparitäten bestehen zwischen diesen Gebieten in der ökonomischen Entwicklung, wie es sich anhand der auf dem Lande entstandenen Unternehmen zeigt, die Indikator für die Industrialisierung sind. Der totale Output der ländlichen Unternehmen in 11 Provinzen Ostchinas beträgt über 60 Prozent der nationalen Produktion, während er für 9 Provinzen Westchinas nur 3 Prozent ausmacht. Viele ländliche Gebiete an der Südostküste haben sich bereits dem Durchschnittsniveau des Wirtschaftswachstums der „Vier asiatischen Tiger" angenähert. Demgegenüber haben 60 Millionen der ländlichen Bevölkerung Chinas noch das Problem der Grundversorgung zu bewältigen.

Als Ergebnis der ungleichen Entwicklung hat sich in der Wirtschaft eine duale Tendenz herausgebildet, nämlich die Koexistenz einer Minderheit von modernisierter und urbanisierter Industriebevölkerung mit einer Mehrheit von traditioneller, vorwiegend manuell tätiger Agrarbevölkerung; verbunden damit ist ein duales technologisches System sowie eine unterschiedliche Sozial- und Infrastruktur. Chinas Bildungswesen muss auf diese disparate Situation dadurch reagieren, dass es die Strategie von „vielen Schwerpunktzentren, vielgestaltigem Niveau und inhaltlicher Vielfalt" in der Wissensvermittlung verfolgt. Das bedeutet erstens, dass das Bildungswesen regional unter differierenden bildungspolitischen Vorgaben entwickelt wird. Zweitens wird in Anpassung an die örtlichen Gegebenheiten eine größere regionale Freiheit in der Wahl der allgemeinen und fachlichen Curricula gestattet. Drittens sollen mehr Graduierte auf verschiedenen Niveaustufen und mit vielfältigen Fertigkeiten ausgebildet werden, um den unterschiedlichen regionalen Anforderungen gerecht zu werden. Beispielsweise braucht man in den entwickelten östlichen Küstengebieten in Anpassung an die Exportwirtschaft und an das hochtechnologische Industriewesen nicht nur höheres technisches und administratives Personal mit Hochschulabschluss, wobei Kreativität, Entscheidungsfähigkeit und Kompetenzen für den internationalen Umgang und Geschäftsverkehr mit seinen besonderen Regelungen und Praktiken gefragt sind, sondern es besteht auch ein Bedarf an Personal für den Handel, für das Finanz-, Versicherungs-, Grundstücks- und Rechtswesen sowie für die Bereiche Information und Beratung. In den wenig entwickelten westlichen Gebieten werden demgegenüber noch über einen langen Zeitraum vor allem niedrige und mittlere Techniker und Facharbeiter für einen allmählichen Wandel der weitgehend agrarisch geprägten Wirtschaft benötigt.

2.2 Soziale Veränderungen und ethisch-kulturelle Probleme

Die sozialethischen Herausforderungen, die sich der modernen chinesischen Gesellschaft stellen, haben universalen Charakter und beinhalten die schwierige Frage nach einer neuen nachhaltigen und zukunftsorientierten Ethik; sie weisen auf die Notwendigkeit hin, dass die junge Generation ein Verantwortungsgefühl gegenüber der Gesellschaft, dass sie Werte, Normen und ein Rechtsbewusstsein entwickelt. Von dieser Generation wird ein politisches Engagement erwartet, das von Stolz auf die eigene Nation und Respekt vor ihren Gesetzen bestimmt wird; nur auf diese Weise wird sie Verantwortung für die Zukunft der Menschheit übernehmen können.

Gegenwärtig ist China angesichts der Kulmination von moderner gesellschaftlicher Entwicklung, beschleunigter Urbanisierung und ländlichem unternehmerischen Wachstum mit den Problemen von Luft- und Wasserverschmutzung, mit der Knappheit von Energie, von Transportmöglichkeiten und anderen Ressourcen sowie mit einem Wandel der Familienstruktur konfrontiert. Die Herausforderungen und Schwierigkeiten, die sich der zukünftigen Gesellschaft in Hinblick auf eine neue Ethik stellt, ist ein universales Problem. Im 21. Jahrhunderts wird im Prozess der allmählichen Vervollkommnung Chinas zu einer sozialistischen Marktwirtschaft der ethisch-moralischen Bildung der Bürger verstärkt Aufmerksamkeit geschenkt werden müssen; von der jungen Generation erwartet man, dass sie ein korrektes Sozialverhalten, Wertmaßstäbe, Ethik und Moral aufweisen, dass sie einen Sinn für politische Teilhabe, Nationalbewusstsein sowie ein Rechtsgefühl entwickeln, dass sie nach Eintritt in die Gesellschaft Verantwortung für die Sache des Volkes und des Zeitalters übernehmen.

Die Welt befindet sich allenorts in einem Stadium pluraler Kulturalität, weist jedoch auch stark konservierende Strömungen auf. Wir wissen, dass die Herausbildung von kulturellen Eigenheiten im erzieherischen Verhalten gewöhnlich eine äußerst lange historische Periode zu ihrer Entwicklung und Ausgestaltung bedürfen; erst in Anlehnung an eine bestimmte Kultur entwickelt der Mensch den Sinn für eine ethische Wir-Identität. Eine Kultur muss überdies um ihrer eigenen Entwicklung willen auf fremde Kulturen Bezug nehmen und auf der Basis der eigenen nationalen kulturellen Tradition das essentiell Beste fremder Kulturen absorbieren. Darin besteht die sich kontinuierlich weiter generierende Lebenskraft lokaler Kultur. An die Entwicklung von Chinas Grundbildung stellt die Pluralität der Kulturmuster Anforderungen in doppelter Hinsicht.

Erstens müssen wir uns mit dem Verhältnis zwischen Tradition und Transformation sowie zwischen Internationalisierung und Lokalisierung auseinandersetzen. Die Funktion der Curricula besteht darin, Kultur sowohl weiterzugeben als auch neu zu schaffen, die Gesellschaft sowohl zu stabilisieren als auch zu reformieren, überdies sowohl die menschliche Existenz als auch die menschliche Weiterentwicklung zu gewährleisten. Die chinesische Kultur und Tradition soll bewahrt sowie das gegenseitige Verständnis, der Austausch und die Zusammenarbeit zwischen den Ländern gefördert werden. Dabei muss ein notwendiges Spannungsverhältnis bewahrt bleiben. Zweitens sind im Zuge der Pluralisierung von Bildungsideen Widersprüchlichkeiten, Konflikte, Ergänzungen und Verschmelzungen entstanden. Die Wandlung von Bildungsvorstellungen ist eine fundamentale Veränderung. Dass es zu einer modernen Bildungsentwicklung in China kommen konnte, ist vor allem der Niederschlag einer Kritik an den irrationalen Faktoren überlieferter Bildungsvorstellungen sowie ein Ausdruck ihrer Überwindung. Der Modernisierungsprozess bedeutet in geistiger Hinsicht, dass der Mensch zu modernen Auffassungen gelangt und ein Prozess rationalen sozialen Handelns in Gang gesetzt worden ist.

Die Ergebnisse einer Fragebogenerhebung unter Lehrern, Schülern und Eltern der Länder China, Korea und Japan in der gemeinsamen Region Ostasien zeigen, dass es im Prozess der modernen Bildungsentwicklung in China einen Widerspruch zwischen verschiedenen Bildungsideen gibt; die Konflikthaftigkeit, das sich gegenseitige Ergänzen und miteinander Verschmelzen stellt gegenwärtig eine sich in den Bildungsvorstellungen der chinesischen Volksmassen darbietende grundlegende Besonderheit dar. Konkreter Ausdruck davon sind:

- Eine Koexistenz von Reformismus und Konservatismus,
- eine Gleichzeitigkeit des Lernens und Profitierens von ausländischen bildungstheoretischen Ideen einerseits und ein Bewahren und Überliefern der kulturellen Bildungstraditionen Chinas andererseits,
- eine Gegensätzlichkeit zwischen der Demokratisierung von Bildung und der Elitenbildung,
- eine Widersinnigkeit zwischen Denken und Handeln, usw.

Nach der ersten großen Umwälzung in den Erziehungsideen im China der zwanziger und dreißiger Jahren des 20. Jahrhunderts, die unter dem Grundsatz „Wissenschaft und Demokratie“ stattfand, vollzieht sich seit Mitte der achtziger Jahre eine zweite tiefgreifende Umwälzung in der chinesischen Bildungsanschauung. Diese Umwälzung ist durch das Thema „menschliche Entwicklung“ charakterisiert und hat die Etablierung von modernen Vorstellungen über Bildung, Qualifikation und Qualität zum wesentlichen Inhalt. Infolgedessen wird in Chinas Bildungswesen ein Jahrhundertwechsel vom Lernen „wie wir überleben“ und „wie wir für andere sorgen“ zum Lernen „wie wir uns entwickeln“ vollzogen. Es ist diese Umwälzung der Bildungsideen, die zu einer fundamentalen Neubestimmung von Zielen und Inhalten der Curricula in der Grundbildung führt.

Der gegenwärtige Entwicklungsstand der chinesichen Grundbildung birgt Probleme, die wenig Veranlassung zu Optimismus geben. Die Ergebnisse der Prüfungen am Ende der Unterstufe der Sekundarschule (Zulassungsprüfung für die Oberstufe) zeigen, dass ein gewisser Anteil der Absolventen die zu erreichenden staatlichen Anforderungen an die neunjährige Schulpflicht nicht erfüllt; zudem ist das Phänomen der Klassenwiederholer sehr ernst. Auf Dauer gesehen kann das Curriculumsystem, das allein auf den Erwerb hoher Punktzahlen zwecks Verfolgung einer Schulkarriere abzielt, den Anforderungen moderner Entwicklung nicht genügen. Sie unterdrücken die Eigeninitiative der

Schüler massiv und führen dazu, dass es den auf diese Weise Herangebildeten an Individualität und Kreativität mangelt. Angesichts der Globalität des 21.Jahrhunderts erfordert die Bildung eines allseitig entwickelten modernen Menschen, dass Blickwinkel und Schwerpunkte der Curriculum Forschung für die Grundbildung geändert werden, um zu neuen Entwicklungsperspektiven zu gelangen.

3. Bemerkungen zum Aufbau des neuen Curriculumsystems

Die Curriculumreform in Chinas Grundbildung stellt ein komplexes systemisches Projekt dar, das in dem Ziel der Verbesserung der Bildungsqualität der Schüler begründet ist. Die Entwicklung eines solchen, auf das 21.Jahrhundert gerichtete Curriculumsystem muss auf neuen Erkenntnissen beruhen und ein Neubeginn darstellen.

3.1 Theoretischer Ansatz

Aus historischen und kulturellen Gründen liegt in China seit langem der Schwerpunkt des curricularen Denkens auf der Wissenstheorie und der instrumentellen Rationalität mit der Betonung von Wissensspezialisierung und Eingrenzung der Fachgebiete, infolgedessen man übermäßigen Wert auf die Formalisierung des Fächersystems gelegt hat. Das Augenmerk lag auf logischer Stringenz und systematischer deduktiver Schlussfolgerung. Weitgehend unbeachtet blieb die Verankerung wissenschaftlicher Untersuchung von realen Fakten und Erscheinungen in der Empirie. Unterstrichen wurde die Bedeutung und der Nutzen des jeweiligen Faches, aber das Fächersystem als Ganzes in seiner holistischen Funktion fand keine Beachtung. Betont wurden Vollständigkeit, Systematik und Grundlagen des Wissens, aber die Frage nach der Bedeutsamkeit für die subjektive Entwicklung der Schüler wurde vernachlässigt. Wissensinhalte auf dem Gebiet technischen Könnens wurden unterstrichen, sodass es hieß, „wenn man die Mathematisierung beherrscht, hat man unter dem Himmel nichts mehr zu befürchten", aber die positiven Aspekte menschlicher und kultureller Fähigkeiten blieben fast unbeachtet. Das Fachwissen bildete den Mittelpunkt, eine vollendete Persönlichkeitsbildung hingegen stellte kein wesentliches curriculares Ziel dar.

Die neuen Zielsetzungen für eine moderne Grundbildung wird von einem subjektiven Bildungsbegriff ausgehen und eine aufeinander abgestimmte Entwicklung des Individuums im Zusammenspiel mit der Gesellschaft verfolgen; sie wird den Schülern eine solide Grundlage bieten, auf der sie die Fähigkeit zum lebenslangem Lernen, zur Kreativität, zur praktischen Tätigkeit, zur Existenzsicherung und zum sich selber Weiterentwickeln erwerben. Durch diese Grundbildung sollen die Schüler folgende curriculare Anforderungen erfüllen:

Charakter und Moral

- Liebe zum Vaterland , Nationalstolz und gesellschaftliches Verantwortungsgefühl;
- aktive Lebenshaltung, Vernunft und Pflichtgefühl, optimistisch-aufstrebendes lebendig-gesundes persönliches Wesen;
- starkes Wir-Bewusstsein, Bekenntnis zur Demokratie und Legalität, solidarischer und kooperativer Geist;
- kämpferische Ausdauer und Standfestigkeit, Selbstdisziplin, Selbständigkeit, Selbstbewusstsein, Sinn für Selbstbildung und Fähigkeit zur Selbstkontrolle.

Soziale Integration

- Beherrschung von Grundlagenwissen zur modernen Wissenschaft und Kultur, Besitz einer wissenschaftlichen Haltung, eines wissenschaftlichen Geistes und ein Verfügen über wissenschaftliche Methoden;
- gute Lernmoral und grundlegende Fähigkeit zum unabhängigen und selbsttätigen Lernen;
- starkes innovatives Bewusstsein, kreative Denkfähigkeit und praktische Handfertigkeiten.

Körperliche Konstitution und ästhetische Neigung

- gesunde Körperverfassung;
- bestimmte Bildung in Sportkultur, Sinn für selbstbewusstes Körpertraining, gute sportliche und hygienische Gewohnheiten;
- hohes ästhetisches Wertgefühl, musisches Verständnis, Fähigkeit Schönes darzubieten und zu schaffen.

Die Grundbildung ist die wichtigste Bildungsphase, in der Grundlagen für das ganze Leben gelegt werden. Sie soll bei sämtlichen Schülern dazu führen, dass ein jeder auf der Basis von Allseitigkeit eine optimale Entwicklung erfährt. Durch Eigeninitiative und Selbstbestimmung können die Schüler nicht nur lernen, wie man lernt und wie man lebt, sondern auch, wie man schöpferisch tätig ist und als Mensch wirken kann. Von diesen Zielsetzungen ausgehend werden entsprechende Anforderungen an die Gestaltung der Fächer und der Lehrmaterialien gestellt, sodass diese in besonderer Weise Fundamentalität, Allseitigkeit und Vollständigkeit verkörpern.

3.2 Strukturelle Grundlage

Struktur und Form der Curricula in der Grundbildung des 21. Jahrhunderts zeichnen sich durch Flexibilität, Diversität und Pluralität aus, wodurch den Besonderheiten äußerst ungleicher wirtschaftlicher, kultureller und geographischer Entwicklungen in China Rechnung getragen wird. Es hat gegenüber der zeitweiligen Begrenztheit ein Durchbruch zu einer Curriculumtheorie stattgefunden, die in ihrer Tendenz Vollständigkeit, Vielfältigkeit und Universalität anstrebt. Dies soll durch die Entwicklung von Fachmodulen, die eine rationale Struktur der Curricula sicherstellen, gewährleistet werden.

Gegenwärtig werden an Chinas Sekundar- und Primarschulen sieben bis zwölf Schulfächer angeboten, von denen im Lehrplansystem ein jedes eine festgelegte Position und Aufgabe hat. Aus jeweils mehreren verwandten Fächern sollen Module gebildet werden, die bestimmte Funktionen haben. Beispielsweise gibt es Module der grundlegenden Art wie Chinesisch, Mathematik, Fremdsprachen, außerdem Module, die sich aus mehreren Wissensfächern zusammensetzen sowie solche für die Künste und den Sport. Die einzelnen Bestandteile des Curriculums werden dazu herangezogen, um durch Verknüpfung und gegenseitige Ergänzung „zusätzliche Elemente“ zu schaffen, wodurch eine neue sinnvollere Fächerstruktur konstruiert wird, die die Gesamtfunktion des Curriculumsystems besser zur Geltung bringt. Auf diese Weise bildet sich eine curriculare Struktur heraus, die systematisch weiter entwickelt werden kann, indem für die unterschiedlichen Regionen, für die verschiedenen Schulen und für die Entwicklung der Schüler mehr Auswahlmöglichkeiten und Spielräume geboten werden, sodass die Umsetzung einer qualitätsbezogenen Bildung von den Grundlagen her gewährleistet wird.

3.3 Komponenten des Curriculums

Wenn wir einräumen, dass das 20. Jahrhundert vom Schisma und Konfrontation zwischen Natur- und Geisteswissenschaften bestimmt wurde, lässt die zukünftige Gesellschaft ihre Gleichgewichtung, Koordinierung und Komplementierung erwarten. Die modernen Bildungskonzepte behaupten, dass die schulischen Curricula sowohl objektiv-naturwissenschaftlich, als auch geistes- und sozialwissenschaftlich ausgerichtet sein sollten, wobei beides einheitlich im gesamten Prozess der Bildungsaktivitäten enthalten sein sollte.

Die naturwissenschaftliche Komponente der Curricula drückt sich durch wissens- und erkenntnismäßige, analytische, logische und gedankliche Rationalität aus; die entsprechenden akademischen Wissensfächern zeichnen sich durch kausale Erläuterungen, präzise quantitative Analysen und Berechnungen aus. Dies befähigt die Schüler nicht nur zu einer Beherrschung von Begriffsbildung, von fundamentalen Prinzipien und Grundregeln, von grundlegenden Techniken und Strategien der Problemlösung, sondern vermittelt ihnen auch wissenschaftlich basierte Kenntnisse, eine Orientierung an Fakten und eine streng an wissenschaftlicher Wahrheit ausgerichteten Haltung, also fundamentale Fähigkeiten zur Durchführung von wissenschaftlicher Forschung.

Die geistes- und sozialwissenschaftliche Komponente drückt sich in gefühlsmäßiger, willenhafter, intuitiver, allseitig sinnlich-phänomenaler nicht rationaler Weise aus. Anhand der Interaktionen in der Pflanzen- und Tierwelt, der latenten Einflüsse der Umwelt, der qualitativen Analyse der Gesamtheit von sozialen Eindrücken können bei den Schülern in den geisteswissenschaftlich und künstlerisch begründeten Fächern Selbstvertrauen und Eigenständigkeit entwickelt sowie aktiver Unternehmensgeist und andere gute individuelle Eigenschaften heranbildet werden. Demokratische Gleichheit in der Beziehung zwischen Lehrern und Schülern, Kooperation und Einträchtigkeit, gegenseitige Achtung und Vertrauen sowie die gemeinsame Teilhabe am Unterrichtsgeschehen werden während des Prozesses der Heranbildung von geisteswissenschaftlich orientierten Fähigkeiten der Schüler und durch die Einflüsse eines humanen Geistes unterstrichen. Auf die inneren Erlebnisse der Lernenden im Lernprozess ist Gewicht zu legen, der Erkenntnis und dem Können sowie den Empfindungen und Handlungen soll besondere Aufmerksamkeit geschenkt werden.

Wichtig sind ferner die Verbesserung des schulischen Umfelds sowie die gemeinsamen Anstrengungen von Schule, Gesellschaft und Familie, ihre Bildungseffekte zur Geltung zu bringen. Die wechselseitige Ergänzung und Verknüpfung beider Komponenten ermöglicht den Schülern eine lebendige, lebhafte und selbsttätige Entwicklung. Daher sollten die Curricula der Grundbildung nicht nur die naturwissenschaftlich orientierte Bildung, sondern gleichzeitig auch die Inhalte aus den Geisteswissenschaften verstärken. Die chinesische Kultur ist reich an geisteswissenschaftlichen Bildungsinhalten, die gemeinsam mit moderner naturwissenschaftlich orientierter Bildung eine gegenseitige Ergänzung bilden, sodass die von uns herangebildeten Kräfte sowohl über hohe kulturtechnische- wie auch geisteswissenschaftliche Fähigkeiten verfügen.

3.4 Verknüpfungspunkte mit der technologischen Entwicklung

Das Zeitalter der Hochtechnologie wird tiefe historische Veränderungen mit sich bringen. Die rapide Geschwindigkeit der Informationsvermittlung und die ausgedehnte Verwendung der Informationsmedien wird nicht nur die Reform der Verfahren und Methoden in Bildungsprozessen hervorrufen, sondern zugleich wird die Informationstechnologie selber zu einem wichtigen Bildungsinhalt werden. Dies wird auch zu einer Veränderung der Curricula und Lehrmaterialien führen. China hat auf diesem Gebiet relativ spät mit seinen Forschungen angefangen. Die Frage, wie man bei der Suche nach Verknüpfungspunkten zwischen der Informationstechnologie und der Modernisierung der Curricula für die Grundbildung sich die wertvollen Erfahrungen fortschrittlicher Länder aneignen und dabei an die chinesischen nationalen Voraussetzungen anknüpfen sollte, bedarf der Berücksichtigung folgender drei Aspekte:

- Der Gebrauch von Computern sollte mit der Zusammenstellung von Dateninformationen, Problembearbeitungen und ähnlichem beginnen, um dann überzugehen auf die Anwendung von Informationsquellen, die Entwicklung des CAI-Modells und Versuche mit Instruktionssimulationen.
- Informationsnetzwerke stellen integrierte Daten zum Lernen bereit, wobei es sich hier nicht nur um eine Informationskultur handelt, sondern um Entwürfe, Entwicklung, Nutzung, Evaluation und Verwaltung einer erweiterten Anwendung von Lernressourcen und Lernverfahren.
- Künstliche Intelligenz und intelligente Lehrsysteme werden vor allem in den Bereichen „Aufgabenanalyse und Expertensystem", „individuelle Anleitung und Kontrolle des Lernenden", „Konstruktion von Lernmodellen und Fehleranalyse", „Problemlösungsstrategien" usw. verwendet. Sie führen dazu, dass das Lehren flexibler und kreativer gestaltet wird und bewirken auch eine Veränderung der Art und Weise des Lernens bei den Schülern.

3.5 Institutionalisierung des Currculummodells

Die Anpassung und Reform des Systems, der Struktur und der Inhalte der Curricula, die Errichtung eines neuen Curriculumsystems für die Grundbildung sowie die probeweise Durchführung von nationalen, lokalen und schulbezogenen Curricula bedeuten, dass die Curricula der Grundbildung in China ein dreistufiges institutionalisiertes Modell folgender Art bilden werden:

- Das leitende staatliche Ministerium bestimmt für jedes Fachcurriculum die Proportion und erarbeitet für die nationalen Curricula grundlegende Standards und Bewertungsmaßstäbe; überdies treffen sie die relevanten politischen Entscheidungen.
- In Anlehnung an die grundlegenden Kriterien der nationalen Curricula entwerfen und entwickeln die Bildungsbehörden auf Provinzebene lokale Curricula entsprechend den Erfordernissen der wirtschaftlichen, kulturellen und sozialen Entwicklungen vor Ort.
- Jede Schule entwickelt ihre eigenen Schulcurricula entsprechend den jeweiligen konkreten Verhältnissen ihres sozialen Umfeldes.

Die Forschung zur Curriculumstheorie in China ist insgesamt gesehen schwach entwickelt. Die Frage der Verwissenschaftlichung und Modernisierung des Curriculumsystems für die Grundbildung wird von einem über die Jahrhundertwende hinausreichendes Denken bestimmt. Wir sind überzeugt, dass - indem die Reformen Fuß fassen - das Curriculumsystem der Grundbildung in China sich in Zukunft unter die weltweit fortschrittlichen Systeme einreihen lässt.

Literatur:

HAO Geming/TAN Songhua: Mianxiang 21 shiji woguo jiaoyu fazhan zhanlue ruogan wenit [Einige Fragen in der Entwicklungsstrategie des chinesischen Bildungswesens mit Blick auf das 21. Jahrhundert]. In: Jiaoyu yanjiu [Bildungsstudien] 1998/3.

HUANG Qi et al.: Xiandai jiaoyu lun [Über die heutige Bildung und Erziehung]. Renmin jiaoyu chubanshe [Verlag Volksbildung]: Beijing 1996.

GAO Xia: Huodong kecheng de lilun yu shixian [Theorie und Praxis von flexiblen Kursen]. Shanghai renmin jiaoyu chubanshe [Verlag Volksbildung Shanghai], Shanghai 1998.

GUO Hua/PEI Dina: Goujian mianxiang 21 shiji xin kecheng tixi de sikao [Überlegungen zur Bildung von neuen Kurssystemen mit Blick auf das 21. Jahrhundert] In: Zhongguo jiaoyubao [Chinesische Bildungszeitung] 1999/1.

Guojia jiaoyu tizhi zhuanti diaocha zu [Fachgruppe zum Bildungssystem der Staatlichen Bildungskommission]: Shehui zhuyi shichang jingji yu jiaoyu tizhi gaige [Die sozialisitische Marktwirtschaft und die Reform des Bildungssystems]. In: Jiaoyu yanjiu [Bildungsstudien] 1994/1.

LIAO Zhexun: Lun zhongxiaoxue kecheng jiegou de gaige [Über die Reform der Kursstruktur für die Primar- und Sekundarschule]. In: Jiaoyu yanjiu [Bildungsstudien] 1999/1

PEI Dina/XIE Weihe: Zou xiang mingtian de jichu jiaoyu [Auf dem Weg zur Grundbildung von Morgen], Sichuan jiaoyu chubanshe [Bildungsverlag Sichuan]: Chengdu 1997.

WU Degang: Zhongguo jiaoyu fazhan bianhua diqu chaqu yanjiu – jiaoyu fazhan bu pinghengxing wenti yanjiu [Studie zur regionalen Differenz bei der Entwicklung und den Veränderungen des chinesischen Bildungswesens – Studie zum Problem ungleicher Bildungsentwicklung]. In: Jiaoyu yanjiu [Bildungsstudien] 1999/3.

YUN Chung-il/PEI Dina/LIU Jian/KADOWAKI, Atsushi/FUJITA, Teruyuki: An International Comparative Study of Edcuational Consciousness among the Korean, Chinese and Japanese. The SNU Journal of Education Research, Vol. 9 (Dez. 1999).

Kurzbiographie:

Prof. PEI Dina, geb. 1942 in Chongqing, 1959-1964 Studium an der Erziehungswissenschaftlichen Fakultät der Pädagogischen Universität Beijing. Leiterin des Lehrinstituts und Stellvertretende Vorsitzende des Erziehungswissenschaftlichen und Psychologischen Forschungsinstituts der Pädagogischen Universität Beijing. Professorin und Doktorandenbetreuerin. Arbeitsgebiete: Grundlagen der Erziehung, Unterrichtstheorie, erziehungswissenschaftliche Methoden.
Anschrift: Normal University Beijing, Institut of Educational Research, 100875 Beijing, Volksrepublik China

Shi Jinghuan

Chinesische Frauen als Erzieherinnen

(übersetzt aus dem Englischen von Wolfgang Mitter)

Women make up half of the total population in China. This article intends to provide a general picture of their status in the current Chinese society and is focussed on their role as educators. In particular, their educational functions are related to families, schools, communities and the public. Women as mothers are investigated with regard to their social functions of bearing and upbringing children. Generally speaking, there is a close linkage between the educational level of mothers and the way how they feed their children and care about their health. A correlation of parents', especially mothers' educational level and the expectations they have of their children's educational achievement can be identified as well. Women's educational level has a direct influence on the regional or community development. Higher women illiteracy in rural and minority areas is both the reason and result of lower economic and social development. As regards women's educational function in the school system, attention is paid to their proportions with special respect to their quotas in primary and secondary education and to the disparities between urban and rural areas. The section devoted to women's influence on community development concentrates on the special issues of rural and minority education, due to the comparatively high illiteracy rates among the female population. Finally, women's participation in policy-making and power-sharing is discussed.

1. Grundinformationen

Die Bevölkerung des chinesischen Festlandes betrug am Ende des Jahres 19971,236 Milliarden. 367 Millionen waren Kinder unter 17 Jahre und machten ein Drittel der Gesamtbevölkerung aus. Die Wachstumsrate der Bevölkerung nahm von 1,43 Prozent im Jahre 1900 auf 1,006 Prozent im Jahre 1997 ab. Die Lebenserwartung der chinesischen Bevölkerung betrug im Jahre 1997 70 Jahre, das heißt um 7 Jahre mehr als 1990. Die in den städtischen Gebieten lebende Bevölkerung machte 32 Prozent der Gesamrtbevölkerung aus, und die durchschnittliche Wachstumsrate zwischen 1990 und 1997 betrug 3,9 Prozent. Im Jahre 1997 betrug das Bruttosozialprodukt Chinas 7 345,3 Billionen Yuan, die annähernd dem Wert von etwa 884 979 Millionen US-Dollar entsprachen. Der Pro-Kopf-Anteil betrug 5971 Yuan, entsprechend etwa 720 US-Dollar.[5] Das

---

5 Auf der Grundlage des World Development Report, der von der Weltbank 1998 veröffentlicht wurde, betrug das Bruttosoziaprodukt in China im Jahre 1997 1 055,4 Milliarden

verwendbare Pro-Kopf-Einkommen betrug in den städtischen Gebieten 5960 Yuan (620 US-Dollar), während das reale Pro-Kopf-Einkommen in den ländlichen Gebieten 2090 Yuan (250 US-Dollar) ausmachte. 50 Millionen Menschen wurden der verarmten Bevölkerung zugerechnet, und zwar auf der Grundlage des chinesischen Indikators für reales Pro-Kopf-Einkommens mit einem Einkommen unter 640 Yuan. Bezogen auf den Weltbank-Indikator (unter 1 US-Dollar täglich) steigt ihre Zahl auf 300 Millionen an.

Was die Bildungsindikatoren betrifft, seien zunächst die 609 626 Primarschulen mit ihrer Gesamtschülerzahl von 139,538 Millionen Schülern genannt. Im Jahre 1998 erreichte die Netto-Beschulungsrate von Primarschulkindern 98,8 Prozent der entsprechenden Jahrgänge. Die Schulabbruchquote bei den Primarschülern lag bei 0,93 Prozent; sie war im Vergleich zu 1996 um 0,9 Prozentpunkte zurückgegangen. In demselben Jahr gab es 63 940 reguläre Schulen der unteren Sekundarstufe mit der Gesamtschülerzahl von 53,630 Millionen Schülern. Die Schulabbruchquote auf dieser Stufe fiel zwischen 1996 und 1998 von 3,47 auf 2,86 Prozent. Die 181 368 Kindergärten wurden von 24,030 Millionen Kindern besucht, und die Brutto-Besuchsrate der Altersgruppe 3 bis 6 stieg zwischen 1996 und 1997 von 39,7 auf 42,7 Prozent.

Im Jahre 1997 betrug die Zahl der Analphabeten in der Bevölkerung über 15 Jahren 148,16 Millionen, Der Anteil der Frauen lag bei 105,82 Millionen, somit bei mehr als 70 Prozent aller Analphabeten. Die Analphabetenrate bei den Erwachsenen jungen und mittleren Alters lag 1997 bei 5,51 Prozent; auf die weibliche Bevölkerung bezogen, betrug sie aber 8,45 Prozent und war somit um 3 Punkte höher als für die Gesamtbevölkerung.

2. Frauen in der chinesischen Gesellschaft

Frauen nehmen die Hälfte der Bevölkerung Chinas ein. Ihr Sozialstatus hat sich in den vergangenen 50 Jahren wesentlich verbessert. Im Rahmen des Entwicklungsstandes in der ganzen Welt lassen die Frauen im Vergleich zu anderen Indikatoren einen höheren Rangplatz erkennen. Beispielsweise rangierte China gemäß dem Human Development Index (HDI), der vom UNDP im Human Development Report erstellt worden ist, im Jahre 1998 auf Platz 106 unter den Staaten und Regionen der Welt. Im geschlechterbezogenen Entwicklungsindex (GDI), der vor allem die Ungleichheit in den Leistungen von Frauen und Männern anzeigen soll, lag China auf dem 93.Platz. Chinas Position im Gender Empowerment Measure (GEM), der erstellt worden ist, um die Beteiligung von Frauen an Entscheidungsprozessen im beruflichen, wirtschaftlichen und politischen Bereich zu messen, lag China auf dem 33.Platz; es lag somit vor Japan

US-Dollar. Auf der Grundlage des World Development Report vom Jahre 1998 betrug das Pro-Kopf-Bruttosozialprodukt im Jahre 1997 860 US-Dollar.

(38), dessen HDI-Platz 8 betrug, und nahe hinter Frankreich und Israel, deren HDI-Rang bei 2 bzw. 22 lag.

2.1 Frauen als Erzieherinnen in Familien

Mehrere Jahrtausende lang war China ein Land, dessen Produktion auf der Landwirtschaft beruhte. Die Harmonie zwischen Himmel und Erde, die Konzeption der patriarchalischen Großfamilie und die sozialen Werte, die im Konfuzianismus gründeten, hatten starken Einfluss darauf, wie Frauen von der Gesellschaft angesehen wurden und wie sie sich selbst einschätzten. In der chinesischen Kultur war der Himmel ein Symbol von Vätern und Männern, während die Erde das Symbol von Müttern und Frauen darstellte Diese Dualität bildete eine starke Grundlage für die Theorie, dass Männer höherwertiger als Frauen seien, weil dies dem Verhältnis von Himmel und Erde entspreche. Entsprechend der Lehre von den drei Gehorsamsformen, hängen Frauen, so lange sie jung sind, von ihren Vätern und Müttern ab. Von ihrer Heirat an befinden sie sich in der Abhängigkeit ihres Ehemannes, während nach dessen Tod die Abhängigkeit auf ihre Söhne übergeht. Eine Frau hat nach dieser Lehre weder eine unabhängige Stellung noch eine unabhängige Persönlichkeit.

Die traditionelle Rolle der chinesischen Frauen beruhte auf der Reproduktion, welche Schwangerschaft, Ernährung und Dienste einschloss. Frauen als Mütter waren für die Erziehung ihrer Kinder durchaus wichtig. Diese Rolle war nicht nur durch die verwandtschaftliche Beziehung zwischen Mutter und Kindern bedingt, sondern wurde auch durch den Konfuzianismus und durch soziale Institutionen legitimiert. Der mütterliche Einfluss rechtfertigte die Entwicklung der Frauenbildung im allgemeinen und die Erziehung der Frauen zu klugen Müttern und diente im besonderen als akzeptable Grundlage bei Menschen mit verschiedenen Ansichten über Erziehung. Diese Tradition ist auf neue Weise in der modernen Gesellschaft bewahrt worden.

2.2 Bildungsniveau von Frauen und das Heranwachsen der Kinder

2.2.1 Das Bildungsniveau von Frauen und die Gesundheit der Kinder

Als ein Entwicklungsland mit der größten Bevölkerung auf der Welt unternimmt China harte Anstrengungen, um einen Gesundheitsdienst für schwangere Frauen aufzubauen und die Qualität seines Personals zu entwickeln. Im Jahre 1997 lag die Betreuung von Geburten durch ausgebildetes Personal bei 89 Prozent und die Durchführungsquote der regulären (EPI) Impfungen, die von der Regierung finanziert werden, bei 100 Prozent. 95 Prozent der einjährigen Kinder sind gegen Tuberkulose, Diptherie, Kinderlähmung und Masern immunisiert worden.

China rangierte bei der Sterblichkeit von Kindern unter 5 Jahren unter 188 Ländern auf Platz 80. Es besteht ein enger Zusammenhang zwischen dem Bildungsniveau von Müttern und der Gesundheit ihrer Kinder. Eine vom Statistischen Büro im Jahre 1987 in neun Provinzen, Städten und Distrikten durchgeführte Stichprobenerhebung besagte, dass 47,5 Prozent der Kinder unter Anämie litten, wenn das Bildungsniveau ihrer Mütter unterhalb der höheren Schule (junior college) lag. Bei den Kindern, deren Mütter einen höheren Bildungsabschluss erreicht hatte, fiel dagegen der Anteil auf 31,3 Prozent.

2.2.2 Das Bildungsniveau von Frauen und die Kinderernährung

Das Bildungsniveau von Müttern hat einen unmittelbaren Einfluss auf die Art der Ernährung ihrer Kinder. Einer wissenschaftlichen Untersuchung nach waren 46,7 Prozent der Mütter, die der Nahrung ihrer halbjährigen und älteren Kinder weder tierisches oder pflanzliches Protein noch Obst beifügten, Analphabetinnen oder Halbanalphabetinnen. Unter den Müttern, die über den Abschluss der Unterstufe der Sekundarschule verfügten, fielen nur 12,1 Prozent in diese Kategorie. Falsche Ernährung und schlechte gesundheitliche Bedingungen wirken sich auf das ganze Leben der Kinder aus. Daher erhöht die Bildung nicht nur die Leistungsfähigkeit der Frauen selbst, sondern auch die ihrer Kinder.

2.2.3 Das Bildungsniveau von Frauen und die Beschulungsrate

Das Lernen beginnt bei der Geburt oder sogar vor der Geburt und durchläuft die frühe Kindheit. Mütter sind die ersten Lehrer ihrer Kinder und bilden den wichtigsten Faktor, der sich auf die spätere Bildungsentwicklung ihrer Kinder auswirkt. Es besteht eine deutliche Beziehung zwischen der Grundbildung der Eltern, insbesondere der Mütter, und der ihrer Kinder.

Nach einer Untersuchung, die in den Jahren 1992-93 von einer Forschungsgruppe in zehn Provinzen an 2644 Analphabetinnen durchgeführt wurde, waren 57,9 Prozent ihrer Väter und 86,2 Prozent ihrer Mütter Analphabeten oder Halbanalphabeten. Im Vergleich dazu verfügten 19,5 Prozent der Väter und 2,7 Prozent der Mütter über eine Bildung, die über das Niveau der unteren Sekundarschule hinausging. In Familien, in denen beide Elternteile Analphabeten sind, ist es fast ausgeschlossen, dass die Kinder eine gute Bildung erlangen

2.2.4 Das Bildungsniveau der Eltern und ihre Bildungserwartung

Eine positive Korrelation besteht zwischen dem Bildungsniveau von Eltern und deren Erwartung an die Bildung ihrer Kinder. Je höher das Bildungsniveau der Eltern ist, desto höher ist die Erwartung, die sich auf ihre Kinder richtet und desto klarer ist ihr Bildungsziel. In einer Untersuchung zu den gegenwärtigen Bedingungen der Mädchenbildung in den Provinzen Gansu, Ningxia,

Qinghai und Guizhou wurde den Eltern in einem Fragebogen folgende Frage gestellt: „Wünschen Sie, dass ihre Töchter zur Schule gehen?“ 80 Prozent der Befragten gaben eine positive Antwort. Als sie jedoch gefragt wurden, welchen Bildungsgrad sie für ihre Kinder anstreben, kam das unterschiedliche Bildungsniveau der Eltern zum Vorschein.

Mit der Zunahme des elterlichen Bildungsniveaus steigt der Prozentsatz ihrer Erwartung an den Schulbesuch ihrer Kinder oberhalb der Sekundarbildung. Eltern mit einem hohen Bildungsniveau haben nicht nur eine höhere Erwartung an die Bildung ihrer Kinder, sondern auch ein klareres Bildungsziel. Eltern mit einem niedrigen Bildungsniveau weisen zwiespältige Einstellungen auf. Auf die Frage nach dem Bildungsgrad, den ihre Kinder erreichen sollten, lautete bei 32 Prozent analphabetischer Eltern die Antwort „keine Ahnung“, während diese Antwort bei Eltern mit Primarschulunterstufen Bildung 18.2 Prozent, bei Eltern mit dem Abschluss der Oberstufe der Primarschule 8.2 Prozent und bei Eltern mit Abschluss einer unteren Sekundarschule 2.8 Prozent umfasste. Den Daten ist demnach zu entnehmen, dass außer bei den Eltern, die über einen Abschluss oberhalb der Sekundarschule verfügten, Eltern offenbar unterschiedliche Erwartungen hinsichtlich des Schulbesuchs ihrer Söhne und Töchter hegen, und zwar zu ungunsten der Töchter.

2.3 Frauen als Erzieherinnen in Bildungseinrichtungen

2.3.1 Frauen als Erzieherinnen in Kindergärten

Mehr als 90 Prozent der Leiterinnen von Kindergärten und der dort voll beschäftigten Lehrkräfte sind Frauen. Die Vorschulerziehung gehört nicht zu der in China üblichen gersetzlichen neunjährigen Pflichtschulbildung. Im Jahre 1988 gab es 181 368 Kindergärten mit 24 030 030 Kindern, und die Besuchsrate der Drei- bis Sechsjährigen betrug etwa 40 Prozent. Mädchen waren daran mit 46 Prozent beteiligt. Kindergärtnerinnen sind hauptsächlich Frauen. Nach der Statistik von 1998 waren unter 1 577 630 Lehrkräften und anderen im Kindergarten Beschäftigten 1 099 625 Frauen, welche 94.9 Prozent der Gesamtzahl ausmachten. Frauen stellten auch die Mehrzahl der Leitungskräfte dar, nämlich 72 874 (90 Prozent). Der Ausbildung von Kindergärtnerinnen dienen spezielle Sekundarbildungseinrichtungen. Jährlich absolvieren etwa 30 000 Studierende mehr als 60 dieser Einrichtungen und treten als Lehrkräfte ihren Dienst an Kindergärten im ganzen Lande an. Die meisten von ihnen sind Frauen.

Die Vorteile der Vorschulerziehung zeigen sich sehr deutlich nach Einschulung in die Primarschule, wobei zwischen der Häufigkeit von Klassenwiederholung und Schulabbruch in Primarschulen und dem Mangel an vorschulischer Vorbereitung besteht eine eindeutige Beziehung. Beispielsweise hatten, nach einer im Kreis Zhenfeng der Provinz Guizhou im Jahre 1996 durchgeführten Untersuchung, 99,7 Prozent der 4778 Klassenwiederholer und 95.3

Prozent der 875 Schulabbrecher (in den Klassen 1-3) keine Vorschulerziehung genossen. Unter den 13 236 Schülern mit Vorschulerziehung (in den gleichen Klassenstufen) galt dies nur für 0,6 Prozent. Die Entwicklung der Vorschulerziehung ist daher ein wesentliches Desiderat zur Vorbereitung des Schulbesuchs.

Initiativen in der Vorschulerziehung wurden auch in entlegenen und spärlich besiedelten Gebieten ergriffen. 78 Prozent der Kinder unter 5 Jahren leben in den riesigen ländlichen Gebieten Chinas, wo ein großer Mangel an Vorschuleinrichtungen besteht. In jüngster Zeit sind viele Pilotprojekte und Initiativen zur Entwicklung von Vorschuleinrichtugngen eingeleitet worden, insbesondere in Gebieten mit verstreut lebenden Bewohnern. (Vergl. auch Anhang 1)

2.3.2 Frauen als Lehrerinnen im neunjährigen Schulpflichtsystem

Im Jahre 1998 waren in der Elementarschulbildung insgesamt 6 445 599 Lehrkräfte, Angestellte und Arbeiter tätig. Unter diesen waren 3 026 629 Frauen, welche 46,9 Prozent der Gesamtzahl ausmachten (Tab.1). Frauen bildeten demnach fast die Hälfte unter Lehrkräften und Arbeitern, jedoch nur ein Viertel des Verwaltungspersonals.

Tabelle 1: Zahl und prozentueller Frauenanteil an den in Primarschulen Beschäftigen (1998)

	Lehrer, Angestellte und Arbeiter				Hilfs-lehr-kräfte	Zeitar-beiter
	Insgesamt	Vollzeit-lehrer	Verwal-tungs-personal	Arbeiter		
Lehrer, Agestellte, Arbeiter	6 445 599	5 819 390	443 331	168 578	841 884	102 537
Frauen	3 026 629	2 846 139	102 675	72 480	487 665	53 700
Frauen %	46,9	48,9	23,1	42,9	57,9	52,3

Quelle: Essential Statistics of Education in China, Department and Planning, Ministry of Education, P.R. China 1999.

An unteren Sekundarschulen unterrichteten im Jahre 1998 3 054 658 Vollzeit-Lehrkräfte; unter ihnen betrug der Anteil der Frauen 1 240 057, das heißt 40,5 Prozent. Aufschlussreich ist der größere Anteil weiblicher Lehrkräfte in den unteren Jahrgangsgruppen.

Beispielsweise waren 48,9 Prozent der Lehrkräfte an unteren Sekundarschulen Frauen im Alter von 25 Jahren und darunter, während die Altersgruppe zwischen 51 und 55 Jahren nur mit 30,1 Prozent vertreten war. Diese Erscheinung kann unter zwei Aspekten erklärt werden: mit der Entwicklung der Gesellschaft werden mehr Frauen berufstätig, und das Unterrichten in Primarschulen ist eher für Frauen als für Männer attraktiv. Sobald Frau in dieses Feld eindringen, wenden sich Männer besser bezahlten Tätigkeiten zu.

2.3.3 Regionale Verteilung der weiblichen Lehrkräften

Der Prozentsatz weiblicher Lehrkräfte in Primar- und unteren Sekundarschulen in den verschiedenen Regionen kann als einer der Indikatoren angesehen werden, welcher regionale Unterschiede aufzeigen. Im allgemeinen ist der Anteil weiblicher Lehrkräfte höher in Städten sowie Küsten- und wirtschaftlich entwickelten Gebieten als auf dem Lande und in entlegenen, wirtschaftlich rückständigen und von Minderheiten bewohnten Gebieten.

Beispielsweise lag, nach der Statistik der mittleren neunziger Jahre, der Anteil vollbeschäftigter weiblicher Lehrkräfte in Beijing, Shanghai und Tianjin bei mehr als 70 Prozent. In einigen Westprovinzen, wie Gansu, Guizhou und Yunnan, waren sie dagegen nur mit einem Drittel der vollbeschäftigten Lehrkräfte vertreten. Während Großstadtbewohner besorgt sind, dass Schüler in ihren frühen Schuljahren verweiblicht werden könnten, leidet das Bildungswesen in entlegenen Gebieten unter dem ausgeprägten Mangel an weiblichen Lehrkräften. Das in verschiedenen Gebieten auftretende Ungleichgewicht des Geschlechter-Anteils an Primarschullehrern ruft nicht nur im Bildungswesen Probleme hervor.

2.3.4 Weibliche Lehrkräfte und Mädchenbildung

In jüngster Zeit sind große Anstrengungen zur Förderung der Pflichtschulbildung unter besonderen Berücksichtigung der Mädchenbildung gemacht worden. Den Schulbesuch von Mädchen zu gewährleisten, stellt eine äußerst wichtige Aufgabe dar, die in einigen Gebieten nicht leicht zu bewältigen ist. Im Jahre 1996 veröffentlichte die Staatliche Bildungskommission „Zehn Vorschläge zur weiteren Stärkung der Mädchenbildung in armen und von Minderheiten bewohnten Gebieten“; in ihnen wurde der Ruf nach Schaffung von Bedingungen laut, den Schulbesuch für Mädchen zu erleichtern, die Lehrinhalte entsprechend den Bedürfnissen von Schülerinnen umzugestalten, die Formen der Bildungsversorgung zu differenzieren, Forschungen zur Geschlechterfrage in der Bildung durchzuführen und internationale Hilfen und Kooperationsprogramme besser zu nutzen.

In einigen entlegenen, insbesondere von Moslems (Hui) bewohnten Gebieten ist die Beschulungsrate von Mädchen weit niedriger und die Abbrecherrate höher als der Durchschnitt. Einer der Gründe hierfür ist im Mangel an weiblichen Lehrkräften zu suchen.

Das Ningxia Education Research Institute führte im Jahre 1992 eine Stichprobenerhebung über die Lage der Mädchenbildung im südlichen Teil des Autonomen Gebiets Ningxia durch. Dieser Untersuchung zufolge gab es in den 3 330 Primarschulen der acht Distrikte nur 395 Hui-Minoritäten Lehrerinnen, das heißt durchschnittlich je 8 oder 9 in jeder Schule. Nur sehr wenige Schulleiterinnen kamen aus dem Hui-Volk. Infolge des Nichtvorhandenseins weiblicher Lehrkräfte lag die Einschulungsrate von Schülerinnen unter 40 Prozent, und die Abbrecherrate war sehr hoch. Nach einer Studie an fünf städtischen Elementarschulen in Ningxia gab es 955 Schülerinnen in Klasse 1, doch bis zur Klasse 5 waren von ihnen nur fünf übriggeblieben.

In den Gebirgsgegenden sind die Haushalte zerstreut und von der Schule weit entfernt. Die meisten Schüler der oberen Klassen müssen im Internat leben. Eltern sträuben sich jedoch dagegen, weil sie um die Sicherheit ihrer Töchter besorgt sind. Eine Lehrerin ist in der Lage, Mädchen anzuziehen, sodass diese zur Schule kommen; auch eine weibliche Schulleitung kann eher eine Anzahl von Lehrerinnen gewinnen, wodurch sich der Schulbesuch von Mädchen erhöht. So wird in diesen Regionen das Vorhandensein von Schulleiterinnen und Lehrerinnen zu einem höchst wichtigen Faktor für die Einschulung und den Verbleib von Schülerinnen an der Schule. Schulleiterinnen, die zwischen Schule und Familien enge Verbindungen herstellen können, haben insbesondere Frauen aus der moslemischen Hui-Minorität ein gutes Beispiel gegeben, wie sie durch Bildung selbstbewusster werden können. (Vergl. auch Anhang 2)

2.4 Frauen als Erzieherinnen in Gemeinden

2.4.1 Regionale Disparität in der Entwicklung des Bildungswesens

Seit dem Inkrafttreten des Schulpflichtgesetzes im Jahre 1986 hat sich die Primarschulbildung wesentlich gebessert. Wegen des unterschiedlichen Niveaus der ökonomischen und sozialen Entwicklung und des kulturellen Umfeldes besteht aber noch immer eine regionale Disparität.

Was die Beschulungsrate an Elementar- und unteren Sekundarschulen betrifft, lag sie 1998 bei 98,9 Prozent an Primarschulen. Während 19 Provinzen, Autonome Gebiete und Regierungsunmittelbare Städte diese Rate überschritten, lag sie in 12 anderen darunter. Unter den 1,4 Millionen schulpflichtigen Kindern, die keine Schule besuchten, lebten 1,03 Millionen in 12 Provinzen und Autonomen Gebiete.

Die Versetzungsrate in Primarschulen betrug 1998 im Landesdurchschnitt 94,28 Prozent. 15 Provinzen, Autonome Gebieteen und Regierungsunmittelbare Städte überschritten diesen Anteil, während 16 darunter blieben (Tab. 2).

Zwischen den verschiedenen Regionen bestehen erhebliche Unterschiede in der Abbrecherrate an Primarschulen und unteren Sekundarschulen. Die nationale Abbrecherrate im Jahre 1998 lag an Primarschulen bei 0,03, an unteren Sekundarschulen bei 3,23 Prozent (Tab. 3).

Tabelle 2: Versetzungsraten an die Sekundarschule (1998)

Gebiet	Primarschul-Absolventen	Sekundarschul-Absolventen (Unterstufe)	Versetzungen %
Ganz China	21 174 376	19 962 567	94,2
Schülerinnen	10 079 486	9 294 415	92,2
Shanghai insgesamt	178 771	178 892	100,07
Schülerinnen	86 443	86 926	100,56
Zhejiang insgesamt	595 945	588 789	98,8
Schülerinnen	283 274	277 278	97,88
Fujian insgesamt	686 294	671 439	97,84
Schülerinnen	327 002	314 611	96,21
Tibet insgesamt	24 611	16 066	65,28
Schülerinnen	9 525	7 063	74,15
Guizhou insgesamt	612.534	460 224	75,13
Schülerinnen	268 397	193 232	71,99
Yunnan insgesamt	618 537	510 680	82,56
Schülerinnen	283 709	233 237	82,21

Quelle: Bildungsstatistiken 1997, Bildungsministerium der Volksrepublik China.

Tabelle 3: Abbrecherrate an Primarschulen und Sekundarschulen (1998)

Abbrecherrate %	Primarschule insgesamt	Schülerinnen	Sekundarschule (Unterstufe) insgesamt	Schülerinnen
ganz China	0,93	0,92	3,23	2,86
Tibet	5,02	6,80	6,08	4,35
Hainan	1,93	0,01	4,41	4,43
Guizhou	1,86	2,18	4,32	4,27
Guangxi	2,03	2,07	4,12	3,38

Quelle: Bildungsstatistiken 1997, Bildungsministerium der Volksrepublik China.

2.4.2 Regionale Disparität im Bildungsniveau der Frauen

Die regionale Disparität zeigt sich vor allem an der Kluft zwischen ländlichen und städtischen Gebieten, wobei sich eine höhere Analphabetenrate von Frauen in ländlichen Gebieten findet. Nach den Befunden einer 1 Prozent-Stichprobenerhebung der Bevölkerung im Jahre 1995 betrug die Gesamtzahl der Analphabeten im Alter von 15 Jahren und darüber mehr als 145 Millionen. 90 Prozent von ihnen lebten auf dem Lande, und der Anteil der Frauen betrug 70 Prozent. Das Verhältnis der Analphabeten und Halbanalphabeten zwischen städtischen und ländlichen Gebieten lag bei 1.9 Prozent.

Höhere Analphabetinnenrate finden sich überdies in Gebieten der Minderheiten. In China leben 56 Nationalitäten. Han-Chinesen bilden die Mehrheit, die 90 Prozent der Gesamtbevölkerung einnimmt. Unter den 55 ethnischen Minderheiten liegt bei Sechsen das allgemeine Bildungsniveau von Personen im Alter von über 15 Jahren über dem nationalen Durchschnitt (Tab. 4). Die meisten der Minderheiten, insbesondere der im Westen Chinas lebenden, haben aallerdings ein niedrigeres Bildungsniveau.

Tabelle 4: Analphabetinnen und Halb-Analphabetinnen (1990)

	Analphabetinnen und Halb-Analphabetinnen über 15 Jahre	Prozentanteil %
landesweit	12 255 070	41,65
Sichuan	1 018 696	63,52
Guizhou	2 183 808	62,28
Yunnan	3 292 696	60,32
Tibet	588 912	85,55
Gansu	506 466	81,48
Qinghai	468 036	79,30
Ningxia	298 435	64,88

Quelle: China's 1990 National Census 10 Percent Sampling. Office of Census under the State Council, Census Department of the State Statistics Bureau. China Statistics Press 1991.

2.4.3 Bildungsniveau von Frauen und regionale ökonomische Entwicklung

Die sogenannte regionale Entwicklung beinhaltet einen umfassenden Begriff. Es gibt viele Indikatoren, um das Entwicklungsniveau zu messen. Die ökonomische Entwicklung und der Bildungsstandard der Bevölkerung in einer Region stellen einen der wichtigsten Indikatoren dar, und beide stehen zueinander in einer überraschenden Beziehung. Je höher die Analphabetenrate in einer Region liegt, desto niedriger ist das ökonomische Entwicklungsniveau.

Obwohl ein hohes Bildungsniveau der Arbeitskräfte die ökonomische Entwicklung einer Region begünstigen mag, stellt sich die Beziehung zwischen Bildung und Wirtschaft komplizierter dar. Im allgemeinen hat in ökonomisch weniger entwickelten Regionen die Elementarbildung die höchste Beziehung zur regionalen ökonomischen Entwicklung, während in entwickelten Regionen die Hochschulbildung in engster Beziehung zur ökonomischen Entwicklung steht. Je ärmer eine Region tatsächlich ist, desto hilfreicher ist ein Bildungswesen auf niedrigem Niveau und mit weniger formaler Struktur, und desto gewinnbringender ist die Entwicklung der Ressourcen der Menschen (meistens Frauen in vielen Regionen), die keine Elementarbildung erhalten haben. (Vergl. auch Anhang 3)

2.5 Das Bildungsniveau von Frauen und frühe Heirat

Studien über frühe Eheschließungen (Heirat unter 21 Jahren bei Männern und 19 Jahren bei Frauen) zeigen, dass das Bildungsniveau einen gewissen Einfluss auf frühe Eheschließungen hat. Nach der 1 Prozent-Stichprobenerhebung vom Jahre 1987 liegt der Anteil an frühen Eheschließungen männlicher Universitätsabsolventen bei 0,3 Prozent, von Absolventen oberer Sekundarschulen bei 2,53 Prozent, von Absolventen unterer Sekundarschulen bei 5,48 Prozent, von Absolventen von Primarschulen bei 5,48 Prozent und von Analphabeten und Halb-Analphabeten bei 6,9 Prozent.

In Bezug auf Frauen waren die Proportionen ähnlich, doch waren die Unterschiede zwischen Frauen mit College-Abschluss und Analphabetinnen sogar noch größer. Beispielsweise lag der Anteil von Frauen mit College-Abschluss an frühen Eheschließungen bei 0,4 Prozent, bei Analphabetinnen und Halbanalphabetinnen dagegen bei über 10 Prozent.

Das Bildungsniveau von Frauen hat auch einen Einfluss auf die Kinderzahl in den Familien. Zwischen dem Bildungsniveau eines Ehepaares und seinen Vorstellungen von Reproduktion besteht eine klare Korrelation. Dazu wird eine 10 Prozent-Stichprobenerhebung bei 15 969 442 Frauen in der Altersgruppe 15-49 herangezogen. Von den 217 417 Betroffenen mit drei Kindern hatten 81,35 Prozent nur den Abschluss einer Primarschule oder weniger, während 18,62 Prozent den Abschluss einer Sekundarschule und 0,03 Prozent den einer Hochschule hatten.

Forschungen zeigen auch, dass es im Interesse der Geburtenkontrolle wichtiger ist, das Bildungsniveau der Mutter als das des Vaters zu erhöhen, obwohl es besser ist, beide Geschlechter zu bilden. Tatsächlich kann die Förderung der Frauenbildung nicht nur die Geburtenrate senken, sondern auch die Bildung und Erziehung der jungen Generation verbessern.

2.6 Frauen als Erzieherinnen in öffentlichen Institutionen

Der Anteil von Frauen an den staatlichen Lenkungsorganen, besonders ihre politische Mitwirkung im Nationalen Volkskongress und in Regierungsämtern, ist ein wichtiger Indikator für ihren politischen Status. Im Jahre 1997 nahmen 650 Frauen am 9.Nationalen Volkskongress teil, das heißt mit einem Anteil von 21,82 Prozent der Abgeordneten. Im Ständigen Komitee des Nationalen Volkskongresses stieg zwischen 1985 und 1997 der Anteil der Frauen von 14 auf 16, entsprechend von 9 auf 11,85 Prozent. Zwei der Mitglieder dieses Komitees wurden zu Vize-Vorsitzenden gewählt, entsprechend 10,5 Prozent der Gesamtzahl.

Weibliche Abgeordnete sind an den politischen Entscheidungen des Nationalen Volkskongresses aktiv beteiligt. Sie haben viele Gesetzesvorlagen zur Verbesserung der Regierungsarbeit und zur Sicherung der Rechte und Interessen von Frauen eingebracht. Beispielsweise brachten weibliche Abgeordnete eine Gesetzesvorlage zur sozialen Kompensation für durch Schwangerschaft und Geburt bedingte Unterbrechung ihrer beruflichen Arbeit ein; er diente als Grundlage für die „Regelungen zum Arbeitsschutz von weiblichen Arbeitskräften“, die vom Staatsrat erlassen wurden.

Die Anzahl von Frauen, die führende politische Stellungen einnehmen, hat ebenfalls zugenommen. Eine Frau ist Mitglied des Staatsrats. Die Zahl der Ministerinnen und Vize-Ministerinnen ist von 11 im Jahre 1985 auf den derzeitigen Stand von 17 angestiegen, das heißt von 5,2 auf 6,6 Prozent. In den Provinzen stieg der Anteil weiblicher Gouverneure und Vize-Gouverneure von 9 auf 17an, das heißt von 5 auf 12,26 Prozent. In 308 Städten im ganzen Lande nahmen im Jahre 1993 308 Frauen die Positionen von Bürgermeistern und Vize-Bürgermeistern ein. Gegenwärtig bekleiden Frauen in 23 Provinzen (Autonomen Gebiete und Städten, die direkt der Zentralregierung unterstehen), 244 Präfekturen und 2 106 Distrikten führende Positionen in der Partei und Verwaltung - als eine allgemeine Verbesserung gegenüber der Lage im Jahre 1985. Im allgemeinen ist der Anteil von Frauen an der Politik noch niedrig. Noch bestehen ungleiche Chancen für beide Geschlechter, und noch ist ein langer Weg bis zu ihrer Überwindung zu beschreiten.

3. Die Beschäftigungsstruktur von Frauen

Weithin wird in China akzeptiert, dass Frauen „die Hälfte des Himmels“ besitzen. Immer mehr Menschen nehmen eine positive Einstellung zur Beteiligung von Frauen in Sozialarbeit und Bildungswesen ein. Im Jahre 1994 waren 148 490 000 Menschen erwerbstätig, unter ihnen 56 458 000, das heißt 38 Prozent, Frauen (Tab. 5) . Ende der achtziger Jahre begann China seine Wirtschaftsreform,. Die Beschäftigung von Frauen ist während der zehnjährigen Reformdekade jährlich um 4.3 Prozent angestiegen.

Der Beschäftigungsstruktur können wir entnehmen, dass in China Frauen hauptsächlich in Land- und Forstwirtschaft (75.26 Prozent) sowie in Industrie und Transportwesen (12.03 Prozent) beschäftigt sind. Nur weniger als 10 Prozent sind als Funktionsträgerinnen in der Regierung, als Verwaltungsangestellte sowie als Fachkräfte tätig sind. Mit letzteren verglichen, haben Frauen in Landwirtschaft und Industrie gewöhnlich ein niedrigeres Bildungsniveau und Einkommen. Um den Sozialstatus der Frauen zu erhöhen, müssen wir nicht nur die Beschäftigungsstruktur der Frauen vernünftiger gestalten, sondern auch ihr Bildungsniveau erhöhen und ihre berufliche Fähigkeit durch Bildung verbessern.

Tabelle 5: Beschäftigungsstruktur der Frauen im Beschäftigungssystem (%)

	1982	1990	Anstieg
Fachkräfte	4,44	5,53	0,91
Funktionsträgerinnen in Regierung, Partei und Organisationen	0,37	0,45	0,08
Verwaltungsangestellte	0,73	0,98	0,26
Geschäftsfrauen	1,89	3,12	1,23
Dienstleistungspersonal	2,43	2,75	0,32
Arbeiterinnen in Ackerbau, Forstwirtschaft, Tierzucht und Fischrei	77,10	75,26	-1,84
Arbeiterinnen in Industrie und Transportwesen	12,96	12,03	-0,93
Andere Tätigkeiten	0,08	0,05	0,03

Quelle: The Report of the People's Republic of China on the Implementation of the Nairobi Forward-looking Strategies for the Advancement of Women.

Der niedrige Anteil von Frauen in hohen fachberuflichen Positionen beginnt sich zu verändern. Weibliche Berufstätige in höheren Stellungen vermehrten sich in ihrer Gesamtheit zwischen 1982 und 1990 um 6.8 Prozent. Die Zahl der Ärztinnen hat die ihrer männlichen Kollegen überrundet. Die Mitglieder der Chinesischen Akademie der Wissenschaften und der Chinesischen Akademie der Ingenieurwissenschaften sind in China die höchsten Akademiemitglieder in den Bereichen Wissenschaft und Technologie. Unter den 742 Mitgliedern der Chinesischen Akademie der Wissenschaften sind 20 Frauen; ihr Anteil an den 96 Mitgliedern der Chinesischen Akademie der Ingenieurwissenschaften beträgt sechs.

Frauen haben ihre Anteile an hohen fachberuflichen Positionen, doch bestehen weiterhin Unterschiede in der Verteilung von Arbeiten für Männer und Frauen auf den unterschiedlichen Arbeitsniveaus, ein langsamerer Aufstieg von Frauen in ihren Karrieren und ein geringerer Anteil von Frauen in Manager- und Entscheidungspositionen als hauptsächliche Geschlechterprobleme. Beispielsweise sind Frauen in großer Zahl als Fachkräfte tätig. Einen großen Unterschied gibt es jedoch in bezug auf das Niveau der einzelnen Schulen im Bildungssystem. Während in der Vorschulerziehung 95 Prozent der Positionen von Frauen besetzt sind, beträgt ihr entsprechender Anteil im Hochschulwesen nur 30 Prozent.

Wenn man das Hochschulwesen eingehender untersucht, entfielen auf Frauen im Jahre 1997 11.7 Prozent der ordentlichen Professoren, 25.9 Prozent der außerordentlichen Professoren, 34.9 Prozent der Dozenten und 44.5 Prozent der Assistenzprofessoren. Es bleibt die Tatsache bestehen, dass je höher die Positionen desto weniger Frauen in ihnen zu finden sind. Obwohl in jüngster Zeit mehr Frauen auf höhere Positionen in Lehre und Forschung berufen worden sind, ist es weiterhin für Frauen schwierig, hochrangige Managerpositionen zu erreichen.

Die in diesem Beitrag enthaltenen Daten zeigen, dass die Verbesserung des Status von Frauen sowohl eine Notwendigkeit darstellt als auch ermöglicht werden muss. Bildung für alle besteht nicht nur in der Entwicklung des Bildungswesens, sondern ist auch eine soziale Reform, für die das Interesse und die Beteiligung der ganzen Gesellschaft erforderlich ist. Frauen stellen die Hälfte der Bevölkerung dar. Sie sind sowohl Objekte als auch Subjekte der Bildung. Wenn das Ziel der Bildung für alle erreicht werden soll, darf die Rolle der Frauen nicht verneint werden.

Die Frauenfrage hat niemals nur ein oder zwei Länder betroffen. Sie erheischt internationale Aufmerksamkeit. Die UNESCO als die einflussreichste internationale Bildungsorganisation hat in dieser Hinsicht bereits Anstrengungen unternommen und sollte künftig eine wichtigere Rolle spielen.

Die Frauenfrage offenbart die unterschiedliche Natur verschiedener soziokultureller und ökonomischer Umfelder. Zur Lösung des Problems gibt es keine einziger Methode. Wenn aber die Gesellschaft und die Welt zu mehr Demokratie voranschreitet, werden Frauen immer stärker in die Sozialarbeit und das Bildungswesen einbezogen. Trotz tiefer kultureller Vielfalt und ökonomischer Ungleichheit, haben verschiedene Länder bemerkenswerte Erfahrungen in der Mobilisierung der Frauen und der Entwicklung ihrer Potentiale gesammelt. Die Verwertung dieser Erfahrungen wird gewiss zur Entwicklung der ganzen Welt beitragen. Frauen sollten daran maßgeblich mitwirken.

Anhang

1. Regionale Vorschulerziehungsinitiativen in der Inneren Mongolei

Die Stadt Barunhadai (Distrikt Zhungeer, Innere Mongolei) hat ein ganzes Netz von Vorschuleinrichtungen aufgebaut, einschließlich eines Vollzeit-Kindergartens in der zentralen städtischen Primarschule, der Kinder im Alter von vier bis sechs Jahren aufnimmt. Ferner sind zu erwähnen eine jahrgangsübergreifende Vorschulklasse (mit mehreren Lerngruppen) für einige relativ verstreut liegende Dörfer zur Aufnahme von drei- bis sechsjährigen Kindern; ein mobiles Unterrichtszentrum in kombinierten Wohngebieten; ein Unterrichtszentrum für Eltern und Kinder für periodische Bildungs- und Beratungsaktivitäten. Nunmehr hat der ganze Distrikt einen zentralen Kindergarten, vier jahrgangsübergreifende Vorschuleinrichtungen, 14 mobile Dienstleistungszentren und sieben Unterrichtszentren für Eltern und Kinder. Alle der 131 vier- bis sechsjährigen Kinder erhalten eine gute Vorschulerziehung.

2. Ausbildung von Hui-Frauen zu Schulleiterinnen in Ningxia

Die Autonomes Gebiet Ningxia, die im Westen Chinas liegt, hat eine große Population der Hui-Nationalität. Um die Mädchenbildung in diesem Gebiet zu entwickeln, schlug das Ningxia Education Research Institute einen Versuchsplan im Jahre 1992 vor, der vorsah, Schulleiterinnen an ausgewählte Schulen zu entsenden und Lehrerinnen so auszubilden, dass dadurch mehr Mädchen für die Schule gewonnen würden. Vor dem Versuch gab es an den ausgewählten Schulen nur eine Leiterin. Nach sehr harter Arbeit haben nun alle acht dieser Schulen ihre eigenen Leiterinnen. Ausgearbeitet wurde ein spezieller Ausbildungsplan, um ihre Verwaltungsfähigkeiten zu verbessern und ihnen in der Praxis größere Verantwortung zu übertragen. Als Frauen haben diese Schulleiterinnen ein tiefes Verständnis für die Mädchen und deren Mütter. Ihnen fällt es viel leichter, mit Lehrerinnen, Mädchen und deren Eltern zu kommunizieren. Nach dreijährigem Versuch mit der Mädchenbildung ist der Anteil weiblicher Lehrkräfte in diesen acht ausgewählten Schulen von 36 auf 46.5 Prozent gestiegen. Die Einschulungsrate der Mädchen im schulpflichtigen Alter ist von 71 auf 97 Prozent angewachsen.

3. Erhöhung der Frauenbeteiligung an der Entwicklung der Gemeinden

In der Provinz Shaanxi wurde 1990 ein Forschungsprojekt eingeleitet, das sich auf die Erhöhung des Status von Frauen und deren Beteiligung an der Entwicklung der Gemeinden konzentrierte. Der Nachdruck lag auf der Ausbildung, welche einschloss:

- Organisierung der Frauen in Gruppen und die an sie gerichtete Aufforderung, die Geschichte ihres eigenen Lebens zu erzählen und über ihre Familien und Gemeinschaften sowie über ihre Ideen zu den sie umgebenden Dingen zu berichten: Ihr Interesse am öffentlichen Leben und ihre unabhängigen Meinungen haben ständig zugenommen.
- Ausbildung in grundlegenden Fertigkeiten und Kenntnissen: Der Alphabetierungskurs ist mit der Ausbildung von Fertigkeiten und Technikenverbunden, die auf der lokalen Produktion beruhen. Die Frauen werden funktional alphabetisiert und erreichen in der Produktion spezielle Fertigkeiten.
- Ausbildung in Familienplanung, Gebären und Kinderziehung: Die traditionellen Auffassungen der Frauen über Ehe, Gebären, Versorgung der Kinder und Geschlechterpräferenz haben sich langsam geändert. Sie werden in der Erziehung ihrer Kinder aktiver und effektiver.
- Kulturelle Betätigungen: Instrumentenspiel und kunstgewerbliche Arbeit enthüllen nicht nur die Talente der Frauen, sondern dienen auch ihrer sozialen Anerkennung und der Achtung in ihren Familien.

Die Untersuchung zeigte nach zwei bis drei Jahren dieser Betätigungen, dass in dem Distrikt Luochuan 40 Prozent der ausgebildeten Frauen ihren Anteil am

Familieneinkommen vom 25.7 Prozent im Jahre 1990 auf 34.6 Prozent im Jahre 1992 steigern konnten. Ihre Stimmen in familiären Entscheidungen, wie Familienausgaben, Kinderangelegenheiten und sogar Handhabung der familiären Produktion hatten ebenfalls zugenommen. 90 Prozent der ausgebildeten Frauen bewerteten ihre Ausbildung positiv.

Literatur:

Department of Development and Planning, Ministry of Education, P.R.China: Essential Statistics of Education in China (1998). Beijing 1999.

The State Council Working Committee on Women and Children: The Report of Child Development in China. Beijing 1998.

WEI Wu: Women's Education in China. Beijing: Higher Education Press 1995.

ZHOU Wei, WANG Qiang and SHEN Yiling: Girls Education in West China. Beijing: People's Education Press 1998.

YU Bei and Ye Guodong: Literacy Education in China. Northeast Forestry University Press 1998.

THE WORLD BANK: World Development Report. Oxford University Press 1998/99.

UNDP: Human Development Report 1998. Oxford University Press 1998.

UNICEF: The State of the World's Children. 1999.

Kurzbiographie:

Prof. Dr. SHI Jinghuan, geb.1955 in Beijing, Undergraduiertenstudium (Englisch) an der Beijing Normal University 1974-77, Englischlehrerin an einer Sekundarschule 1977-80, Beijing Normal University: MA 1983, Assistant Professor 1983-92, PhD in Geschichte der Pädagogik 1989, Associate Professor 1993-96, seit 1996 Full Professor. Hauptforschungsbereiche: Geschichte der Pädagogik, Vergleichende Erziehungswissenschaft, Geschlechterstudien im Bildungswesen. Anschrift. Beijing Normal University, Beijing, China.

Anschrift: Normal University Beijing, Education Department, 100875 Beijing, Volksrepublik China.

Li Xuejing

Bildung der nationalen Minderheiten in China

(übersetzt aus dem Chinesischen und bearbeitet von R.F.Franke)

The study of Chinese national minority education is of vital importance to the development of the whole nation's education. The Chinese government is urgent to develop the national minority education and to reduce the distinction between the minority areas and the coastal developed cities. Therefore it has begun to put into effect the strategy of developing the country's western areas. This article is aimed at the identifying the trends of China's national minority education by analyzing its history and present situation and by studying the special measures adopted by the Chinese government to improve its national minority education.

1. Einführung

Die Untersuchung der Bildungsprobleme von nationalen Minderheiten ist gegenwärtig nicht nur von Bedeutung für die lokale Wirtschaft mit ihrer Nachfrage nach kompetenten Arbeitskräften, sondern vor allem auch ein wichtiger Bestandteil der Maßnahmen zur Beseitigung von Ungleichheit zwischen nationalen Minderheiten und Mehrheitsbevölkerung, und damit auch zur Förderung einer ausgewogenen sozio-ökonomischen Entwicklung aller Nationalitäten und des gemeinsamen Nationalbewusstseins in China.

Die 1949 gegründete Volksrepublik China ist ein politisch einheitlicher Viel-Nationalitätenstaat. Außer der Majorität der Han-Nation gibt es 55 nationale Minderheiten mit einer Bevölkerungszahl von über 91,2 Millionen, d.h. 8,04% der Gesamtbevölkerung Chinas sind Angehörige nationaler Minderheiten. Die Nationalitätenbildung umfasst jegliche Art von Bildung, Erziehung und Ausbildung außer der der Han-Nation; sie ist ein wichtiger Teil des gesamten Bildungswesens der Volksrepublik China.

Die Gebiete, in denen die Minderheitengruppen leben, befinden sich vorwiegend in westlichen und nördöstlichen Regionen, welche 64% der Gesamtfläche Chinas ausmachen. Da diese Gebiete zum großen Teil extreme geographische und klimatische Bedingungen aufweisen, einem labilen ökologischen Gleichgewicht ausgesetzt sind, eine geringe Besiedlungsdichte und eine im allgemeinen nur dürftige Infrastruktur besitzen, sind sie im Vergleich zum restlichen China von Unterentwicklung gekennzeichnet. Dies macht sich auch negativ bemerkbar beim Auf- und Ausbau des Bildungswesens, wobei besonders der Mangel an finanziellen Ressourcen ins Gewicht fällt.

Um dem Problem der geringen Bevölkerungszahl zu begegnen, wird gegenüber den Minderheiten eine gemäßigte Geburtenregelung praktiziert. Im Gegensatz zu der allgemeinen Ein-Kind-Familienpolitik sind den nationalen Minderheiten in der Regel zwei Kinder erlaubt; in der Provinz Xinjiang wird den in Städten und Marktflecken lebenden Minderheiten zwei, den ländlichen Hirtenvölkern drei Kinder zugestanden, wobei allerdings die konsequente Umsetzung dieser Politik gewisse Schwierigkeiten bereitet.
Die Minderheitengruppen konzentrieren sich in acht der insgesamt 29 politischen Verwaltungsbezirke der Volksrepublik China. Es sind dies die Provinzen Guizhou, Qinghai, Yunnan sowie die Autonomen Gebiete Guangxi, Innere Mongolei, Ningxia, Tibet und Xinjiang. Die wirtschaftliche Situation in diesen traditionellen Siedlungsgebieten der Minoritäten ist unvergleichlich schlechter als die in Zentral- und Ostchina, wo vorwiegend Han-Chinesen leben. Gleiches trifft für das Bildungswesen zu; erst in 200 von insgesamt 500 der von nationalen Minderheiten bewohnten Kreisen ist die Primarschulpflicht realisiert worden. Im Jahre 1998 lag die höchste regionale Analphabetenquote bei 15%, davon betroffen waren sieben Provinzen, alles Siedlungsgebiete von nationalen Minderheiten (China Education Yearbook 1999). Aus all diesem wird ersichtlich, dass die Bildungschancen für die nationalen Minderheiten auch heute noch erheblich unter denen der chinesischen Mehrheitsbevölkerung der Han-Nationalität liegen.

2. Bildungsrechtliche Bestimmungen

Die Bildung und Erziehung der nationalen Minderheiten und folglich ihre gesellschaftliche Integration gelten heute als eine wichtige Aufgabe des chinesischen Bildungswesens. Dies wird unterstrichen durch das Bildungsgesetz im Artikel 9 (Gleichheitssatz und Diskriminierungsverbot), im Artikel 10 (staatliche Versorgung mit Bildung für die Minderheitengruppen u.a. Bürger in peripheren Regionen) sowie Artikel 12 (Unterricht in Chinesisch und in Minderheitensprachen). Die Verfassung der Volksrepublik China von 1982 und verschiedene andere Gesetze regeln den rechtlichen Status der nationalen Minderheiten in wichtigen Bereichen wie der Pflege der eigenen Sprache, Bildung und Kultur. Das Gesetz über die Gebietsautonomie von 1984 sieht vor, dass die Autonomen Gebiete über ihre regionalen Bildungsgesetze, schulischen Einrichtungen, Unterrichtssysteme, Lehrinhalte, Unterrichtssprachen und Zulassungsregelungen selbst bestimmen können. Das Gesetz über die allgemeine Schulpflicht von 1986 sowie das Bildungsgesetz von 1995 schreiben den Schutz und die Förderung der Kultur, Sprache und Bildung der nationalen Minderheiten vor. Sie räumen ausdrücklich den Angehörigen ethnischer, nationaler und religiöser Minderheiten das Recht auf gleiche Bildungschancen ein und unterstellen sie der Schulpflicht. Der Staat ist verpflichtet, auch in den wirtschaftlich unterentwickelten und abgelegenen Regionen für die Bereitstellung von Schulen und anderen Bildungseinrichtungen zu sorgen. Er ist insbesondere verpflichtet, dafür zu sorgen, dass nach Maßgabe der Besonderheiten und Bedürfnisse der einzelnen Minderheiten die Minderheitensprache Unterrichtssprache ist, wenn die Schüler der Minderheitengruppe die Mehrheit an einer Schule bildet. Ansonsten muss auf jeden Fall muttersprachlicher Unterricht angeboten werden.

3. Entwicklung des Bildungswesens

Vor Gründung der Volksrepublik China waren die meisten Gebiete nationaler Minderheiten sozio-ökonomisch äußerst rückständig; in manchen herrschten feudale, in anderen sogar noch urgesellschaftliche Zustände. Zur zeitlichen Kennzeichnung von größeren Ereignissen wurden Kerben in Holz geschnitzt und Schnüre verknotet. Diese Praxis weist zwar auf eine entwickelte autochthone Wissenskultur hin, die jedoch von moderner Bildung weit entfernt war. In Tibet gab es beispielsweise nur einige wenige Primarschulen für die wohlhabenden Schichten, darüber hinaus keine einzige Sekundarschule, Berufsschule oder gar Hochschule. Der Anteil der Schüler bzw. Studenten aus den Minderheitengruppen lag 1950 an Primarschulen bei 0,9%, an Sekundarschulen bei 0,4% und an Hochschulen bei 0,2% und damit weit entfernt von ihrem damaligen Bevölkerungsanteil von ca. 6%. Angesichts dieser Ausgangslage ist die Entwicklung des Bildungswesens in manchen peripheren Regionen Chinas rascher verlaufen als im Landesdurchschnitt. Den Statistiken nach hatte sich im Jahres 1998 die Zahl der Schüler und Studenten in ganz China von 54,86 Mill. im Jahre 1952 um das vierfache auf 243 Mill. erhöht. Der Anteil der nationalen Minderheiten war an den Primarschulen auf 9,7%, an den Sekundarschulen auf 7,3% und an den Hochschulen auf 8,1% angestiegen; der Bevölkerungsanteil der Minderheiten hatte 8% erreicht. In den o.g. acht großen Minderheitengebieten gab es 120.000 Primarschulen, 14.000 Sekundarschulen, 570 Berufliche Schulen und 104 Einrichtungen auf tertiärer Bildungsebene. Die Beschulungsquote hatte sich im Jahre 1998 gegenüber 1949 um das 16fache auf 15,8 Mill. Schüler erhöht; die Zahl der Lehrer war um das zwölffache auf 750.000 gestiegen (China Education Yearbook 1999).

Trotz aller dieser Errungenschaften besteht in den Minderheitengebieten immer noch ein auffälliger Rückstand im Bildungswesen. Im Jahre 1998 lag zwar die durchschnittliche Einschulungsquote in einigen der nationalen Minderheitengebiete über 90% (Tibet 81,4%, Xinjiang 87,1%), jedoch 30% der Primarschulabgänger hatten kein Abschlusszeugnis. Überdies hatte in manchen Regionen die Aufnahmequote in die Unterstufe der Sekundarschule abgenommen und die Schulabbruchsquote zugenommen, sodass im Landesdurchschnitt eine Disproportionalität entstanden ist. Beispielsweise lag in Xinjiang die Schulbesuchsquote an der Unterstufe der Sekundarschule im Jahre 1993 durchschnittlich bei 69,44%, in manchen Gebieten jedoch nur bei 45%. Im Jahre 1990 wurden in der von den Hetian bevölkerten Minderheitenregion von Xinjiang 11.875 neue Schüler in die 1.Klasse der Sekundarschule aufgenommen, im Jahre 1993 gab es jedoch nur 8.922 Schulabsolventen. Innerhalb von drei Schuljahren hatten also 2.953 Schüler den Schulbesuch vorzeitig eingestellt, wodurch die Schulabbruchsquote 24,9% erreichte.

Seither sind als Reaktion auf diese Entwicklungen zahlreiche, nachfolgend beschriebene Maßnahmen eingeleitet worden. Inwieweit diese auch tatsächlich implementiert wurden, welche Engpässe sich bei der Umsetzung aufgetan haben, und welche konkreten Probleme noch im einzelnen im Bildungswesen der Minoritäten bestehen, ist nicht ohne weiteres zu beurteilen, da noch keine ausführlichen Evaluierungen vorgenommen wurden. Man kann jedoch davon ausgehen, dass aufgrund finanzieller Probleme viele Schulen große Schwierigkeiten haben, ihre Lage zu verbessern, sodass die besonderen bildungspolitischen Förderungsmaßnahmen nur begrenzt umgesetzt werden können und die Entwicklung der Bildung unter den Nationalitäten sich daher eher verlangsamt hat.

4. Förderungsmaßnahmen

Entsprechend des einheitlichen bildungspolitischen Kurses und unter Berücksichtigung der Gegebenheiten in den Minoritätengebieten, haben die chinesische Zentralregierung und die lokalen Bildungsbehörden zu besonderen Maßnahmen und zu vielfältigen Beschulungsformen gegriffen, um die Entwicklung des Bildungswesens der nationalen Minderheiten zu fördern. Dazu gehören die Gründung von Internatsschulen auf Primar- und Sekundarstufe und anderen flexiblen Unterrichtsformen, die Einrichtung von Spezialklassen und Vorbereitungsklassen für nationale Minderheiten und die Gründung von Lehrerbildungsanstalten für Minoritäten auf Sekundar- und Hochschulebene.

4.1 Unterrichtsformen

Da die nationalen Minderheiten meist in abgelegenen Gebirgs- und Weidegebieten unter ungünstigen Verkehrsbedingungen leben, ist ein Schulbesuch in der Regel mit mehr oder weniger größerem Aufwand verbunden. Deswegen praktiziert man in diesen Gebieten neben Internatsschulen besondere Unterrichtsformen wie beispielsweise die 'Wanderschule' in Weidegebieten, die 'Primarschule im Filzzelt' unter den Nomadenvölkern oder die 'Primarschule auf dem Kang' (beheizbare Wohnplattform aus Lehm) in den entlegenen ländlichen Regionen Nord- und Nordostchinas. Das bedeutet, dass Unterricht abwechselnd bei einzelnen Nomaden bzw. Bauern zu Hause stattfindet, wo sich die Kinder der Umgebung versammeln. Dies hat die Beschulung unter den schulpflichtigen Kindern erheblich verbessert und stabilisiert und damit zur

Realisierung der allgemeinen Primarschulpflicht in den von nationalen Minderheiten verstreut besiedelten Gebieten beigetragen. Trotz allem ist jedoch die Schulabbruchsquote immer noch hoch, was auf die schlechte wirtschaftliche Situation der Familien, auf die verschiedenen Sonderkosten, die ein Schulbesuch verursacht, auf den Motivationsmangel bei den Schülern und anderes mehr zurückzuführen ist.

4.2 Spezial- und Vorbereitungsklassen

Die Einrichtung von Spezialklassen und Vorbereitungsklassen für nationale Minderheiten ist eine Maßnahme, die dazu dient, den nationalen Minderheiten eine gezielte Bildung, bessere Zulassungschancen zu höheren Bildungsgängen, eine Fachausbildung sowie eine gezielte Arbeitsvermittlung angedeihen zu lassen. Spezialklassen gibt es vor allem in Form von Nationalitätenklassen an Elementar- und Sekundarschulen, von Tibeterklassen innerhalb des chinesischen Kerngebietes, von Nationalitäten-Mädchenklassen sowie Nationalitäten-Studienklassen. Die Schüler dieser Klassen kommen aus bestimmten Zielgruppen, erhalten eine spezielle Ausbildung und werden nach deren Absolvieren auf bestimmte Arbeitseinheiten verteilt. Die Vorbereitungsklassen sind für Schüler nationaler Minderheiten mit nicht ausreichenden Eingangsvoraussetzungen vorgesehen. Sie halten sich ein bis zwei Jahre in diesen Klassen auf und können nach Bestehen einer Prüfung in eine normale Klasse oder in einen regulären Studiengang überwechseln. Zur Zeit gibt es landesweit 123 Spezialklassen sowie 81 Vorbereitungsklassen für den Hochschulzugang mit etwa 14.000 Schülern. Abgesehen von der allgemein zu hohen Klassenstärke, gibt es auch noch eine weitere Problematik, nämlich die Hochschulzulassung im Rahmen der allgemeinen zentralstaatlichen Studienplatzvergabe betreffend. Das Zulassungsverfahren für die Schüler der Vorbereitungsklassen in den Minoritätengebieten erlaubt einen Nachlass bis zu 80 Punkten als minimale Eingangsvoraussetzung, wohingegen an den staatlichen Schwerpunkthochschulen bei der Zulassungsprüfung den Bewerbern aus nationalen Minderheiten nur ein Nachlass von 30 Punkten gewährt wird. Aufgrund innerregionaler Ungleichheiten gibt es große Leistungsdiskrepanzen wie beispielsweise in Xinjiang. Dort beträgt die Differenz zwischen den Minoritäten und den Han-Chinesen bei der Hochschuleingangsprüfung im Durchschnitt 160 Punkte bei einem Maximalwert, der bei 700 Punkten liegt.

Indem man bei den Minoritäten für die Aufnahme zur Hochschule einen niedrigeren Minimalwert zulässt und damit die Leistungsanforderungen verringert, hat das letztendlich dazu geführt, dass nicht nur die Lehrinhalte und Unterrichtsmethoden, sondern schließlich auch die Ausbildungsqualität große Unterschiede aufweisen.

Durchschnittlich erreichte Punktzahl bei der Hochschuleingangsprüfung:

Jahr	Han-Nationalität	Minorität
1992	499	285
1993	484	287
1994	498	335
1995	465	310

4.3 Lehrerbildungsanstalten

In 19 der Provinzen und autonomen Gebiete gibt es insgesamt 157 Pädagogische Hochschulen, Höhere pädagogische Lehranstalten, Sekundare pädagogische Fachschulen und Pädagogische Oberstufen, die sich ausschließlich der Ausbildung von Nationalitäten-Lehrkräften widmen; überdies gibt es 124 pädagogische Fortbildungseinrichtungen. Außerdem hat man an einem Teil der Nationalitäten-Fachhochschulen und an nationalen Universitäten Abteilungen für die Lehrerausbildung für nationale Minderheiten eingerichtet sowie jeweils ein Lehrerbildungszentrum in Nordwestchina und in Südwestchina für nationale Minderheiten errichtet, wo ausschließlich Lehrer nationaler Minderheiten ausgebildet werden.

Darüber hinaus hat die chinesische Regierung ein Zentrales Nationalitäteninstitut in Beijing und 11 Regionale Nationalitäteninstitute gegründet mit 32.839 Studenten der nationalen Minderheiten. Dies reicht allerdings immer noch nicht aus, um den Bedarf an höher qualifizierten Kräften für die Gebiete der nationalen Minderheiten heranzubilden, weswegen die Regierung den nationalen Minderheiten noch zusätzliche Vorzugsbehandlung bei der Zulassung zu den regulären Hochschulen und zum Postgraduierten-Studium gewährt, indem bei gleichem Leistungsstand Studenten nationaler Minderheiten bevorzugt aufgenommen werden. Da jedoch ihre allgemeine Bildungsgrundlage häufig eher schwach, überdies ihr Chinesischniveau meist nicht besonders hoch ist, gibt es nur sehr wenig Studenten aus nationalen Minderheiten, die sich um einen postgraduierten Studienplatz bewerben.

5. Unterrichtsorganisation und Lehrmittel

In der chinesischen Verfassung ist festgelegt, dass jede Nationalität die Freiheit hat, ihre eigene Sprache und Kultur zu entwickeln und überdies die nationalen Minderheiten aktiv unterstützt werden sollen, das Bildungswesen auf der Grundlage ihrer eigenen Sprache und Schrift zu entwickeln. Das Gesetz über die nationale Gebietsautonomie von 1984 bestimmt, dass Schulen mit entsprechenden Möglichkeiten, die vorwiegend Schüler nationaler Minderheiten aufnehmen, Lehrbücher in der Sprache der jeweiligen nationalen Minderheit benutzen und überdies diese auch als Unterrichtssprache verwenden sollten. Gegenwärtig gebrauchen mit Ausnahme der unter den Chinesen lebenden Muslime aus der Hui-Minderheit sowie der Manzhu-Nationalität alle anderen nationalen Minderheiten ihre eigene Sprache. An mehr als 10.000 Schulen von 23 nationalen Minderheiten, unter ihnen die mongolische, tibetische, koreanische, uigurische (Hui-) und Zhuang-Nationalität, wird in einer Nationalitätensprache oder zweisprachig unterrichtet. Insgesamt sind unter den 53 großen nationalen Minderheitengruppen 60 Sprachen und 29 Schriften im Gebrauch, wobei u.a. auf Verschriftungen zurückgegriffen wird, die bereits in den 50er Jahren vorgenommen wurden, und ohne die manche Minderheitensprachen bereits verloren gegangen wären. In zehn Provinzen und Autonomen Gebieten hat man entsprechende Büros und Redaktionen zur Übersetzung und zum Redigieren von Lehrmaterialien eingerichtet, die jedes Jahr um die 3.000 Lehrwerke für die Primar- und Sekundarschulen herausgeben.

In Gebieten, die nur von nationalen Minderheiten bewohnt sind, lernen die Schüler an Grund- und Sekundarschulen ausschließlich in ihrer eigenen Sprache, sodass sie mit Chinesisch überhaupt nicht in Berührung kommen. Erst nach ein bis zwei Jahren in einer Vorbereitungsklasse der höheren Schule verwenden sie beim Lernen die chinesiche Allgemeine Sprache (*putonghua*) sowohl in den allgemeinbildenden als auch fachspezifischen Fächern. In diesen Klassen werden die gleichen chinesischsprachigen Lehrbücher wie für die Han-Nation verwendet wird, was aufgrund mangelnder sprachlicher Grundlagen erhebliche Lernschwierigkeiten für die Schüler der nationalen Minderheiten mit sich bringt. Dies trifft beispielsweise auch für Xinjiang zu, wo ein Teil der Hochschulkandidaten nicht in fließendem Chinesisch kommunizieren kann und es sogar Schüler gibt, die überhaupt kein Chinesisch verstehen.

Hinzu kommt das Problem des Lehrmaterials, das in vielen Sprachen mit geringen Auflagen bereitgestellt werden muss, was hohe Investitionen erfordert. Diese Mittel und die notwendigen Fachkräfte stehen nicht in ausreichender Menge zur Verfügung. In Xinjiang allein finden sich insgesamt Minderheitengruppen aus 47 Nationalitäten, die größtenteils in ihrer eigenen Sprache Unterricht abhalten. Gegenwärtig ist es auch nur möglich, die regulären Lehrbücher für die Primarschule, für die Allgemeine Sekundarschule und die Hochschul-Vorbereitungsklassen in Nationalitätensprachen zu erstellen. Das heißt, es stehen keine ausreichenden Kräfte und Mittel zu Verfügung, um darüber hinaus noch anderes Lern- und Studienmaterial für die Primar- und Sekundarstufe oder fachspezifische Lehrmaterialien für die berufsbildenden Sekundarschulen oder für das Fernstudium zu erstellen.

6. Innerchinesische Entwicklungshilfe

Um den Gebieten der nationalen Minderheiten in ihrer Entwicklung zu helfen, hat die chinesische Regierung veranlasst, dass die wirtschaftlich weiter entwikkelten Regionen ihnen auf vielfältige Weise Hilfen zukommen lassen und mit ihnen zusammenarbeiten. Eine große Zahl von Lehrern und Hochschulabsolventen wurden mobilisiert, an die Schulen nationaler Minderheiten zu gehen. Mehr als 70 binnenländische Hochschulen sind Partnerschaften mit den Hochschulen in den genannten acht großen Minoritätengebieten eingegangen. Kooperationen „zum gegenseitigen Nutzen“ gibt es auch zwischen ganzen Verwaltungsbezirken (Beijing-Innere Mongolei, Tianjin-Gansu, Shanghai-Yunnan, Guangdong-Guangxi, Jiangsu-Shanxi, Zhejiang-Sichuan, Shandong-Xinjiang, Liaoning-Qinghai, Fujian-Ningxia, Ningpo-Guizhou), zwischen ganz China mit Tibet sowie zwischen den Hafenstädten Shenzhen, Qingdao und Dalian.[6]

Die nationalen Minderheiten werden bei der Ausbildung dringend benötigter Fachkräfte sowie bei der Verbesserung der Lernbedingungen in folgender Weise unterstützt:

- Aufnahme von Schülern und Ausbildung von Lehrern durch die Partnerhochschule,
- Entsendung von besonders qualifizierten Lehrern,
- Vermittlung von wissenschaftlichem Personal für kooperative Forschungszwecke,
- Spenden von Lehrmitteln und anderen Materialien,
- Erfahrungsaustausch auf Verwaltungsebene,
- Beratung bei der Gründung von schuleigenen Wirtschaftsbetrieben,
- Finanzhilfen und Kreditvermittlung.

So wurde ausgehend von der ‘Konferenz zur Unterstützung und Zusammenarbeit mit dem Autonomen Gebiet Xinjiang’ an über 50 binnenländischen chinesischen Hochschulen in ca. 110 Fachrichtungen mehr als 5.000 Studenten, 600 Postgraduierte und 800 Lehrer aus nationalen Minderheiten Xinjiangs ausgebildet.

Auch die Entwicklungshilfe für Tibet wurde auf einer solchen Konferenz eingeleitet, bei der achtzehn Bildungsprojekte mit zweckgebundenen Geldern begründet wurden. An 86 der besten chinesischen Schulen wurden gesonderte Tibeterklassen eingerichtet, einige von ihnen ganz zu Tibeterschulen umgewandelt; sie hatten bis 1993 insgesamt 13.000 Schüler aufgenommen. Nicht zuletzt nehmen alle binnenchinesischen Provinzen und Städte Kader (Schulverwal-

---

[6] Die entlegenen landwirtschaftlich nicht zu nutzenden Gebiete, in denen vorwiegend Minderheiten leben, sind wegen ihrer reichen Vorkommen an bisher nicht erschlossenen Bodenschätzen für China insgesamt von besonderem Interesse.

tungspersonal) und Lehrer aus den Gebieten der nationalen Minderheiten zur Fortbildung auf.

Mit Hilfe von Entwicklungsprogrammen, deren Finanzvolumen allerdings recht bescheiden ausfallen, versucht die chinesische Zentralregierung, die wirtschaftliche Lage und die Bildungssituation der Bevölkerung in peripheren Regionen zu verbessern. Vor allem erhielt Tibet 1987 Sonderzuweisungen für das Bildungswesen in Höhe von 60 Mill. Yuan (ca. DM 11,4 Mill.) und 1993 Ergänzungsmittel von 41 Mill. (ca. DM 10 Mill.). Im Jahre 1994 wurden über einen Nachtragshaushalt 40 Mill. Yuan bereitgestellt für die Errichtung von sechs neuen Primar- und Sekundarschulen innerhalb Tibets.

7. Fazit

Obwohl es in den von nationalen Minderheiten bewohnten Gebieten gut entwickelte Regionen mit einem ausgebauten Bildungswesen sowie florierende Lehr- und Forschungseinrichtungen gibt, die auf die besonderen ethnisch-kulturellen Traditionen zugeschnitten sind, lebt ein Teil der Minderheiten noch unter Bedingungen, die denen der Majorität der Han-Chinesen nicht gleichwertig sind. Sie bedürfen weiterhin entwicklungspolitischer Maßnahmen.

Die gesetzlich verankerte Bildungshilfe für die nationalen Minderheiten soll deren Besonderheiten berücksichtigen, wobei neben ihren Rechten auch ihre Traditionen und Bräuche respektiert werden. Zur Erfüllung der damit verbundenen Aufgaben wurden auf nationaler und subnationaler Ebene Behörden und Verwaltungsbüros für die Realisierung der staatlichen Bildungspolitik eingerichtet. Es wurden zweckgebundene Zuschüsse unter Berücksichtigung des besonderen Finanzbedarfs des Bildungswesens und der Bildungsprogramme zugunsten der nationalen Minderheiten bereitgestellt.

In den kommenden Jahren sollen laut staatlicher Vorgabe 90% der schulpflichtigen Kinder von Minderheiten eine Primarschulbildung von sechs Jahren erhalten, und in den weiter entwickelten Gebieten die neunjährige Schulpflicht durchgesetzt werden. Die Verwirklichung dieser Ziele dürfte jedoch aufgrund der historisch bedingten Benachteiligung auf erhebliche Schwierigkeiten stoßen. Erforderlich ist noch sehr viel mehr an Engagement und Einsatz von Seiten der Regierungsstellen aller Ebenen wie auch von der chinesischen Gesellschaft im ganzen.

Literatur

ELIAS, Richard F.: A year as an educator in Northwest China. World Education Monograhy Series, No. 2.

HEBERER, Thomas: Nationalitätenpolitik und Entwicklungspolitik in den Gebieten nationaler Minderheiten in China, Bremen 1984.

HOPPE, Thomas: Die ethnischen Gruppen Xinjiangs: Kulturunterschiede und interethnische Beziehungen. Hamburg 1995.

MA Yin: China Minority Nationalities, Beijing 1989.

PHUNTSOG, Nawang: Renewal of Tibetan school curricula, in exile: A Tibetan-Centric Approach. 1994. Internet: edrs@inet.ed.gov

PU Shengyi: *Zhongguo shaoshu minzu jiaoyu fazhan yu zhanwang* [Bildungsentwicklung der nationalen Minderheiten Chinas und Perspektiven]. Beijing 1990.

WEI Pengfei/JIANG Miaorui: *Zhongguo shaoshu minzu jiaoyu* [Bildung der nationalen Minderheiten Chinas]. Beijing 1995.

XINJIANG JIAOWEI [Erziehungskommission der Provinz Xinjiang] (Hrsg.): *Jiaoyu zhengce fagui xuanbian* [Ausgewählte bildungspolitische Gesetzesbestimmungen], Urumqi 1996.

XINJIANG JIAOWEI [Erziehungskommission der Provinz Xinjiang] (Hrsg.): *Xinjiang jiaoyu fazhan zhanlue yanjiu* [Studien zur Bildungsentwicklung und -strategie in der Provinz Xinjiang], Urumqi 1993.

The Education of Minorities - An Overview. In: Chinese Education. A Journal of Translation 1989.

Zeitschriften:

Zhongguo minzujiaoyu [Bildung der nationalen Minderheiten Chinas]; Minzu jiaoyu yanjiu [Studien über die Bildung der nationalen Minderheiten]; Minzu gaojiao yanjiu [Studien über die Hochschulbildung der nationalen Minderheiten]; Minzu jiaoyubao [Erziehungszeitung der nationalen Minderheiten].

Kurzbiographie:

LI Xuejing, geb. 1964 in Urumqi, Ugurisches Autonomes Gebiet Xinjiang,Volksrepublik China. 1982-86 Studium an der TH Xinjiang, B.A. (Geologie); 1990/91 Postgraduiertenkurs "Education-Management" an der Haozhong Pägogischen Universität Wuhan, Provinz Hubei. Tätigkeiten: 1986-94 Hochschulverwaltung der TH Xinjiang; 1994-96 Bildungskommission Ugurisches Autonomes Gebiet Xinjiang. 1997/98 Forschungsaufenthalt am Institut für Vergleichende Erziehungswissenschaft der Humboldt-Universität Berlin. Seit 1996 Studienleiterin an der TH Xinjiang. Arbeitsgebiete: Minderheitenbildung; Hochschulentwicklung.

Huang Mei

Kunsterziehung in China
Blick in die heutige Unterrichts- und Erziehungspraxis

This article, which is based on an extensive comparative study of art education in China and Germany by the author, concentrates on the attempt to offer German readers a vivid insight into the everyday practice of art education in contemporary China, both within and outside the school system. In addition, ceramics instruction is presented as one of the newest innovations in Chinese art education. The article ends with a short overview of international exchanges in the area of art education between the People's Republic of China and other countries.

1. Kunsterziehung an chinesischen Schulen

Die Kunsterziehung an chinesischen Schulen besteht aus dem regulären Kunstunterricht und den außerunterrichtlichen künstlerischen Zusatzangeboten der Schule in der Freizeit. Um einen Einblick in die Praxis desKunstunterrichts zu gewinnen, fanden im Rahmen der o.g. vergleichenden Studie der Autorin zur Kunsterziehug in China Hospitationen an verschiedenen Schulen statt. Für diese Unterrichtsbesuche, von denen Protokolle angefertigt wurden, wurden Schulen in unterschiedlichen Gegenden ausgewählt. So besuchte die Autorin reguläre Schulen durchschnittlichen Leistungsniveau wie auch Schulen mit besonders leistungsstarken Schülern, die sich in verschiedenen Städten, in stätischen Vororten und auf dem Lande befinden. Bei den miterlebten und protokollierten Unterrichtsstunden handelte es sich um primarschulischen Fachunterricht in künstleirischen Tätigkeiten wie Malen, Modellieren mit Ton, Graphik und Kalligraphie.

1.1 Die Unterrichtspraxis der schulischen Kunsterziehung

Der Malunterricht an den von der Autorin besuchten chinesischen Grundschulen fand in der Regel nach einem festen Schema statt, das sich in vier Phasen gliederte:

- *Einführungsphase*: Die Lehrerin (an der chinesischen Grundschule unterrichten selten männliche Lehrkräfte) eröffnet den Unterricht mit Fragen zu dem Gegenstand, den sie als Modell mitgebracht hat. Ziel dieser Einstiegsweise ist es, die Aufmerksamkeit und das Interesse der Schüler/innen zu wecken und das Thema der Stunde einzuführen.

- *Demonstrationsphase*: Die Lehrerin demonstriert an der Tafel, ahand von Schaubildern u.a. vorführungsweisen, wie der Gegenstand abgebildet werden kann.
- *Aktivitätsphase*: Nach der Demonstration fordert die Lehrerin die Schüler auf, selbst tätig zu werden. Sie stellt die Aufgaben und die meisten Kinder sind bemüht, sich genau an die Vorgabe zu halten. Es gibt jedoch auch immer einzelne, die davon abweichend sich selbst etwas ausdenken. Während die Kinder malen, geht die Lehrerin von Tisch zu Tisch, um Einblick in die Arbeiten der Schüler zu nehmen. (Bei einer offiziell vorgegebenen Klassenstärke von 45 Schüler/innen, die nicht selten weit überschritten wird, sodass bis zu 90 Kinder in einer Klasse sitzen können, ist eine intensivere Einzelbetreuung unmöglich).
- *Beurteilungsphase*: Kurz vorm Ende des Unterrichts werden in der Regel einige Arbeiten der Kinder vorgezeigt und besprochen. Die Lehrerin begutachtet gemiensam mit der Klasse die Bilder, indem sie die Schüler/innen nach ihren Vorlieben fragt und diese begründen lässt. Gelegentlich analysiert die Lehrerin einzelne Arbeiten noch etwas genauer. Bleibt noch Zeit, bildet eine kurze Geschichte oder ein Spiel den Ausklang der Unterrichtsstunde.

Wie in allen Schulfächern gibt es in China auch Schulbücher für den Kunstunterricht. Jedes Kind hat für jedes Schulhalbjahr ein Lehrbuch für den jeweiligen Fachunterricht. Darin ist der Inhalt jeder Unterrichtsstunde bebildert dargestellt. Die Kunstlehrer/innen haben gelegentlich zusätzlich zum Schulbuch noch ein Lehrerhandbuch, in dem die Beschreibung und Begründung des Stundeninhalts und des Unterrichtsablaufs stehen.

Im Folgenden wird zur Veranschaulichung anhand eines Protokolls der Unterrichtsverlauf einer Kunstunterrichtsstunde wiedergegeben, bei der die Autorin hospitierte.

> Es klingelt zum Unterricht. Die Lehrerin, Frau Su, unterhielt sich ruhig weiter mit mir; wir saßen noch im Büro. Einige Minuten später betraten wir das Klassenzimmer. Dort war es sehr ruhig. Die 54 Kinder im ersten Schuljahr saßen in ihrer grünen Schuluniform ordentlich auf ihren Plätzen und machten Augengymnastik mit Musikbegleitung. Ein kleines Mädchen in rosa Schuluniform ging eifrig zwischen den Tischen hin und her und kontrollierte, ob auch alle ihre Augengymnastik richtig machten. Als die Augengymnastik beendet war, ging die Kleine nach vorn an die Tafel und schrieb: Lob 32, Tadel 22. Dann ging sie zurück an ihren Platz und rief mit ihrer kindlichen Stimme, aber deutlich: „Aufstehen!" 54 Kinder erhoben sich von ihren Plätzen und riefen gleichzeitig: „Laoshi hao!" (Guten Tag, Frau Lehrerin!). Frau Su grüßte zurück und die Schüler und Schülerinnen durften sich wieder setzen. Als Gast wurde ich kurz vorgestellt; dann zog die Lehrerin die Aufmerksamkeit der Kinder gleich auf das Unterrichtsgeschehen mit den Worten: „Kinder, schaut mal her, was hat euch eure Lehrerin heute mitgebracht?" – „Einen Regenschirm, einen Regenschirm!" „Ja,

einen Regenschirm, denn der ist heute unser Thema. Heute malen wir einen Schirm." Die Lehrerin schrieb das Thema „Schirm" an die Tafel, drehte sich um und öffnete den Regenschirm. „Kinder, wer kann jetzt beschreiben, aus welchen Teilen der Schirm besteht?" – „Aus Schirm und Griff." „Gut, dann schaut jetzt einmal genau zu, wie ich einen Schirm male. Ist der Schirm rund?" Bei dieser Frage zog sie schon einen Kreis an der Tafel. „Können wir dem Schirm auch einen Besatz geben?" Die Kinder sagten zu allem ja. Die Lehrerin malte also noch einen runden Schirm mit einem Besatz an die Tafel. Und um die Sache noch weiter zu komplizieren, malte sie einen weiteren runden Schirm mitsamt dem Gestänge. Damit war die erste Malphase beendet.
Frau Su drehte sich wieder zur Klasse und sagte: „Jetzt überlegt einmal, was es für Schirmgriffe gibt. Wir haben verschiedene Schirmgriffe, gnz gerade oder mehr oder weniger gebogene." Die Schüler/-innen sahen die Lehrerin aufmerksam an, nickten mit den Köpfen und sprachen mit. Andere Vorschläge kamen aber nicht. Die Lehrerin versah die beiden Schirme an der Tafel mit Griffen, dann malte sie noch drei verschiedene komplette Schirme mit unterschiedlichen Griffen. Bis hierher hatte der Unterricht knapp fünfzehn Minuten gedauert.
Danach bat Frau Su die Kinder, das Schulbuch aufzuschlagen und sich die Lektion „Schirm" genau anzusehen, denn nun sollten sie selber einen Schirm malen. Während die Kiner malten, ging die Lehrerin zwischen den Tischen umher und schaute an allen Tischen vorbei. Sie wiederholte mehrmals, dass nur ein Schirm gemalt zu werden brauchte. Aber manche Schüler/-innen malten trotzdem mehrere Schirme. Sie wurden gelobt. Auf diese Weise verstrichen weitere zehn Minuten.
Als Frau Su sah, dass die meisten Kinder mit ihren Schirmen fertig waren, hing sie ein mitgebrachtes, von ihr bereits vorgemaltes Bild an die Tafel, auf dem fünf Schirme abgebildet waren. Sie fragte die Kinder: „Kinder, wenn ihr euch jetzt einmal diese Schirme anseht, was fällt euch an Unterschieden zwischen diesen und den Schirmen, die ich vorhin an die Tafel gemalt habe, auf?" Die Schüler/-innen wetteiferten miteinander: „Die haben Farben!" „Die sind bunt!" „Auf dem einen sind Blumen!" „Der andere dort hat ein Karomuster!" „Einer hat aber nur eine Farbe!" Die Lehrerin sprach: „So, jetzt habt ihr gesehen, wie viele verschiedene Schirme man malen kann. Gebt jetzt euren Schirmen auch Farben und Muster, Blumen oder was ihr sonst noch wollt!" Sie ließ die Kinder weitere fünf Minuten malen und sagte dann: „Kinder, eure Schirme sind sehr schön geworden. Jetzt überlegt einmal, wann ihr sie benutzen werdet." Die Kinder antworteten: „Bei Regen!" Andere sagten: „Gegen die Sonne!" Die Lehrerin nickte zufrieden. „Ja, Schirme können in der Tat bei Regen und bei Sonnenschein benutzt werden. Aber heute malen wir nur Schirme im Regen. Schirme sind Blumen im Regen. Deshalb malt jetzt bitte einen Hintergrund für eure Schirme!" Die Kinder malten Regen und Wolken auf ihre Bilder. Frau Su bemerkte: „Bei Regen sollten die Wolken dunkel sein, nicht wahr?"
Nach weiteren fünf Minuten bat Frau Su einige Schüler/-innen, ihre Bilder an die Tafel zu hängen. Dann fragte sie, wer welchen Schirm am liebsten mag und warum. Die Kinder wählten gemeinsam mit der Lehrerin einige Bilder aus, die

sie am schönsten fanden. Frau Su fasste kurz zusammen: „Ja, dieses Bild hat wunderschöne Farben, und bei jenem Bild wurde viel an eigener Phantasie eingesetzt. Hat noch jemand einen Schmetterling auf sein Bild gemalt? Kannst du uns bitte einmal deine Gedanken dazu mitteilen?" Der Junge, der sich auf diese Frage gemeldet hatte, stand auf und antwortete: „Der bunte Schirm wird im Regen fliegen wie ein Schmetterling." Die Lehrerin lobte ihn und fragte weiter: „Nun, Kinder, wem wollt ihr denn eure schönen Schirme schenken?" „Papa", „Mama", „meiner Freundin" ..., und alle Kinder schwenkten ihre Bilder. Frau Su lächelte und beruhigte die Nachzügler: „Gut, die Kinder, die noch nicht fertig sind, können weitermalen, inzwischen erzähle ich noch eine Geschichte." Es klingelte aber zur Pause, und so kam Frau Su leider nicht mehr dazu, ihre Geschichte zu erzählen.

1.2 Schulische Kunsterziehung in der unterrichtsfreien Zeit

In China sind künstlerische Aktivitäten in der unterrichtsfreien Zeit traditioneller Bestandteil der schulischen Kunsterziehung. Die unterrichtsfreie Zeit schließt auch die Schulferien ein, doch vor allem geht es um die freie Zeit nach dem regulären Unterricht. In allen von der Autorin besuchten Schulen gab es Kunstgruppen auf verschiedenen Ebenen, wobei an einer Schule auch mehrere Kunstgruppen bestehen können. Es gibt Malgruppen, Kunstgruppen für Lehmplastik, Keramik u.a. Diese Kunstgruppen setzen sich aus Kindern der einzelnen Klasse oder aus den einzelnen Jahrgängen zusammen, manche sind auch jahrgangsübergreifend zusammengesetzt. In der Regel werden die Kinder je nach ihren Interessen auf die verschiedenen Kunstgruppen der eigenen Klasse aufgeteilt. Zeigen sie überdurchschnittliche Leistungen, kommen sie in die Kunstgruppe ihres Jahrgangs. Von da können sie später in die jahrgangsübergreifende Kunstgruppe, die höchste Stufe an der Schule, gelangen. Es ist üblich, dass die Gruppen der höheren Ebenen von fachlich höher qualifizierten Lehrkräften geleitet werden. Die Kunstgruppen bieten normalerweise mehrmals pro Woche nach dem Unterricht Übungsstunden an, die von einer Lehrkraft begleitet werden.

Als die Autorin die Schwerpunktschule eines Vororts der Stadt Wuhan besuchte, wurde sie von den Kunstlehrerinnen auch in die jahrgangsübergreifende Malgruppe der Schule mitgenommen. Die Lehrerinnen zeigten einige überraschend schöne Bilder der Schüler/innen, worunter sich auch einige chinesische Tuschmalereien befanden. Manche der Bilder errangen bei einer späteren Ausstellung Preise. Bei dem Besuch lagen die meisten Bilder buchstäblich im Staub herum. Auf den Vorschlag, die Bilder auf den Flur zu hängen, beteuerte man, dass es eigentlich auch so gedacht gewesen sei, aber aus Angst vor Vandalismus habe man davon abgesehen. Der Schulleiter dieser Schule hatte die Kunstlehrer/innen aufgefordert, die Malgruppe jeden Tag nach dem Unterricht anzuleiten, da die Kinder sehr gerne zum Malen in der Schule blieben. Doch die Lehrerinnen wussten zu ihrem eigenen Kummer bald nicht mehr, was sie diesen begabten Kindern noch Neues beibringen sollten. Sie hatten alle nach einer nur neunjährigen Schulzeit eine dreijährige pädagogische Fachschule absolviert und keine künstlerische Fachausbildung erhalten. Neben ihren regulären Unterrichtsverpflichtungen, die zwischen 12 und 16 Stunden lagen, hatten sie durchaus Zeit und Interesse für die außerunterrichtlichen Malgruppen. (Die Mitteilung der Autorin über die Höhe des Stundendeputats von deutschen Lehrern rief bei den chinesischen Lehrkräften ein ungläubiges Lächeln hervor). Es fehle ihnen nur an Unterrichtsideen, um das Interesse der Schüler und Schülerinnen möglichst lange zu erhalten, gaben sie zu bedenken.

Wie stark die Motivation der Schüler/innen ist, wenn die Kunsterziehung lebendig und abwechslungsreich gestaltet wird, beweist eine Freizeitkunstgruppe der 4. Primarschule in der Oststadt Beijings, die Folgendes über ihre Aktivitäten berichtet:

> „Unsere Gruppe wurde vor 15 Jahren gegründet. Seither haben sich über 300 Schulkameraden und –kameradinnen in der Gruppe engagiert. Unter der intensiven Anleitung unserer Lehrer und Lehrerinnen wurden wir angeregt, schöne Dinge zu lieben und zu entdekken. Jede Betätigung in der Gruppe ist uns tief im Gedächtnis hängen geblieben. Wir besuchen of Kunstmuseen, wo wir die herausragenden Werke chinesicher und ausländischer Kunstschaffender betrachten können. Oft zeichnen wir auch auf der Straße, in der Stadt oder im Park. Manchmal laden wir bekannte Maler oder Malerinnen ein, damit sie mit uns zusammen malen. Sie zeigen uns ihre besondere Technik. Mehrere 100 Werke von uns wurden auf städtischen, staatlichen und sogar internationalen Ausstellungen gezeigt und viele wurden preisgekrönt. Merhmals bekamen wir ausländische Besucher. Mit Schülern und Schülerinnen aus Amerika und Japan haben wir unsere eigenen Bilder ausgetauscht. Im chinesischen Kunstmuseum machten wir zusammen mit japanischen Schülern und Schülerinnen erfolgreich eine Ausstellung, die ‚Ausstellung der Bilder und Kunsthandwerksprodukte chinesischer und japanischer Kinder in Beijing'. Im Palast der Volkskultur organisierten wir zusammen mit den Karikaturgruppen einer Schule aus Shanghai und einer Schule aus Heilongjiang die ‚Ausstellung der Kinderkarikatur 1993'. Zahlreiche und vielfältige Aktivitäten regten uns emotional an und förderten unsere Kreativität. Wir haben in unserer Kunstgruppe sehr viel Spaß." (LI 1994, S.26)

Das oben gezeichnete Bild vermittelt einen Eindruck von der Praxis der Kunsterziehung an chinesischen Schulen von ihrer besten Seite. Einschränkend ist zu bemerken, dass die Entwicklung in verschiedenen Regionen, Orten und Schulen große Unterschiede aufweisen. Herr Chen Mingtai, Kunstlehrer an der 'New Basic Education Experimental School' in Shanghai, die durchgehend Klassen vom 1.-12. Schuljahr führt, berichtet in einem Briefwechsel mit der Autorin, dass an seiner Schule von den insgesamt 650 Schüler/innen fast 80% an einer der außerunterrichtlichen Kunst- oder Musikgruppen teilnehmen. In der Primarstufe gibt es eine Kunsthandwerksgruppe mit 20 und eine Malgruppe mit 18 Schülern/-innen. 32 Schüler/innen des 7.- 9.Schuljahrs nehmen an einer Malgruppe, 15 des 10.Schuljahrs und 16 des 11.Schuljahrs an einer Kunstgruppe teil. Die Schule hat ein Orchester chinesischer Instrumentierung mit einer Besetzung von 45 Schülern/innen, ein Tanz-Ensemble mit 25 und einen Chor mit 65 Mitgliedern. Für den Musikunterricht haben 120 Schüler/innen aller Schulstufen eine Flöte und 120 eine Mundharmonika. Demgegenüber gibt es in China vor allem in entlegenen Orten häufig noch überhaupt keinen Kunstunterricht an der Schule.

2. Kunsterziehung außerhalb der Schule

Die Kunsterziehung außerhalb der Schule ist vor allem von der Haltung und den Erwartungen der Eltern bestimmt. Neben den bereits länger etablierten öffentlichen Einrichtungen für die außerschulische künstlerische Erziehung von Kindern und Jugendlichen finden sich auch zunehmend mehr private Angebote von Kunstunterricht unterschiedlicher Art und Qualität. Dies hat seine Ursache in der allgemein stark gestiegenen Nachfrage unter den Eltern.

2.1 Erwartungen und Hoffnungen der Eltern

Durch die seit zwanzig Jahren kontinuierlich verbesserten wirtschaftlichen Bedingungen und bedingt durch das System der Ein-Kind-Familie sind im gegenwärtigen China die Ausbildungsinvestition der Eltern in ihre Einzelkinder besonders hoch. „Jedes Kind lernt eine Kunst" ist zur Zeit in Mode. Während vor einigen Jahren noch ziemlich viele Eltern die Hoffnung hegten, durch zusätzliche Kunststunden außerhalb der Schule würden ihre Kinder große Künstler werden, sind inzwischen immer mehr Eltern zu der Auffassung gelangt, dass die Kunsterziehung eher eine allseitige Entwicklung ihres Kindes fördert. Die zusätzliche Kunsterziehung außerhalb der Schule soll die Kinder nicht zu sehr belasten, trotzdem verbinden viele Eltern weiterhin mit ihr große Erwartungen. Man meint, die Kunsterziehung bildet eine gute Grundlage für die berufliche Entwicklung, indem sie beispielsweise bessere Voraussetzungen schafft für die Aufnahmeprüfung der Universitäten und Hochschulen, falls die Kinder Interesse an einem Studiengang in Malerei, Architektur, Design, o.ä. haben sollten.

Die Ansicht, Kunst diene der allseitigen Entwicklung, hat einen kulturellen Hintergrund, der sich auf traditionelle Bildungsambitionen zurückführen lässt. Schon in der Westlichen Zhou Dynastie (1030-771 v. Chr.) bildeten in China „sechs Künste" (*liuyi*), nämlich Etikette, Musik, Bogenschießen, Reiten, Lesen und Rechnen den Inhalt der Erziehung, wobei es sich hierbei um Fähigkeiten handelte, die Ausdruck eines Bildungsideals waren und deren perfekte Beherrschung (*jingtong liuyi*) das Bildungsziel für Jahrtausende war. Eine bekannte Anekdote aus dem klassischen Geschichtsbuch (s*hiji*) des berühmten Historikers Sima Qian (ca.145 bis 87 v. Chr.) berichtet, dass von den 3.000 Schülern des

Konfuzius nur 72 sich durch diese Perfektion auszeichneten. Sie dienten fortan als historisches Vorbild von einem ehrgeizigen chinesischen Gelehrten.

Die „sechs Künste“ beinhalten sowohl die zivile wie auch militärische Erziehung, wobei Riten, Musik, Lesen und Rechnen der zivilen Erziehung, Bogenschießen und Reiten der militärischen Erziehung zugeordnet werden. Während Riten und Musik der ethischen einschließlich der ästhetisch-künstlerischen Erziehung dienten, waren Lesen und Rechnen für die geistige Erziehung zuständig; Schießen und Reiten dagegen sollten die körperliche Entwicklung fördern. Diese allseitige Entwicklung des Menschen in den „sechs Künsten“ ist das ursprünglichste pädagogische Ideal der Chinesen. Dabei wird besonders auf Ausgewogenheit und Harmonie des Könnens Wert gelegt, hingegen Einseitigkeit und Extreme abgelehnt, wie es u.a. auch in dem philosophischen Begriff der „goldenen Mitte“ (*zhongyong*) zum Ausdruck kommt. Auf eine möglichst allseitige Entwicklung der Kinder zu achten, ist auch heute das Hauptanliegen chinesischer Eltern. Da man allerdings meint, die künstlerische Erziehung, die an der Schule geboten wird, reiche nicht aus, um wichtige Künste beherrschen zu lernen, wird von den Eltern auf die Kunsterziehung außerhalb der Schule besonderer Wert gelegt.

Ein chinesisches Sprichwort besagt, „man hofft, dass sein Kind ein Drache wird“ (*wang zi cheng long*). Der Drache ist ein Symbol von Macht, Status, Ehre und versinnbildlicht den Kaiser. *Wang zi cheng long* beinhaltet traditionellerweise die Erwartung von chinesischen Eltern, dass ihre Kinder eine bessere Zukunft haben mögen als sie selbst und andere. Sie sind der festen Überzeugung, dass eine bessere Ausbildung auch eine bessere Zukunft garantiert. Deswegen tun sie für die Ausbildung der Kinder, was sie können. In einer dreiköpfigen städtischen Ein-Kind-Familie verschlingt die Ausbildung des Kindes von der Grundschule bis zur Universität mit allem, was sonst noch dazu gehört, monatlich 30-50% des Einkommens der Eltern. Ein konkretes Beispiel dafür ist der Akademiker Zhang, der an der Beijing-Bibliothek, der größten Bibliothek Chinas, tätig ist. Er erhält ein Monatsgehalt von 600 Yuan und das Monatseinkommen seiner Frau, die Ärztin ist, beträgt 900 Yuan. Mit einem Einkommen von insgesamt 1.500 Yuan monatlich gehört die Familie in Beijing zur Mittelschicht. Als Herr Zhang in Berlin zu Besuch war, berichtet er der Autorin von den hohen Kosten, die seine dreizehnjährige Tochter verursacht, und von den Problemen, die damit verbunden sind.

> „Weißt Du, in China lebe ich voll unter Druck.“ „Wieso, ich dachte, nur in Deutschland lebt man ständig unter Druck.“ „Nein, ich sehe das nicht so. Deutschland ist wie ein Mensch im fortgeschrittenen Alter, der dem Ruhestand entgegensieht. Alle Menschen leben hier ruhig. Aber China ist jetzt wie ein Junge: impulsiv, spontan und unruhig. In China wollen jetzt alle reich werden, aber ich verdiene viel weniger als meine Frau, mein Gehalt reicht gerade für die Extrakosten meiner Tochter.“ „Wirklich, braucht deine Tochter so viel Geld? Worin bestehen denn diese Extrakosten?“ „Lass mich dir das mal vorrechnen. Sie besucht die ‘Kunstklasse‘ ihrer Schule. In der ‘Kunstklasse‘ sind alle Mitschüler

und Mitschülerinnen kleine Künstler. Das bedeutet, sie spielen alle ein Instrument, und zwar gut. Meine Tochter spielt Flöte im Orchester der Schule. Sie geht einmal in der Woche für eine Stunde zu ihrem Musiklehrer. Das kostet 25 Yuan. Viermal im Monat beträgt 100 Yuan. Jedesmal bekommt sie 5 Yuan für die Fahrt und eine Kleinigkeit zum Essen, also monatlich 20 Yuan. Meine Tochter ist nicht so gut in Mathematik. Wir haben eine private Lehrerin für sie engagiert. Einmal in der Woche, jeweils 25 Yuan, also nochmals monatlich 100 Yuan." „Das sind bis jetzt 220 Yuan."

„Ja, aber hör bitte weiter. Eines Tages kam meine Tochter zu mir: 'Papa, ich möchte ein Paar Wanderschuhe kaufen. Die sind jetzt Mode. Viele Mädchen in unserer Klasse haben schon welche.' 'Wieviel kosten die Schuhe?' '200 Yuan, und noch ein bisschen mehr'. 'Nein, das ist zu teuer'. Nach einigen Tagen kam meine Tochter wieder zu mir. 'Papa, stell dir mal vor, wir sind 41 Leute in unserer Klasse, 20 Mädchen, und nun haben schon 17 Mädchen solche Schuhe bekommen. Nur drei noch nicht. Ich bin eine davon.' Die Tränen schimmerten schon in ihren Augen. Was konnte ich da noch sagen. Sie bekam die Schuhe. Über 200 Yuan haben sie gekostet und gut ein Drittel meines Monatseinkommens ist weg." „So etwas passiert aber nicht oft, oder?" Ich drücke meine Sympathie für das Mädchen aus. „Aber doch, ich erinnere mich deutlich, nicht lange Zeit danach hat sie wieder ein Paar Schuhe bekommen, eine andere Mode, die mich mehr als 100 Yuan kostete.
Noch schlimmer war es beim chinesischen Neujahrsfest. Es ist jetzt üblich in der Schule, dass sich alle Schüler und Schülerinnen in der Klasse gegenseitig zum Neujahrsfest Glückwunschkarten schenken. Meine Tochter ist hübsch. Eines Tages standen zwei Mitschüler gleichzeitig vor ihr und jeder schenkte ihr eine Karte. Die eine Karte hat ihr sofort gefallen, die andere aber nicht. Der Schüler war verlegen und zerriss sofort die Karte, die fünf Yuan gekostet hatte. Er ging zu allen Mitschülern und Mitschülerinnen und bat sie, ihm seine Karten zurückzugeben, die er dann alle zerriss. Am nächsten Tag kam er ins Klassenzimmer mit 41 Karten, die jede 15 Yuan gekostet hatte. Meine Tochter kam nach Hause und sagt zu mir, 'Papa, Du siehst hier die Karten, die ich von meinen Klassenkameraden bekommen habe, die teuerste 15 Yuan, die billigste auch mehr als ein Yuan. Du solltest mir mindestens 50 Yuan geben.' Ich war sauer und sagte einfach nein. Meine Tochter ging in ihr Zimmer und weinte allein vor sich hin. Ich dachte, dass es notwendig ist, mal mit ihr zu sprechen. Ich ging zu ihr und erklärte ihr die wirtschaftliche Lage der Familie, obwohl ich sie damit eigentlich nicht so früh schon belasten wollte. Ich zeigte ihr alle Ausgaben der Familie im Monat und sagte ihr, dass sich das Sparguthaben auf 25 Yuan belief. Wie könne ich ihr da noch zusätzlich 50 Yuan geben. Ich schlug vor, dass ich ihr 25 Yuan gebe. Sie sollte davon einige Karten kaufen. Verlegen holte ich dann aus meinem Büro dickes Papier für sie. Sie machte Entwürfe, um die restlichen Karten aus dickem Papier selbst herzustellen." „Und wie war die Reaktion in der Klasse auf ihre selbstgemachten Karten?" Ich zeigte großes Interesse. „Gut, aber es kostete sie zu viel Zeit."

Das oben beschriebene Beispiel spiegelt eine Situation vor allem in den chinesischen Städten wider, die davon gekennzeichnet ist, dass Investitionen in die

Erziehung der Kinder, insbesondere auch in die musische Erziehung, sehr hoch sind. Für wohlhabende Eltern ist das eine Selbstverständlichkeit und finanziell problemlos. Eltern mit weniger Geld, die ihre Kinder sehr lieben und große Hoffnungen und Erwartungen in sie setzen, kommen im allgemeinen gern dafür auf, indem sie an anderer Stelle sparen. Auch Eltern mit weniger Verständnis für eine anspruchsvolle Kindererziehung sehen sich unter dem allgemeinen gesellschaftlichen Trend genötigt, es anderen um des Prestige willen oder aus Gründen des Konformitätsdruckes gleich zu machen. Ein Beispiel für Letztere sind die Taxifahrer. Sie gehören einer Schicht mit relativ niedrigem Bildungsniveau an, die unter dem seit einigen Jahren stetig wachsenden Taxibedarf jedoch außergewöhnlich reich geworden ist und unterdessen mehr verdient als ein Universitätsprofessor durchschnittlich an Einkommen hat.

Ein Taxifahrer berichtete der Autorin, dass er vorher in einer Firma gearbeitet habe und eigentlich nicht sehr gerne als privater Taxifahrer arbeite, wegen der Ausgaben für sein Kind dazu jedoch gezwungen sei.

> „Als Fahrer in der Firma hatte ich einen leichten Job. Als privater Taxifahrer arbeite ich jeden Tag 12 Stunden, was bei uns üblich ist; auch samstags, sonntags und feiertags arbeite ich durch und verdiene dadurch auch mehr. Eigentlich will ich gar nicht so hart arbeiten, es ist nur für das Kind. Ich habe ein Kind in der Grundschule. Ich verstehe nicht, wieso das Kind so viel Geld braucht. Heute etwas für das, morgen noch mehr für etwas anderes, besonders für den Kunstunterricht. Heute muss mein Sohn Farben kaufen, morgen muss er für die Herstellung eines handwerklichen Produkts wieder etwas einkaufen. Ich kann nur hoffen, dass das Kind mit so viel Geld wirklich etwas lernt!“

Heute ist es inzwischen in den größeren Städten Chinas allgemein üblich, viel Geld für die musische Erziehung der Kinder auszugeben. Howard Gardner beschreibt in seinem Buch „*To open minds*“ seine diesbezüglichen Erlebnisse in der südchinesischen Hafenstadt Xiamen: „Many people have pianos here; nearly all the children play instruments; and as you walk down the street, Western classical musik wafts out of many windows.“ (GARDNER 1989, S.176) Eine Familie mit einem monatlichen Einkommen von 2.000 Yuan wird ohne zu zögern einen privaten Klavierlehrer für ihr Kind engagieren. Eine Stunde in der Woche kostet 50 Yuan, und der Preis eines Klaviers liegt bei 10.000 Yuan d.h. beträgt fünf Monatsgehälter einer gut situierten Familie.

Wenn es heutzutage sprichwörtlich heißt, „Jedes Kind lernt eine Kunst“ ist das fast eine Untertreibung, denn viele Kinder haben Unterricht in mehr als nur einer Kunstrichtung. Ein Beispiel dafür ist Yaya. Das Mädchen lebt mit ihren Eltern seit einigen Jahren in Deutschland. Schon als die Familie sich noch in China befand, machten sich die Eltern Gedanken um die künstlerische Erziehung ihrer Tochter. Sie fürchteten, sich in Deutschland die in China üblichen Privatstunden in den musischen Fächern nicht leisten zu können, und erwägten, Yaya deswegen in China bei den Großeltern zu lassen. Schließlich fanden die Eltern im Chinesischen Servicezentrum für Akademiker-Austausch (*Zhongguo liuxue fuwu zhongxin*), eine Auslandsorganisation des chinesischen Bildungsministeriums, ein preisgünstiges Angebot für ihre Tochter. Die Einrichtung engagiert chinesische Künstler für Kinderkurse, und noch bevor Yaya nach Deutschland kam, hatten ihre Eltern sie schon zum wöchentlichen Malkurs, Chinesischkurs, Tanzkurs und zum Klavierunterricht angemeldet. Das Mädchen ging wie viele ihrer chinesischen Altersgenossen in Begleitung der Mutter mehrmals in der Woche zu diesen Kursen. Als sich der Tanzkurs nach einiger Zeit auflöste, wurde sie statt dessen zu einem Akrobatikkurs angemeldet. Auf die Frage der Autorin, ob das nicht zu viel sei, meinte die Mutter, dass die Tochter fast an allem Interesse habe, vor allem weil sie bei den Kursen mit anderen Kinder zusammenkommt und mit ihnen spielen kann.

> „Sicher muss ich sie auch oft zum Klavierüben überreden, aber sie braucht ja nur zwanzig Minuten am Tag zu üben. Wenn sie dann in der Schule im Musikunterrichten eine bessere Note hat als ihre deutschen Mitschüler, ist sie mächtig stolz."

Diese Kursbesuche befriedigen offenbar nicht nur den Wunsch nach Leistungsbestätigung durch eine vielseitige Entwicklung, sondern dienen im Ausland auch als soziale Bezugspunkte sowohl für die Kinder wie auch für ihre Mütter, die in Deutschland leben, aber in ihren pädagogischen Vorstellungen weiterhin an der chinesischen Gesellschft orientiert sind. Wenn die Familie nach China zurückkehrt, wird sie die Kunsterziehung für ihre Tochter noch intensivieren.

> „Die anderen Kinder in China lernen das ja auch alles. Die Kinder von meinen Verwandten und Bekannten in China haben alle Privatstunden in den musischen Fächern. Meine Schwester hat sogar zu Hause ein Klavier für ihr Kind. In China werden wir uns bessere Lehrer und ein besseres Klavier für unsere Tochter leisten können."

2.2 Öffentliche und private Kunsterziehungsangebote

Für die Kunsterziehung außerhalb der Schule gibt es zwei Möglichkeiten. Zum einen sind die staatlichen Einrichtungen wie der „Kinderpalast", die Kinderhäuser, die Zentren für Kinder und Jugendliche sowie die Kunsthäuser für Kinder und Jugendliche zu nennen. Auch in manchen Firmen und Betrieben, Wohngebieten und Dörfern gibt es solche öffentlichen Einrichtungen, die Lehrer/innen engagieren und künstlerische Aktivitäten organisieren, wie Malklassen, Kalligraphiekurse u.a. Die Eltern müssen nur für eine geringe Gebühr aufkommen. Solche Einrichtungen haben häufig direkten Kontakt mit der Schule und organisieren ihre Aktivitäten gemeinsam mit den Schulen, oder die Kunstlehrer/innen der Schulen arbeiten nebenbei noch mit oder ohne Bezahlung in diesen Freizeiteinrichtungen. Im „Kinderpalast" finden sich besonders begabte Kinder aus verschiedenen Schulen zusammen, die häufig direkt von der Schule empfohlen werden. Die Direktorin einer Grundschule der Stadt Wuxi in der Provinz Jiangsu erzählte voller Stolz, wie viele Schüler ihrer Schule in den

„Kinderpalast" der Stadt aufgenommen wurden. In kleinen oder mittleren Städten finden außerschulische künstlerische Aktivitäten in der Regel nur in einem einzigen städtischen „Kinderpalast" statt, der durch staatliche Subvention unterhalten wird. Die Lehrer/innen in dieser Einrichtung sind besonders gut qualifiziert und die Schüler/innen sehr befähigt, weil sie sich aus den Begabtesten der Region zusammensetzen. Oft finden künstlerische Wettbewerbe statt, die zu dem hohen Leistungsniveau anspornen.

Zum anderen gibt es für die außerschulische Kunsterziehung private Kunstschulen und Privatunterricht. Durch den steigenden Bedarf nach künstlerischer Erziehung außerhalb der Schule hat die Zahl der privaten Kunstschulen in den letzten Jahren erheblich zugenommen. Sie werden meistens von einigen Kunstpädagogen gemeinsam gegründet und erhalten in der Regel keine staatliche Subvention, sodass sie sich selber unterhalten müssen. Manche dieser Privatschulen sind mit der Zeit zu Ansehen und einem guten Ruf gelangt, sodass die Eltern willens sind, für das Wohl ihrer Kinder etwas mehr zu zahlen. Manche Schulen dagegen haben ein niedriges Niveau und es kommt vor, dass ihnen nach einiger Zeit vom Staat oder von der Stadt die Unterrichtserlaubnis wieder entzogen wird.

China befindet sich gegenwärtig auf vielen Gebieten in einer besonderen Phase, in der einerseits der gesellschaftliche Bedarf nach Bildung stark angestiegen ist, andererseits dieser jedoch nicht ausreichend befriedigt werden kann. Die außerschulische Kunsterziehung stellt einen solchen Fall dar. Der hohen Nachfrage nach künstlerischer Erziehung steht ein ungenügend qualifiziertes Angebot gegenüber. Die Regierung ist angesichts der zahlreichen privaten Bildungsangebote nicht in der Lage systematisch zu überprüfen, ob eine private Kunstschule ausreichende Voraussetzungen für einen guten Unterricht aufweist. Man hat von Seiten des Staates so gut wie keine Erfahrungen mit diesem neu aufgekommenen Bedarf an künstlerischer Bildung. Die Entwicklung ist derartig rasant, dass die Behörden mit ihrer Kontrolle nicht nachkommen und ungeprüft Lizenzen vergeben. Auf diese Weise kommt es nicht selten dazu, dass mit privaten Kunstschulen Missbrauch betrieben wird, bis die Eltern verärgert sind und die Schule daraufhin wieder geschlossen wird. Dies alles geschieht häufig genug auf Kosten der Lernmotivation der Kinder.

Noch kostspieliger als die privaten Kunstschulen ist der private Kunstunterricht. Außer Künstler/innen und Kunstpädagogen/innen werden als private Kunstlehrkräfte auch Kunststudenten/innen engagiert. Ein Kunststudent verdient mindestens 20 Yuan mit einer privaten Malstunde; mit zehn Stunden Privatunterricht können Studenten ihr staatliches Stipendium, das sich auf 120 Yuan beläuft, derart aufbessern, dass sie gut davon leben können. Ob ein qualifizierter privater Kunstlehrer/in für ein Kind engagiert wird, hängt vor allem von der wirtschaftlichen Lage der Familie ab, aber es ist gewissermaßen auch eine Prestigefrage. Es gilt allgemein als Ausdruck der Hochachtung gegenüber der Kunst, wenn eine Familie sich einen privaten Kunstlehrer für ihr Kind hält.

Das o.g. Beispiel von der dreizehnjährigen Tochter der Familie Zhang kann hier noch etwas ergänzt werden. Das Mädchen spielt Flöte im Schulorchester und nimmt nebenher Privatstunden, um das Leistungsniveau zu halten. Nur so kann sie weiter im Schulorchester mitspielen, das ein sehr hohes Niveau hat. Für die kleinen Musiker/innen des Schulorchesters werden bekannte Musiker als Privatlehrer engagiert. Der Flötenlehrer des Mädchens spielt im chinesischen Staatsorchester und gibt höchstens zwei Schülern gleichzeitig Unterricht. Er nimmt keine große Summe für die von ihm erteilten Privatstunden; die Tochter von Familie Zhang wurde von ihm jedoch nur als Schülerin angenommen, weil sie vom Schulorchester der Schule empfohlen wurde. Auf diese Weise greifen die schulische künstlerische Erziehung und der außerschulische private Unterricht ineinander über.

3. Neuere Entwicklungstendenzen in der Kunsterziehung

Zu den bedeutendsten neueren Entwicklungen im chinesischen Bildungswesen gehört vor allem seine administrative Dezentralisierung, die sich auch entscheidend auf die Kunsterziehung ausgewirkt hat. Die Folge ist, dass unterdessen mehr Freiheit und zunehmende Vielfalt anzutreffen sind. Viele Provinzen und Regionen können unter der neuen Bildungspolitik je nach ihrem Entwicklungsstand und ihren Besonderheiten die Richtlinien für die Kunsterziehung in- und außerhalb der Schule für sich selber bestimmen. Ein Beispiel unter anderen für die neue Situation ist die größere Auswahl der Schulbücher für das Fach Kunst, die nunmehr zur Verfügung stehen. Vor allem aber wurden die Arbeitsgebiete in der Kunsterziehung erweitet; insbesondere wurde neben den Arbeitsgebieten der bildlichen Gestaltung auch der Bereich plastische Arbeiten eingeführt.

Im folgenden soll das Arbeitsgebiet Keramik etwas detaillierter vorgestellt werden, das gegenwärtig eine ganz neue Erscheinung in der chinesischen Kunsterziehung ist. Sie bildet einen ersten Schritt der Erweiterung des Mal- , Zeichen- und Kalligraphieunterrichts, auf die sich bisher die chinesische Kunsterziehung im Wesentlichen beschränkte, um eine zusätzliche reiche künstlerische Darstellungsform. Zwar sind noch eine Reihe von Grundvoraussetzungen zu schaffen, um den Keramikunterricht an chinesischen Schulen einzuführen, aber pädagogisch-didaktisch gesehen ist bereits erkennbar, dass die Keramikarbeit in dreierlei Hinsicht die chinesische Kunsterziehung bereichern wird. Zum Ersten wird bei der Keramikarbeit mit beiden Händen gleichzeitig gearbeitet und gestaltet, was einen Ausgleich zum vorwiegend rein mental-kognitivem und rezeptiven Lernen an chinesischen Schulen schafft. Zum Zweiten gehört die Keramik zu einer der frühsten Zivilisationserscheinungen und zu den großen künstlerischen Traditionen der Chinesen. Der Keramikunterricht in der Schule kann daher das historisch-kulturelle Bewusstsein in besonderer Weise fördern. Zum Dritten stellt der Umgang mit Schlick, Lehm und Ton eine dem Menschen natürliche Erdverbundenheit dar. Insgesamt kann man sagen, dass der Keramikunterricht vorzüglich dem pädagogischen Ziel allseitiger Ausgewogenheit dient. Umso überraschender ist es, dass es fast zwanzig Jahre Wirtschaftsreformen bedurfte, bis in China nunmehr Orte geschaffen wurden, an denen Schüler/innen Keramikprodukte selber herstellen können. Noch ist in China kaum eine Schule in der Lage, sich mit einer eigenen Keramikwerkstatt auszustatten. Neuerdings gibt es jedoch öffentliche Keramikwerkstätten wie die neu erbaute im Zentrum von Changsha, Hauptstadt der Provinz Hunan, die im Folgenden kurz vorgestellt werden soll.

Die „Große Keramikwerkstatt" von Changsha ist eine der ersten öffentichen Werkstätten, die vorwiegend für Schüler/innen eingerichtet wurde. Mit einem Arbeitsplatz von 500 m^2 und einer zusätzlichen Fläche von 500 m^2 für das Trocknen der ungebrannten Töpferarbeiten sowie einem Brennofen ist sie außerordentlich groß. Bau und Ausstattung der Keramikwerkstatt wurde ausschließlich von Kunstverlag der Provinz Hunan finanziert. Nach ihrer Eröffnung wurden zunächst kostenlose Einführungsseminare für die Kunstlehrer/innen der Stadt geboten, die von über 90% dieser Multiplikatoren besucht wurden. Die „Große Keramikwerkstatt" von Changsha ist täglich von 9.00 bis 17.30 Uhr geöffnet. Um dort werken zu dürfen, ist eine Eintrittskarte erforderlich, wobei es besondere Preise für Schüler, Familien und Partner gibt; auch Monats- und Lebenskarten sind zu erhalten. Bisher beruhen die Einnahmen der Keramikwerkstatt hauptsächlich auf den Eintrittsgeldern von Schülern, die dort Kunstunterricht erhalten, wobei häufig an einem Tag über 200 Schüler die Werkstatt besuchen.[7] Es gibt in China erst seit Kurzem solche Keramikwerkstätten, aber es werden zur Zeit immer mehr gebaut. Die öffentlichen Keramikwerkstätten, die durchweg alle Eintrittsgeld nehmen, tragen zur Vielfalt der Kunsterziehung in China mit bei. Sie haben überdies einen Anstoß dazu gegeben, dass die didaktische Bedeutung der Keramikarbeit für die Kunsterziehung systematisch erforscht wird. Der Kunstverlag der Provinz Hunan hat in Verbindung mit der Keramikwerkstatt von Changsha ein Forschungsinstitut für die Kunsterziehung der Gegenwart eingerichtet und ein Forschungsteam gebildet, das Anträge beim Bildungsministrium auf Bewilligung von staatlich geförderten Forschungsprojekten gestellt hat.

---

7 Die Werkstatt gibt eine seit 1999 unregelmäßig erscheinende Zeitschrift heraus: „Große Keramikwerkstatt" (*Taoyi da jiaoshi*), Nr. 1, 2, 3.

4. Internationaler Austausch in der Kunsterziehung

Zum Schluss dieses Artikels möchte ich kurz auf den internationalen Austausch auf dem Gebiet der chinesischen Kunsterziehung eingehen. Ein unmittelbarer Austausch zwischen China und anderen Ländern hat bisher in geringem Umfang stattgefunden:

- Es wurden verschiedene Fachbücher ins Chinesische übersetzt, wie „*Art and Visual Perception*“ von R. Arnheim, „*Education through Art*“ von H. Read und auch Bücher von Lowenfeld, Lange u.a.
- In einer Veröffentlichungsreihe zur Kunsterziehung des o.g. Kunstverlag der Provinz Hunan sind Bücher zur Kunsterziehung in Hongkong, Japan, Amerika und Deutschland bereits erschienen oder in Arbeit. Diese Reihe bietet chinesischen Fachkollegen einen guten Überblick und Zugang zur Kunsterziehung in anderen Ländern und tragen hoffentlich zum internationalen Austausch zwischen China und diesen Ländern bei.
- In der Schulpraxis wurden verschiedene kleinere Projekte durchgeführt, in deren Rahmen einzelne oder Gruppen von Kunstpädagogen ins Ausland und/oder umgekehrt nach China eingeladen wurden.
- Auf nationaler Ebene wurden internationale Symposien für Kunsterziehung abgehalten; regelmäßige Symposien gibt es für die asiatischen Länder, die in Japan, Korea, China oder Taiwan stattfinden. Bei diesen Symposien waren auch gelegentlich Kunstpädagogen aus Amerika oder Kanada anwesend, wohingegen Teilnehmer/innen aus europäischen Ländern eher selten an Symposien zur Kunsterziehung in China teilgenommen haben.[8]

Derzeit bestehen gute Voraussetzungen in China für den internationalen Austausch auf dem Gebiet der Kunsterziehung. Es reisen vergleichsweise viele chinesische Kunstpädagogen und Schüler/innen in den Westen, was vielleicht ein wenig erstaunlich ist, zumal dies auf eigene (private) Kosten geschieht. Während einer solchen Reise möchten die Chinesen gerne alle Chancen für einen Austausch nutzen. Um den kulturellen Austausch zu fördern, wurde mit Fachleuten aus den Bereichen Kunst und Pädagogik in Berlin der Verein zur Förderung des internationalen Austauschs für Künste und Erziehung e.V. (FIAKE) gegründet, der sich zum Ziel gesetzt hat, den Austausch zwischen China und Deutschland sowohl auf dem Gebiet der wissenschaftlichen Forschung wie auch in der Praxis der Kunsterziehung voranzutreiben.

---

[8] Auf dem vom 6. bis 9. Oktober 1998 in Beijing stattgefundenen „Internationalen Symposium zur schulischen Kunsterziehung 1998 - Perspektiven für das 21. Jahrhundert“, bei dem es Gäste aus den USA, Japan, Hongkong, Taiwan, Südkorea und Rußland gab, bedeutete man der Autorin von verantwortlicher Seite des Bildungsministeriums, dass man gerne eine ähnliche Konferenz in China veranstalten würde, um dazu vor allem Kollegen/innen aus europäischen Ländern einzuladen.

Literatur:

CHEN Qingzhi: *Zhongguo jiaoyu shi* [Geschichte der chinesischen Erziehung]. Taiwan 1963.

CHEN Tongshun u.a.: *Xiaoxue meishu keben* [Grundschulbücher für das Fach Kunst]. Bd.1-12. Nanjing 1990.

GARDNER, Howard: To open minds. Library of Congress Cataloging-in-Publication Data, 1989.

GUOJIA JIAOWEI JICHU JIAOYUCI [Staatlichen Bildungskommission, Abteilung für Elementarerziehung]: *Jiunian yiwu jiaoyu quanrizhi xiaoxue, chuji zhongxue meishu jiaoxue dagang xuexi zhidao* [Curriculare Anleitungen für das Fach Kunst an der Primarschule und Sekundaren Unterstufe des ganztägigen neunjährigen Schulpflichtsystems]. Beijing 1993.

HU Maolin u.a.: *Xiaoxue meishu keben* [Grundschulbücher für das Fach Kunst]. Bd.1-12. Changsha 1990.

HUANG Mei: Kunsterziehung an der Grundschule der VR China der Gegenwart im Vergleich mit Deutschland und Taiwan unter besonderer Berücksichtigung des kulturellen Hintergrundes. Frankfurt am Main, 1998.

HUNAN JIAOYU YANJIUSUO [Institut für Erziehungswissenschaft der Provinz Hunan]: *Xiaoxue meishu cankaoshu* [Lehrbücher für das Fach Kunst an der Grundschule]. 2 Bde. Changsha 1989.

HUNAN JIAOYU YANJIUSUO [Institut für Erziehungswissenschaft der Provinz Hunan]: *Zhongxiaoxue jiaoshi xuexi ziliao - Zhongxiaoxue meishu kejiaoan ketang jiaoxue shilu yu pingxi meishu jiaoyu lunwen* [Materialien für Kunstlehrer der Primar- und Sekundarschulen - eine Sammlung von Unterrichtsvorlagen, Unterrichtsprotokollen und Artikeln über die Kunsterziehung]. (Changsha) Heft 7/1992.

LI Wenzhao u.a.: *Zhongguo zhongxiaoxue meishu. Lidu zazhi* [Zeitschrift für Kunst an der chinesischen Primar- und Sekundarschule]. (Beijing) Heft 1/1994 u. Heft 1/1995.

LIN Yin: *Zhouli jinzhu jinyi* [Das Buch Zhouli kommentiert und übersetzt ins moderne Chinesisch]. Taiwan 1972.

MAO Nirui u.a.: *Zhongguo jiaoyu tongshi* [Allgemeine Geschichte der chinesischen Erziehung]. 6 Bd., Jinan 1985-1989.

MI Hai-feng u.a.: *Liunianzhi xiaoxue meishu keben* [Schulbücher für das Fach Kunst an der sechsjährigen Primarschule]. Bd. 1, 2, 4. *Wunianzhi xiaoxue meishu keben* [Schulbücher für das Fach Kunst an der fünfjährigen Primarschule]. Bd. 1 u.2. Jinan 1993-1994.

Kurzbiographien:

Dr. phil. HUANG Mei, geb. 1964 in der VR China. 1985 BA (Geophysik), Beijing Universität; 1988 MA (Philosophie u.Ästhetik), Akademie für Sozialwissenschaften. 1997 Promotion im Fach Kunstpädagogik, Universität Frankfurt a.M. Vorsitzende d. Vereins zur Förderung des internationalen Austausches für Künste und Erziehung e. V. (FIAKE). Anschrift: Derfflingerstr. 17, 10785 Berlin, Tel.: 0049 30 23003426, FAX: 0049 30 23003432, Email: Huang.Mei@Operamail.com

(sprachlich überarbeitet von R.F.Franke)

Renata Fu-sheng Franke

Wirtschaftstätigkeit von chinesischen Schulen
Ökonomie oder Pädagogik?

Originating in the work-study concepts of the Republic of China in the first decades of the 20th century, the Chinese communists adopted this idea as means of school subsistance and economic survival by combining education with production during their revolutionary struggle. After the founding of the Peoples Republic of China the practice of production activities of Chinese schools underwent different objectives in the frame of productive labour education. Only since modernization and reform politics started, the pressure of efficiency pushed forward a tremendous spread and growth of income generating school-run enterprises, but suspending the pedagogical aims originally involved. This article mainly deals with the contradictionary aspects of „hard work and thrifty study" implicated under the transformational dictation of socialist market economism while utilizing school-run property for additional funding of educational facilities.[9]

1. Die historische Dimension schulischer Wirtschaftstätigkeit

Der Gedanke, Lernen und erwerbstätige Arbeit miteinander zu verknüpfen, ist aus einer Rezeption von radikalem westlichen Gedankengut entstanden, mit dem junge chinesische Intellektuelle in- und außerhalb Chinas Ende des 19. in den ersten Jahrzehnten des 20. Jahrhunderts in Berührung kamen, wobei sich diese Einflüsse mit chinesischem traditionellen sozial-utopischen Denken vermischt haben. Während der Zeit der frühen Republik wurden im Zuge der kulturellen Erneuerungsbewegung vom 4. Mai 1919 auch praxisbezogene westliche Bildungskonzepte in China rezipiert. Es handelte sich dabei vor allem um die reformpädagogischen Vorstellungen des amerikanischen Pädagogen John DEWEY (1859-1952) wie auch des deutschen Schulpolitikers und Pädagogens Georg KERSCHENSTEINER (1854-1932). Ein wichtiger praktischer Erfahrungshintergrund bildete zu dieser Zeit ein sich ausbreitendes „Arbeiten und Lernen" (*gong xue*) oder „Arbeit-Studium" (*gongdu*), d.h. Werkstudium, welches jungen Leuten die Möglichkeit bot, sich aus der ökonomischen Abhängigkeit traditioneller Familienzusammenhänge zu lösen.

[9] Grundlage dieses Artikels bildet die Studie der Autorin „Schulische Wirtschaftstätigkeit in der VR China zwischen Pädagogik und Ökonomie", Institut für Asienkunde, Hamburg 2000. Die Verfasserin dankt dem Institut für die Erlaubnis, das Material in komprimierter Form zu verwenden.

Prägend für viele spätere kommunistische Führungspersönlichkeiten war das anarchistisch beeinflusste, unter dem chinesischen Erziehungsminister CAI Yuanpei (1868-1940) staatlich geförderte Werkstudiumprogramm in Frankreich während der Jahre 1919-1921. Es handelte sich um eine Aktivität, die von der Selbsthilfevereinigung „Gesellschaft für Fleiß bei der Arbeit und Sparsamkeit beim Studium“ (*Qingong jianxue hui*) und mit ihr zusammenarbeitenden Verbänden in China ausging, um vor allem auch minderbemittelten chinesischen Jugendlichen, worunter sich u.a. auch Zhou Enlai und Deng Xiaoping befanden, ein Auslandsstudium in Frankreich zu ermöglichen (BAILEY 1990). Die Idee des Werkstudiums erfuhr in den Jahren 1927-1932 in dem Modell der Arbeitsuniversität von Shanghai auch eine Art Institutionalisierung. Diese Einrichtung besaß landwirtschaftliche Versuchsfelder wie auch zwei Fabriken, wo die Studenten während ihres Studiums regelmäßig arbeiteten (CHAN/DIRLIK 1991).

Nicht zuletzt lassen sich auch integrierte Konzepte von Lernen in Verbindung mit Produktionsarbeit in der frühen chinesischen Berufsbildung u.a. an den von dem chinesischen Berufspädagogen HUANG Yanpei (1878-1965) gegründeten Industrieschulen ausmachen (RISLER 1989). Der erzieherische Ansatz der „Verbindung von Erziehung mit produktiver Arbeit“ (*jiaoyu yu shengchan laodong xiang jiehe*) in China kann daher nicht ausschließlich einer sozialistisch-kommunistischen Ideologie zugeschrieben werden, wie es über Jahrzehnte hinweg aus einem äußerst befangenen, westlich zentrierten Blickwinkel sowohl linker als auch rechter politischen Couleur geschehen ist.[10]

Vor und nach Gründung der Volksrepublik China wurde unter den chinesischen Kommunisten Erziehung in Verbindung mit produktiver Arbeit in verschiedenster Weise realisiert, wobei sich mit variierenden Schwerpunkten sowohl politisch-moralische, sozio-ökonomische wie auch pädagogisch-didaktische Zielsetzungen manifestierten (SHIRK 1978, LÖFSTEDT 1990). Mit der Einrichtung von eigenen Produktionsstätten durch die Schulgemeinschaft, wie es in den kommunistischen Stützpunkten der 30er und 40er Jahre unter subsistenzwirtschaftlichen Bedingungen geschah, verfolgte man vorrangig das Ziel einer organisatorischen Verknüpfung von Erziehung mit der produktiven Arbeit zur Selbstversorgung.

Nach Gründung der Volksrepublik verlagerte sich dieses unmittelbare existenzielle Interesse, indem pädagogisch-didaktische Fragen einer eher grundlegend arbeitstechnisch orientierten Erziehung (*jiben laodong jishu jiaoyu*) in den Vordergrund rückten. Unter der Kollektivierungspolitik des ‘Großen Sprungs’ Ende der 50er Jahre erfuhr das bildungspolitische Prinzip der ‘Verbindung von Erziehung mit produktiver Arbeit’ eine doktrinäre Affirmation. Die praktische Umsetzung dieses Prinzips erfolgte in Form der „produktiven Arbeitserzie-

10 Vgl. hierzu vor allem auch das Nachwort von Hartmut v. Hentig zu Kessen (1976), S.265-279, der dieses Problem in einer erstaunlich sensiblen Weise implizit bereits in den 70er Jahren auf dem Höhepunkt politischer Dogmatisierungen, Ideologisierungen und Mythosbildung erfasst hatte.

hung" (*shengchan laodong*), die Ende der 50er Jahre an allen Schulen und Hochschulen als obligatorischer Bestandteil des Lehrplans eingeführt wurde. Die Arbeitserziehung umfasste bis zum Beginn der Modernisierungspolitik Ende der 70er Jahre - im Unterschied zur „polytechnischen Erziehung" in Osteuropa - einfache Produktionsarbeit (*shengchan laodong*) in der industriellen, land- und gartenwirtschaftlichen Produktion sowie öffentliche „Arbeiten für das Gemeinwohl" (*gongyi laodong*) wie Reinigungs-, Garten- und Aufforstungsarbeiten, bauliche Hilfsarbeiten, Erntehilfe und soziale Tätigkeiten (PRICE 1984).

Im Rahmen des landesweiten Masseneinsatzes für den forcierten Wirtschaftsaufbau 1958/59 wurden zudem zahlreiche „von einer Schule betriebene Fabriken/Farmen" (*xiaoban gongchang/nongchang*) gegründet (RISLER 1989, S.264ff.). In Rücknahme der überzogenen kollektivistischen Politik entstand Anfang der 60er Jahre ein zweigleisiges Schulsystem mit regulären Ganztagsschulen auf der einen Seite und den zum großen Teil lokalen, sich selbst tragenden „Teils-Arbeit-Teils-Unterricht-Schulen" (*bangong bandu xuexiao*) bzw. auf dem Lande den „Teils-Landwirtschft-Teils-Unterricht-Schulen" (*bannong/geng bandu xuexiao*) auf der anderen Seite, die auch eigene Produktionsstätten besaßen (PRICE 1973). Dieser Schultyp sollte nicht zuletzt angesichts des rapiden Bevölkerungszuwachses breiteren Gesellschaftsschichten den Zugang zum Bildungswesen ermöglichen und kann als Vorläufer der heutigen ländlichen Beruflichen Schule (*zhiye zhongxue*) angesehen werden (HENZE 1989, S.90ff.).

Die Egalisierungsbestrebungen der Kulturrevolution (1966-76) brachten schließlich das zehnjährige Einheitsschulsystem, in der alle Schüler gleichermaßen sich jährlich einer mehrwöchigen produktiven Arbeitserziehung (*shengchan laodong jiaoyu*) unter Anleitung von Kräften aus der außerschulischen Arbeitswelt und unmittelbar nach Schulabschluss einem mehrmonatigen bis mehrjährigen Arbeitspraktikum (*laodong shixi*) in der Industrie oder auf dem Lande zu unterziehen hatten (PRICE 1976, SHIRK 1978, MONTAPERTO/HENDERSON 1979). Erst nach ihrer politischen oder vielmehr sozialen Bewährung am Arbeitsplatz konnten die Jugendlichen von ihrer Arbeitseinheit zum Studium an weiterführende tertiäre Bildungseinrichtungen geschickt werden (HENZE 1991).

Dieses kulturrevolutionäre Modell mutet einem in seinem Wechsel zwischen Lernen und Arbeiten fast modern an, und könnte wohl auch so verstanden werden, wenn es nicht auf der Basis von ideologischer Indoktrination unter massivem gesellschaftspolitischen Druck und sozialer Diskriminierung von Kindern nicht proletarischer oder bäuerlicher Herkunft vollzogen worden wäre.

2. Die Entwicklung schulischer Wirtschaftstätigkeit

Nachdem die klassenkämpferische Ideologisierung der produktiven Arbeitserziehung Ende der 70er Jahre überwunden worden war, geriet das bildungspolitische Prinzip der 'Verbindung von Erziehung mit produktiver Arbeit' zunächst in den Hintergrund, wurde jedoch nicht fallen gelassen (ZHUO Qingjun et al. 1992). Im Gegenteil, die von Schulen betriebenen Fabriken oder Farmen erfuhren im Zuge der schrittweisen Umwandlung planwirtschaftlicher Strukturen eine Wiederbelebung, und zwar auf der Basis von schulischer gemeinschaftlicher Eigeninitiative und Selbstakkumulation von finanziellen Mitteln für wirtschaftliche Aktivitäten. Mit Aufleben des bildungspolitischen Prinzips der 'Verbindung von Erziehung und produktiver Arbeit' unter dem Motto „Fleiß bei der Arbeit und Sparsamkeit beim Studium" (*qingong jianxue*) entwickelte sich im Laufe der 80er Jahre die schulische Produktionstätigkeit zu einer diversifizierten wachstumsorientierten Wirtschaftstätigkeit in allen Sektoren der chinesischen Volkswirtschaft. (LIN Sheng et al. 1990) Die Anzahl der Schulen, von denen 1981 bereits 43% produktiv tätig gewesen waren,[11] steigerte sich bis 1993 auf 91,74% mit insgesamt 94.900 schulischen Industriebetrieben, über 500.000 landwirtschaftlichen Betrieben und 144.900 Dienstleistungsbetrieben (*CEY* 1994, S.334). 'Fleiß bei der Arbeit und Sparsamkeit beim Studium' wurde damit zu einem wichtigen Begriff für eine gemeinschaftliche wirtschaftliche Wirtschaftstätigkeit von Primar- und Sekundarschulen in China.

Historisch gesehen setzt sich diese Wendung aus zwei Aspekten zusammen: Eine arbeitsame und sparsame Lebensführung beim Studium sollte chinesischen Studenten das Auslandsstudium ermöglichen, und von den Ersparnissen aus Erträgen fleißiger Arbeit sollten die chinesischen Gastarbeiter ihre Freizeitbildung finanzieren. Der Begriff hat jedoch im Zuge kommunistischer Auslegung eine Bedeutungsveränderung durchgemacht, indem sich ein kollektiver Charakter in dieser wirtschaftlichen Betätigung herausgebildet hat. Nach ZHANG verfolge man nunmehr mit dieser Tätigkeit eine allgemeine materielle Verbesserung der schulischen Bedingungen wie auch „das Erziehungsziel, die Erziehung muss mit der produktiven Arbeit verbunden werden". Es gäbe dabei zwei Richtungen: Zum einen würden für den Aufbau der Schule oder zur Verbesserung der Unterrichtsbedingungen Arbeiten durchgeführt oder Einnahmen erwirtschaftet, die ausschließlich diesem Zweck dienten. „Dies nennen wir 'Fleiß bei der Arbeit und Sparsamkeit beim Studium' des Einkünfte erzielenden Typs". Die andere Art würde dem Prinzip „die Erziehung muss mit der produktiven Arbeit verbunden werden" nachkommen, um eine sozialistisch gesinnte neue Generation von „allseitig moralisch, geistig, körperlich, künstlerisch und arbeitsmäßig entwickelter Menschen" heranzubilden. „Dies nennen wir 'Fleiß bei der Arbeit und Sparsamkeit beim Studium' des erzieherischen Typs".

11 Vgl. Staatsrat Dokument [1983] Nr. 25, in: QZQJ 1983, S.2.

ZHANG bemerkt überdies, dass der erste, d.h. nur Einkünfte erzielende Typ, die niedrigere Stufe, der letztere, d.h. erzieherische Typ, jedoch die höhere Stufe darstelle. Betont wird von ihm, dass 'Fleiß bei der Arbeit und Sparsamkeit beim Studium' auf jeden Fall eine Art wirtschaftliche Betätigung von Schulen ist, und dabei auch finanzielle Gewinne erzielt werden müssten. Tätigkeiten wie unbezahlte außerschulische Erntehilfe, schulische Säuberungs- oder Gartenarbeit, Arbeitseinsätze zur Aufforstung der Umgebung wie auch andere Arten der 'Arbeit für das Gemeinwohl', die Teil der schulischen 'Arbeitserziehung' ausmachten, würden nicht dazu zählen. (ZHANG 1990, S.32 ff.).

Dass die Aktivität 'Fleiß bei der Arbeit und Sparsamkeit beim Studium' einen vorwiegend ökonomischen Charakter hat, wird auch von LIN Sheng et al. hervorgehoben, die diese als „eine ganz spezielle Form von bildungsökonomischer Tätigkeit" (*yizhong hen teshu de jiaoyu jingji huodong*) bezeichnen. Sie diene dem Bildungswesen in direkter Form d.h. als Rahmen für die produktive Arbeitserziehung oder aber auch in indirekter Weise d.h. durch Finanzhilfen an die Bildungseinrichtung mittels der erzielten Einkünfte (LIN Sheng et al. 1990, S.3ff.). Von WANG Mindong wird schließlich Mitte der 90er Jahre nochmals versucht, die sich gewandelten praktischen Erscheinungsformen von 'Fleiß bei der Arbeit und Sparsamkeit beim Studium' nachzuvollziehen, um den grundsätzlich bildungsökonomischen Gehalt des Begriffes zu erfassen. Er stellt abschließend fest, dass diese Wendung in ihrem pädagogischen wie auch ökonomischen Bezug indessen nicht mehr losgelöst von dem „schulischen Wirtschaftsbetrieb" (*xiaoban qiye*) verstanden werden könne (WANG 1994, S.21).

3. Unternehmerischer Charakter schulischer Wirtschaftstätigkeit

Der schulische Betrieb industrieller, landwirtschaftlicher und gewerblicher Art hat sich in China demnach als die Hauptform schulischer Wirtschaftstätigkeit herausgebildet.[12] Daneben gibt es nicht-betriebliche Wirtschaftstätigkeiten wie Produktionspraktika u.a. inner- und außerschulische Arbeitsdienste von Schülern, Dienstleistungen von Lehrern, wie technische Beratung und Hilfe, sowie Aus- und Fortbildungsveranstaltungen für außerschulische Personenkreise, die finanziell entgolten werden. Überdies gehören Vermietungen und Verpachtungen dazu sowie Geldgeschäfte in Form von Kapitalbeteiligungen, Investitionsgesellschaften und Aktienhandel, die von den Schulen vorgenommen werden.

Eine als schulisch lizensierte Wirtschaftseinheit muss von Rechts wegen einige typische Bedingungen erfüllen, nicht zuletzt um in den Genuss der staatlichen, vor allem der steuerlichen Begünstigung zu kommen. Dazu gehört, dass der betreffende Betrieb nachweislich aus eigenen Mitteln aufgebaut worden ist

12 Die Aussagen in den folgenden Abschnitten beruhen, wenn nicht anders belegt, auf Untersuchungsergebnissen, die anhand der Durchführung und Auswertung von Interviews im Rahmen der o.g. Studie von der Autorin gewonnen wurden.

und einen bestimmten Gewinnanteil an die Schule sowie die vorschriftsmäßigen Abgaben an das Erziehungsamt und an das Finanzamt abführt. Das „Eigentumsrecht" (*suodequan*) an einem Wirtschaftsbetrieb kann auch bei mehreren Schulen liegen, wenn diese gemeinsam das Anfangskapital aufgebracht haben. In der Regel haben die Schulen für ihre Betriebe eine „eigene selbständige Geschäftsführung" (*ziji duli jingying*) sowie von der Verwaltung des Schuletats getrenntes Rechnungswesen. Schuleigene Wirtschaftsbetriebe werden auch an schulfremde Personen oder Arbeitseinheiten vermietet oder verpachtet, wobei eine „Geschäftsführung mit vertraglicher Verpflichtung" (*chengbao jingying*) praktiziert wird. Meist wird von einem solchen schulfremden Vertragspartner erwartet, dass er fest vereinbarte finanzielle Verpflichtungen gegenüber der Schule eingeht, wohingegen die Bewirtschaftung des betreffenden schuleigenen Betriebes weitgehend unabhängig von der Kontrolle der Schule erfolgt. Neben dem der Schule „direkt unterstellten Betrieb" (*zhishu qiye*) gibt es überdies noch den „gemeinschaftlichen Betrieb" (*lianhe qiye*), der von der Schule gemeinsam mit außerschulischen Einzelpersonen, Arbeitseinheiten oder Unternehmen eingerichtet wurde, wobei in der Regel auch eine „gemeinschaftliche Geschäftsführung" (*lianhe jingying*) praktiziert wird. Schließlich kann eine Schule auch Beteiligungen an außerschulischen Unternehmen haben, die sie durch Kapitaleinlage erworben hat.

Von der Struktur eines großen Teils der chinesischen schuleigenen selbst- oder fremdbewirtschafteten Betriebe konnte man bereits Anfang der 90er Jahre sagen, dass sie alle charakteristischen Merkmale von selbständigen Unternehmen erfüllten:

- Schuleigene Wirtschaftsbetriebe haben sich zu wirtschaftlich-finanziellen und rechtlich organisierten Gebilden entwickelt, die nicht mehr vorwiegend pädagogischen Zwecken d.h. der Arbeitserziehung und der arbeitstechnischen bzw. berufstechnischen Erziehung dienen, sondern auf nachhaltig ertragsbringende Leistungen zielen.
- Sie stellen selbständige, d.h. vom Haushalt und häufig auch von der Verwaltung der Schule losgelöste Einzelwirtschaften dar, wobei an einer Schule mehr als ein Wirtschaftsbetrieb oder auch kein Betrieb (z.B. Vermietung und Verpachtung) eine Wirtschaftseinheit bilden.
- Die Geschäftstätigkeit ist örtlich nicht mehr an die Schule gebunden. Auch wenn sich der Standort und die räumliche Ausdehnung der schulischen Wirtschaftstätigkeit in vielen Fällen mit denen eines Wirtschaftsbetriebes auf dem Schulgelände decken, kann eine Schule mehrere Betriebe oder/und Beteiligungen haben, die räumlich von ihr und voneinander entfernt liegen.
- Die Betriebsführung und Geschäftsleitung erfolgt nicht mehr über behördliche bzw. schulische Administration, sondern nach ökonomischen Gesichtspunkten wirtschaftlichen Managements.

Der schuleigene wie auch der gemeinschaftliche Wirtschaftsbetrieb ist nicht zuletzt durch die o.g. ökonomische Strukturangleichung anderen chinesischen Wirtschaftsunternehmen weitgehend gleichgestellt, wobei nur das Eigentumsverhältnis von einer besonderen Abhängigkeit bestimmt ist, die in der personellen Beziehung zwischen Schule und schuleigenem Betrieb begründet liegt. Diese besteht darin, dass vor allem in der Gründungsphase der schuleigenen Betriebe Schulpersonal tätig geworden war, das eine Besoldung über den Schuletat und damit über staatliche Mittel erfahren hatte. Mit der Erzielung von Überschüssen wurden diese Ausgaben für Personalkosten zwar von dem schuleigenen Unternehmen an die Schule zurückgezahlt, doch galt dieser Personenkreis selbst nach Jahren ausschließlich betrieblicher Beschäftigung weiterhin als der schulischen Arbeitseinheit zugehörig. Sie waren damit auch über die Schule sozial abgesichert. Im Gegensatz dazu bezieht neu eingestelltes Betriebspersonal, das zunehmend von außerhalb der Schule herangezogen worden ist, seine Sozialleistungen über den Betrieb, und zwar in Abhängigkeit von dessen Wirtschaftslage. So betrug der Anteil des schulentlohnten Betriebspersonals im Jahre 1993 an Primarschulen noch 59,99%, an Allgemeinen Sekundarschulen 48,27% und an Beruflichen Schulen 37,45%.[13]

Die Ausbreitung von schulbetriebenen Unternehmen ist zweifelsohne vorwiegend auf die finanzielle Bedeutung zurückzuführen, die die erzielten Einkünfte für die einzelne Schule haben. Den staatlichen Richtlinien nach musste im Prinzip um die Hälfte des Nettoprofits an die jeweilige Schule abgeführt werden. Dieser Satz ist auf dem Hintergrund der Befreiung der Schule von der Einkommenssteuer bzw. der schulbetriebenen Unternehmen von der Gewinnsteuer entstanden, welche ursprünglich bei 55% lag, aber Anfang der 90er Jahre auf 33% herabgesetzt wurde. Demnach zahlte ein schulbetriebenes Unternehmen statt der Steuern einen Betrag zwischen 40%-50% direkt in den Etat der Schule, der es angehört, sowie eine Abgabe in Höhe von 4%-10% an die übergeordnete Schulbehörde. Die schulische Wirtschaftstätigkeit ist dadurch über ihre ökonomische Bedeutung für die einzelne Schule hinaus zu einem wichtigen gesamtstaatlichen fiskalischen Faktor geworden, und bildet - wie auch KWONG (1996) feststellt - unterdessen einen fast unerläßlichem Bestandteil staatlicher Bildungsökonomie zur Ergänzung des Gesamtbildungsbudgets.

Nach HU Jinsong befindet sich China gegenwärtig noch in einer Phase der ursprünglichen Akkumulation des Kapitals, in der die „Alimentierung" der Bildungsinstitutionen davon bestimmt werde, dass „einerseits der Markt noch nicht reif ist, ihre Finanzierung mitzutragen, andererseits die staatliche Finanzierung aber unzureichend bleibt" (HU Jinsong 1996, S.f.). So erklärt sich auch, dass den Erziehungseinrichtungen und Bildungsmaßnahmen ein großer Teil von Geldern aus anderen Quellen als dem Staatshaushalt zufließt, wobei es sich

[13] Hier handelt es sich um eine Eigenberechnung auf der Grundlage der Angaben in: *Educational Statistic Yearbook of China*, die in der o.g. Studie der Autorin tabellarisch zusammengefasst aufgeführt sind.

um lokal erhobene Bildungssteuern, für die Aus-, Fort- und Weiterbildung ihrer Belegschaft aufgewendete Mittel von Industriebetrieben, verschiedene Spendengelder, Schulgebühren verschiedener Art sowie Einkünfte aus schulischer Wirtschaftstätigkeit handelt.[14] Schon im Jahre 1993 kamen 39,21% der im chinesischen Erziehungswesen insgesamt ausgegebenen 105.994 Millionen Yuan über nicht staatliche Kanäle an die Schulen. [15]

Mit den Einkünften aus schulischer Wirtschaftstätigkeit, über die im einzelnen die Schule weitgehend selber bestimmen kann, werden Ausgaben unmittelbar für die Schule, wie Schulbauten, Renovierungen, Ausstattung und Lehrmittel, Gelder für die Schaffung von Wohnraum des Schulpersonals, Gehaltszulagen in Form von Prämien und Sozialleistungen, sowie Schülerstipendien bestritten. Die Schulausgaben haben zwar mit Abstand den höchsten Betrag ausgemacht, gegenüber den anderen Ausgaben haben jedoch die Gehaltsaufbesserungen im Laufe der 90er Jahre überproportional zugenommen, wohingegen Schülerstipendien durchweg eine untergeordnete Rolle spielen.

Mit dem Wandel des Charakters der schulischen Wirtschaftstätigkeit zu einer unternehmerischen Aktivität und ihrer zunehmenden Angleichung an andere Wirtschaftsunternehmungen kam es zunehmend zu Unstimmigkeiten zwischen der Bildungsverwaltung einerseits und den Wirtschaftsbehörden andererseits hinsichtlich der volkswirtschaftlichen, vor allem auch der steuerrechtlichen Einordnung schulischer Unternehmen. Bis in die 90er Jahre galt zwar die Regelung, dass der an die Schule abgeführte Anteil der Unternehmensgewinne von der Einkommenssteuer befreit wurde, wobei jedoch ein großer Teil der schulbetriebenen Unternehmungen von einer Steuerbefreiung grundsätzlich ausgenommen wurde, die nicht im engeren Sinne allein und ausschließlich von der Schule selber bewirtschaftet wurden.[16]

Mit dieser Eingrenzung versuchte man dem verbreiteten Missbrauch von Steuervorteilen durch eine 'betrügerische' Deklarierung eines Unternehmens als ein schulisches zu begegnen. Dies geschah am häufigsten an Grundschulen, die sich nicht in der Lage sahen, einen eigenen Wirtschaftsbetrieb aufzubauen; statt dessen überließen sie ihre zu Vergünstigungen berechtigten Unternehmenslizenz schulfremden Unternehmen, und zwar gegen eine Gewinnbeteiligung, die in der Regel aus Gründen gegenseitiger Vorteilnahme weit unter dem vorschriftsmäßigen Satz lag. Bis in die 90er Jahre hinein hatte man es vermieden, sich offiziell zu der Tatsache zu bekennen, dass in der Schulpraxis die ökonomische Funktion der schulischen Wirtschaftstätigkeit, nämlich die jeweilige Schule zu unterhalten, längst die Priorität gewonnen hatte. Die Tatsache, dass

14 Nur der Besuch der neunjährigen Pflichtschule ist in China schulgeldfrei.

15 Diese Angaben sind einer unveröffentlichen Fassung des Regierungsberichtes der Volksrepublik China auf der 44. Internationalen Plenartagung zur Erziehung der Staatlichen Erziehungskommission entnommen.

16 Zu den steuerlichen Regelungen für die schuleigenen Unternehmen gibt es zahlreiche chinesische Dokumente, die in der o.g. Studie der Autorin im Einzelnen angeführt sind.

die schuleigenen Betriebe sich ausschließlich der Gewinnerzielung widmeten und mit ihnen keine pädagogischen Ansprüche mehr verbunden wurden, blieb allerdings eine umstrittene Angelegenheit. An diesem neuralgischen Punkt scheiden sich die Meinungen und Einstellungen nicht nur der Bildungspolitiker, sondern auch der unmittelbar Beteiligten.

4. Pädagogische versus ökonomische Funktion

Mit Beginn der nachkulturrevolutionären Modernisierungspolitik bewegte sich die schulische Produktionstätigkeit in China zunächst in verschärfter Weise im Spannungsfeld zwischen – wie es hieß - „pädagogischen und ökonomischen Nutzeffekten" (*jiaoyu xiaoyi he jingji xiayi*). Der Übergang von einer vorwiegend pädagogischen zur ausschließlich ökonomischen Nutzung schulischer Wirtschaftstätigkeit kann als ein transformatorischer Prozess angesehen werden, der parallel zur allgemeinen wirtschaftspolitischen Entwicklung in China erfolgte. Dabei handelte es sich weniger um eine bildungspolitisch beabsichtigte oder gar gesteuerte Entwicklung, sondern vielmehr um spontane Folgewirkungen, die sich erst allmählich als Problemkomplex herauskristallisiert haben und ins allgemeine Bewusstsein gedrungen sind. Vor Beginn der Modernisierungspolitik wurden durchgängig keine großen finanziellen Ambitionen mit den schulbetriebenen Fabriken und Farmen verfolgt, wie es später zum Regelfall wurde; allein die Betriebskosten mussten selber erwirtschaftet werden. Ende der 70er Jahre ging es zunächst um eine Reaffirmation und Wiederbelebung der schulischen Produktionstätigkeit, da diese in der Öffentlichkeit als ein radikalpolitisches Relikt der Kulturrevolution angesehen wurde. Mit Beginn der 80er Jahre sollte das Bildungswesen mehr in den Dienst volkswirtschaftlicher Modernisierung mit deren neuen Anforderungen an beruflicher Qualifizierung gestellt werden, wobei auch die schulischen Betriebe in den neuen wirtschaftspolitischen Reformkurs eingebunden wurden. In diesem Zusammenhang beruhte die Neuorientierung der schulischen Betriebe vorwiegend in einer Konzentration auf technische Neuerungen; Gewinnerzielung spielte zunächst weiterhin keine große Rolle.

Diese Einstellung führte bis in die 80er Jahre hinein auch auf Seiten der Geschäftsführung schulischer Betriebe zu Bestrebungen, die produktive Arbeit der Schüler, die in den schulischen Betrieben stattfand, mit der Ausbildung von allgemeinen arbeits- und berufstechnischen Schlüsselkompetenzen in Zusammenhang zu bringen. Diese doppelgleisige bildungspolitische Vorgabe an die schulische Produktionstätigkeit wurde erst im Zuge verstärkter marktwirtschaftlicher Orientierung der schulischen Betriebe einseitig modifiziert. Dies geschah aus einer sich auf Wachstumsinteressen verlagernde wirtschaftspolitische Betrachtungsweise, die in Bildung und Wissenschaft eine Produktivkraft sah, aus der sich schließlich eine unmittelbare ökonomistische Verwertungshaltung ergab. Im Zuge dieser Entwicklung begannen sich ökonomisch orientierte Sachgründe und marktwirtschaftliches Effizienzdenken als zwingend darzustellen, sodass die Aufgaben, die sich an den schulischen Wirtschaftsbetrieb als Lernort stellten, zunehmend als hinderlich für betriebliches Wachstum betrachtet wurden.

Parallel zu dieser ökonomischen Ausrichtung schulischer Wirtschaftsbetriebe wurde die „Arbeitserziehung" um technisch qualifizierende Inhalte erweitert und im Zuge der 1986 neu eingeführten neunjährigen Schulpflicht allgemein an der Sekundarschule als „arbeitstechnischer Unterricht" (*laodaong jishu ke*) etabliert. An allgemeinbildenden Sekundarschulen mit einem überwiegenden Anteil an Schülern, die erfahrungsgemäß nicht den Leistungsanforderungen der Hochschuleingangsprüfungen gewachsen waren, hatte man einen „beruflich-technischen Unterricht" (*zhiye jishu ke*) eingeführt. Dies war in der Regel zunächst in enger Verknüpfung mit der jeweiligen Wirtschaftstätigkeit an der betreffenden Schule vonstatten gegangen. Schrittweise erfolgte dann eine Umwandlung von ganzen „Allgemeinen Sekundarschulen" (*putong zhongxue*) zu „Beruflichen Schulen" (*zhiye xuexiao*), indem man die allgemeinbildenden Klassen jahrgangsweise auslaufen ließ. Mit wenigen Ausnahmen löste sich im Zuge dieses Ausbaus des sekundaren Schulsystems durch Umstrukturierung und Differenzierung der arbeitstechnische und schließlich auch der berufstechnische Unterricht von der jeweils engen branchenspezifischen Ausrichtung der einzelnen schulischen Wirtschaftsbetriebe, die die komplexeren pädagogisch-didaktischen Anforderungen nunmehr nicht mehr erfüllen konnten. Von der Provinz Jilin in Nordostchina, an deren Schulen die wirtschaftliche Betätigung am weitesten entwickelt war, gingen erste Ansätze aus, nicht unbedingt auf einer Verbindung von Arbeitserziehung und schulischer Produktionspraxis zu bestehen. Stattdessen gingen die Schulen dazu über, eine allgemeine lokale Wirtschaftsförderung durch Beratungs- und zusätzliche Qualifikationsangebote zu betreiben sowie unternehmerische Aktivitäten in- und außerhalb der Schule aufzunehmen.

Ab 1983 gab es einige, wenn auch zunächst nur wenige Schulen mit wachsenden wirtschaftlichen Erfolgen. Sie waren aufgrund hoher Einkünfte in die Lage versetzt worden, sich nicht nur eine bessere Schulausstattung zu verschaffen, sondern sich sogar mit neuen Schulbauten zu versorgen. Dieser offensichtlich zu Tage tretende Vorteil wirtschaftlichen Denkens und Handelns leitete eine Entwicklung ein, bei der in Wechselwirkung mit dem sich steigernden Bedürfnis nach verbesserten Lernbedingungen das Erzielen von Einkünften eine zunehmende Bedeutung erhielt. Die Schwerpunktverlagerung auf eine Gewinnorientierung erfolgte als Reaktion auf wachsende materielle Ansprüche, wobei es zunehmend von den Schulen als unerläßlich angesehen wurde, über zusätzliche Mittel für den Unterricht und für außerunterrichtliche Aktivitäten zu verfügen, um ein überdurchschnittliches Leistungsniveau zu erzielen. Die Auffassung verbreitete sich, dass der staatliche Schuletat allein dafür nicht ausreiche.

Gingen die Schüler für die arbeitstechnische Praxis Anfang der 80er Jahre noch allgemein in die schuleigenen Betriebe, geschah dies nach 1984 nur noch gelegentlich zur Betriebsbesichtigung. Sobald einiges an Geld erwirtschaftet worden war, hatte man eigens begonnen, für den arbeits- wie auch für den berufstechnischen Unterricht Fachräume einzurichten, die - wie man glaubte - besser nach pädagogisch-didaktischen Bedürfnissen auszurichten waren. Sie ersetzten die Fabrik als Lernort, sodass auf der anderen Seite die schulischen Betriebe sich nunmehr ungehindert in ihrem Produktionsablauf ausschließlich den wirtschaftlichen Belangen zuwenden konnten. Damit war die Trennung des arbeitstechnischen Unterrichts von der Produktionspraxis endgültig vollzogen.

Das ökonomische Wachstum der schulischen Betriebe wurde schließlich noch stärker forciert, als in der zweiten Hälfte der 80er Jahre angesichts der gesamtgesellschaftlich ungleichen Einkommensentwicklung die Lehrer immer stärker benachteiligt wurden. Die niedrige Entlohnung hatte unter den Lehrern zur Demotivation und hoher Fluktuation geführt. Überdies wurde der Lehrerberuf von den jugendlichen Hochschulabsolventen zunehmend gemieden, sodass ein akuter Lehrermangel entstand. Gehaltszulagen zu dem staatlich garantierten Grundlohn waren dringend erforderlich, damit nicht fortgesetzt Lehrkräfte in den lukrativeren Wirtschaftsbereich abwanderten. Wenn an manchen Schulen der schulische Betrieb trotzdem weiterhin für die Arbeits- oder Beruftechnik genutzt wurde, war - spätestens nachdem 1988 das neue Schulverwaltungs- und Gehaltssystem für öffentliche Bedienstete in Kraft getreten war - die Gewinnorientierung nicht mehr zu vermeiden. Das Lehrergehalt setzte sich von da an aus einem garantierten Grundlohn und verschiedenen Leistungszulagen zusammen, für die die Schulen selber aufzukommen hatten. Weil der erhöhte Mittelbedarf nur begrenzt über den staatlichen Bildungsetat bestritten werden konnte, wurde durch gezielte staatliche Vergünstigungen die Ausweitung der schulischen Wirtschaftsbetriebe gefördert, wohingegen wirtschaftliche Betätigungen von anderen staatlichen Einrichtungen im Zuge der Verwaltungsreform unterbunden bzw. ausgelagert wurden. Die Schulen waren dadurch verstärkt motiviert und auch in der Lage, mehr Einkünfte zu erwirtschaften, um für die steigenden Sozialausgaben, wie Renten und Krankengeld, aufzukommen.

Mitte der 90er Jahre hatten die Gehälter von Lehrern an Grund- und Sekundarschulen mit Hilfe der wachsenden Einkünfte aus der schulischen Wirtschaftstätigkeit das allgemeine Niveau von öffentlichen Bediensteten erreicht und teilweise sogar überholt. Die Unterschiede unter den Schulen erwiesen sich allerdings als erheblich. Auf der Grundlage der zusätzlich erwirtschafteten finanziellen Mittel, über die die einzelnen Schulen – trotz verschiedener ausgleichender Maßnahmen – in unterschiedlicher Weise verfügten, bildete sich somit eine soziale Ungleichheit zwischen ökonomisch erfolgreichen, d.h. reichen Schulen und weniger erfolgreichen, d.h. armen Schulen heraus.

Neben den Bestrebungen bzw. der Notwendigkeit, höhere Einkünfte zu erzielen, hatte es auch noch einige andere Gründe gegeben, dass man an den allgemeinbildenden Schulen den pädagogischen Anspruch an die schulischen Betriebe als Lernorte ganz fallen ließ. Sie traten mehr oder weniger als Folge von Rationalisierungen auf. Beispielsweise verlegten innerstädtische Schulen aus kalkulatorischen Gründen ihre Betriebe in die Vororte, um - die hohen Bodenpreise nutzend - die schulischen Räumlichkeiten lukrativ an außerschulische Interessenten zu vermieten. Die Arbeit der Schüler in den schulbetriebenen Fabriken wurde in diesen Fällen nicht zuletzt wegen des langen Weges zwischen Schule und Fabrik eingestellt. Die widersprüchlichen Interessen an der schulischen Wirtschaftstätigkeit führten zeitweilig zu stark auseinanderfallenden administrativen Forderungen, die auf einen anhaltenden Mangel behördlicher Koordinierung oder sogar auf konkurrierende Einstellungen zurückzuführen sind. Eine Schule konnte aufgrund differierender Maßgaben in einen derart peinlichen Zwiespalt geraten, dass sie regelrecht gezwungen war, ihr Heil in Täuschungsmanövern zu suchen. So konnte seitens der Bildungsbehörde darauf insistiert werden, dass die Schüler auch weiterhin in der schulbetriebenen Fabrik arbeiteten, die Organe der Wirtschaftsadministration jedoch im Interesse der Gewährleistung von Produktqualität verlangten, jegliche Schülerarbeit auszuschließen.

Obwohl die schulischen Betriebe angesichts des ökonomischen Druckes ihre unmittelbare Bedeutung als Lernorte verloren, wurden noch Mitte der 90er Jahre die pädagogischen Möglichkeiten, die eine schulbetriebene Fabrik grundsätzlich bietet, weiterhin als bedeutsam angesehen. Man war sich zwar der Tatsache bewusst, dass eine direkte Verbindung von Erziehung und Produktion von den meisten Schulen längst nicht mehr praktiziert wurde; trotz allem herrschte jedoch noch die Auffassung vor, dass Einkünfte zu erzielen nur eine der beiden Aufgaben sei, die die schulischen Wirtschaftsbetriebe zu übernehmen hätten. Nur selten wurde das Gewinnstreben uneingeschränkt, allein aufgrund des Faktors, dass dadurch das Erziehungswesen indirekt über finanzielle Mittel unterstützt würde, als berechtigt angesehen.

Die ökonomische Ausrichtung der schuleigenen Betriebe wurde weniger aus Überzeugung von deren Richtigkeit, sondern eher aus einer Haltung heraus akzeptiert, die notgedrungen gegenüber unabänderlichen Tatsachen an den Tag gelegt werden müsse. Grundsätzlich wurde an einer Arbeitserziehung in Verbindung mit der Produktionspraxis weiterhin festgehalten, wobei auch noch andere Realisierungsformen ins Blickfeld gelangten. Es gab also, trotz aller Anpassung an die herrschenden Realitäten, offenbar weiterhin noch unterschiedliche Auffassungen über die Funktion schulischer Wirtschaftsbetriebe, weil letztendlich die Finanzierung des Bildungswesens nicht als Sache der Schule, sondern als Aufgabe des Staates angesehen wurde. Man war sich dessen bewusst, dass die schulische Wirtschaftstätigkeit in China etwas weltweit Ungewöhnliches darstellte, und hoffte, dass sich diese möglicherweise nur als eine vorübergehende Notwendigkeit herausstellen werde und damit nur ein mittelfristiger Ausweg aus vorherrschenden Engpässen sei. Angesichts der knappen staatlichen Mittel sei die vorwiegend gewinnorientierte schulische Wirtschaftstätigkeit als ein generelles Diktat der Umstände zu akzeptieren. In dieser allgemein vorherrschenden Einstellung kommt deutlich zum Ausdruck, dass sich die ursprünglichen Erwartungen, mit der schulischen Wirtschaftstätigkeit einen doppelten, d.h. pädagogischen wie auch ökonomischen Nutzeffekts zu erzielen, zu einem einseitigen Denken in Sachzwängen kristallisiert haben. Die Abhängigkeit der chinesischen Schulen vom wirtschaftlichen Erfolg ihrer Unternehmungen ist damit nachhaltig zementiert worden.

5. Der schulische Wirtschaftsbetrieb als Lernort

Ende der 80er Jahre wurde offensichtlich, dass das bildungspolitische Bestreben, die arbeitstechnische bzw. berufstechnische Erziehung in die schulische Wirtschaftstätigkeit zu integrieren, weitgehend den betriebswirtschaftlichen Interessen einer effizienten Betriebsführung geopfert worden war. Es gab jedoch immer noch eine Anzahl von allgemein- wie auch berufsbildenden Sekundarschulen, deren schulische Betriebe als fach- bzw. berufspraktische Lernorte genutzt wurden. An den Allgemeinen Sekundarsschulen war die Arbeitserziehung unter Beibehaltung der „Arbeit fürs Gemeinwohl" zu dem curricular strukturierten und standardisierten Unterrichtsfach „Arbeitstechnik" (*laodong jishu ke*) ausgebaut worden. Die allgemeinbildende Arbeitstechnik umfasste eine breite Palette von praktisch-produktiven Lernanteilen und war vorwiegend auf den Erwerb von handwerklich-gewerblichen, industriellen oder landwirtschaftlich-technischen Fertigkeiten ausgerichtet (DENG/FU, S.322ff.). An berufsbildenden Schulen wurde der gemeinnützig orientierte Teil der Arbeitserziehung, der vorwiegend auf die Heranbildung von Arbeitsgewohnheiten, Arbeitshaltung und Arbeitsmoral zielte, beibehalten. Anstelle des arbeitstechnischen Anteils der Arbeitserziehung trat die fach- und berufspraktisch ausgerichtete beruflich-technische Ausbildung (*zhiyejishu jiaoyu*), in deren Rahmen die Verbindung zur Produktion durch obligatorische „Produktionspraktika" (*shengchan shixi*) hergestellt wurde.

Die schulische Wirtschaftstätigkeit bot die Möglichkeit, den Schulen Produktionsstätten als Lernorte zur Verfügung zu stellen: die „Praktikumsstätten für die Arbeitserziehung" (*laodong jiaoyu shixi jidi*), die auf dem Lande wegen ihres experimentellen Charakters auch „landwirtschaftliche Versuchsstationen" (*nongye shiyan jidi*) genannt wurden. Bei den Bemühungen, arbeitsorientierte Inhalte sinnvoll mit dem schulischen Wirtschaftsbetrieb in Verbindung zu bringen, verfuhr man an den chinesischen Sekundarschulen in sehr unterschiedlicher Weise:

- Schülerarbeit fand unabhängig von den Inhalten des Schulunterrichts als einfache Produktions- und/oder Fertigungsarbeit im schulischen Wirtschaftsbetrieb statt. Sie hatte den Charakter von Hilfsarbeit oder angelernter Arbeit. Ziel war es dabei, den Schülern vermehrte Einblicke in die Arbeitswelt zu geben, sie in ihrem Verständnis vom Produktionsprozess zu bereichern sowie allgemeine praktische Fertigkeiten und Arbeitshaltungen einzuüben.
- In einer oder mehrern Werkstätten eines schulischen Wirtschaftsbetriebes wurden von Schülern Fertigungsarbeiten durchgeführt, die im Zusammenhang mit unterrichtlich erlerntem arbeitstechnischen oder naturwissenschaflichen Lehrstoff standen. Anlagen und Personal des schulischen Betriebs wurden nebenher zu Lehrzwecken genutzt, wobei die Veranschaulichung, praktische Umsetzung und Festigung theoretischer Kenntnisse und Wissensgrundlagen im Mittelpunkt stand. Bei dieser Form der Produktionsarbeit ging es um anwendungsorientiertes und experimentelles Lernen.
- Eine ganze Werkhalle des schulischen Wirtschaftsbetriebs, die anderen Produktionsbereichen zuarbeitet, wurde als produktive Lehrwerkstatt für einen spezifischen arbeitstechnischen Kurs (z.B. Schlossern, Schneidern etc.) verwendet. Hierbei ging es vor allem um den Erwerb von spezifischen praktischen Fertigkeiten, Arbeitskompetenzen und Arbeitsgewohnheiten.
- Regelmäßig fanden über einen Zeitraum von Tagen oder Wochen Arbeitseinsätze in der Land- und Forstwirtschaft sowie in von der Armee organisierten Feldlagern statt. Sie dienten vorwiegend dem Herausbilden von sozialem Verhalten wie Gemeinschaftssinn, Solidarität, Toleranz etc., aber auch von individuellen Eigenschaften wie Selbstdisziplin, Genügsamkeit, Ausdauer etc.
- Der Betrieb von verschiedenen Dienstleistungseinrichtungen im Rahmen beruflicher Ausbildung durch Schüler, z.B. Friseursalon, Schneiderei u.a., förderte Schlüsselkompetenzen, wie Selbstorganisation, Selbstständigkeit, Eigenverantwortlichkeit, Teamarbeit, Einsatzfreudigkeit etc.

Neben der unmittelbaren Verknüpfung des schulischen Lernens mit der schulischen Produktionspraxis als Lernfeld hatte die bildungs- wie auch die wirtschaftspolitische Förderung der schulischen Wirtschaftstätigkeit eine umfassende Auswirkung. Die schulischen Betriebe leisteten, über ihren Nutzen für die Einzelschule hinaus, einen Beitrag zur Entwicklung des gesamten Bildungswesen wie auch der Volkswirtschaft, indem

- schulisches Lernen durch erfahrungs- und anwendungsorientierte Lerninhalte sinnvoller gestaltet wurde, was zu einer höheren Akzeptanz und einer Verbreitung des Sekundarschulwesens auch in minderentwickelten Regionen führte,

- neue berufsbezogene Lerninhalte zur Differenzierung des Bildungsswesens erschlossen wurden,
- neue Tätigkeitsbereiche eröffnet sowie neue Berufsfelder und Berufe geschaffen wurden,
- zusätzliche Mittel für die sachliche und bauliche Ausstattung der Schulen und für eine materielle Besserstellung der Lehrer und des Schulpersonals beschafft wurden, wodurch sich das Niveau, die Qualität und die Effizienz des Lernens erhöhte,
- neue Arbeitsplätze zur Beschäftigung von Schulangehörigen, Schulabsolventen sowie von Lehr- und Schulpersonal, das durch innerschulische Rationalisierung freigesetzt worden war, eingerichtet wurden,
- die gesellschaftliche Konsumption um neue Produkte und Dienstleistungen ergänzt und bereichert wurde,
- die lokale und regionale Wirtschaft im Sinne volkswirtschaftlicher Wertschöpfung und ökonomischen Wachstums stimuliert wurde.

Auf dem spezifischen chinesischen historischen, ökonomischen und sozialen Hintergrund hat daher die schulische unternehmerische Tätigkeit in China trotz aller Problematik, die eine unmittelbare ökonomische Materialisierung von Fähigkeiten, Wissenspotentialen und materiellen Ressourcen an Bildungseinrichtungen zweifelsohne darstellt, sich als eine Chance dargestellt, für die chinesische Schulgemeinschaft, ‘im Vertrauen auf die eigene Kraft’ (*zili gengsheng*) und ‘in Anpassung an die örtlichen Gegebenheiten’ (*yindi zhijia*) sich menschenwürdige Lehr- und Lernbedingungen zu schaffen, vergleichbar mit denen in den entwickelten kapitalistischen Industrieländern des Westens.

Der Verbindung von praktischer Ausbildung mit der wirtschaftlichen Produktion wird von chinesischer Seite zwar auch heute noch ein besonderer Erfahrungswert beigemessen; man meint jedoch, dies sei eher mit widersprüchlichen Schattenseiten behaftet im Gegensatz zu einer systematischen praktischen Ausbildung, die von der Produktion getrennt in spezifisch fürs Lernen gestalteten Lehrwerkstätten durchgeführt wird (RAUNER/TILCH 1994, S.117f.). Die arbeitstechnische wie auch berufstechnische Erziehung in China, die heute zum überwiegenden Teil als Fachunterricht im Klassenraum, in Schulwerkstätten und schulischen Labors durchgeführt wird, unterscheidet sich in ihrer Unterrichtsorganisation und Grundintention im wesentlichen nicht mehr von der deutschen Arbeitslehre, dem Technikunterricht oder der berufsschulischen Fachausbildung als ein Heranführen an eine zukünftige berufliche Tätigkeit. Differenzen finden sich vorwiegend in den Zielsetzungen im einzelnen und in methodisch-didaktischer Hinsicht.

Fazit

Die schulische Wirtschaftstätigkeit in China hat sich zwischen zwei Polen bewegt, deren einer eher bildungspolitisch, während der andere stärker bildungsökonomisch ausgerichtet war. Bildungspolitisch ging es um Bildungsexpansion, d.h. um Massenerziehung durch eine unterrichtsorganisatorische und inhaltliche Verknüpfung schulischen Lernens mit der Produktionsarbeit, im Gegensatz zu einer von der gesellschaftlichen Realität der Produktionspraxis abgehobenen Elitenbildung. Dieser Zielsetzung lag ein Verständnis von politisch-moralischer „Menschenbildung" (*yuren*) im Sinne des kommunistischen Gleichheitsgrundsatzes zugrunde. Bei dem bildungsökonomisch ausgerichteten Pol handelte es sich zum einen um den indirekten Beitrag der Schule zur Wirtschaftsentwicklung durch qualifizierende Ausbildung von jugendlichen Arbeitskräften, zum anderen um einen direkten Beitrag durch Beteiligung der Schulen an der Wirtschaftsentwicklung. Diese fand einerseits in Form von gemeinnützigen und produktiven Arbeitseinsätzen von Lehrern und Schülern statt, andererseits erbringen die Schulen heute vor allem wirtschaftliche Leistungen, deren Erträge zur Unterhaltung der jeweiligen Bildungseinrichtung beitragen.

Die Einführung und Ausweitung von marktwirtschaftlichen Strukturen in China hat die gesellschaftlichen Arbeitsformen verändert, sodass sich heute auch an den chinesischen Bildungsinstitutionen eine Vielfalt von Wirtschaftstätigkeiten findet, wobei im Zuge des Abbaus der Planwirtschaft vor allem das schulische Dienstleistungsgewerbe eine starke Ausbreitung und Aufwertung erfahren hat. Ebenso ist die neue Kommunikations- und Informationstechnologie dabei, die chinesische Gesellschaft zu durchdringen, wobei vor allem die hochschulischen Bildungsinstitutionen als Entwicklungszentren eine große Rolle spielen. Dieser als transformatorisch zu bezeichnende Entwicklungsprozess hat dazu geführt, dass das bildungspolitische Prinzip der „Verbindung von Erziehung mit produktiver Arbeit" in eine unternehmerische Tätigkeit von Schulen im breiten Stil eingemündet ist. Die Rede ist längst nicht mehr von „Fleiß bei der Arbeit und Sparsamkeit beim Studium", sondern man spricht seit geraumer Zeit nur noch von „schulbetriebenen Unternehmen" und ganz aktuell geht es um „von Schulen nutzbar gemachtes Eigentum" (*xiaoban chanye*).[17]

Der Begriff „Fleiß bei der Arbeit und Sparsamkeit beim Studium" hat somit nur eine Phase des Überganges markiert. Er kennzeichnete eine Situation, in der eine vorwiegend subsistenzwirtschaftliche Aktivität sich zu einer akkumulativ-investiven wirtschaftlichen Betätigung wandelte. Dieser Wandel war von einer erfolgsorientierten Grundhaltung (Fleiß) und rationaler Lebensführung (Sparsamkeit) zum Zwecke verstärkter Wahrnehmung von Bildungschancen geprägt. Hierbei handelte es sich um normative Tugenden von Arbeitsamkeit

---

17 Gelegentlich wird die Wendung jedoch wieder in ihrer ursprünglichen Bedeutung als Bezeichnung des individuellen Werkstudiums verwandt.

und Askese, die historisch gesehen auch im Westen die „ideologische" Grundlage für den Einstieg in den Kapitalismus bildeten.[18] Mit der Ausweitung schulischer Produktionsbetriebe zu arbeitsintensiven Unternehmungen hat sich auch an den chinesischen Schulen ein ökonomischer Rationalismus durchgesetzt, der dem Sachzwangdenken kapitalistischer erwerbswirtschaftlicher Prinzipien folgt. In einer gewinnmaximierenden und ausschließlich nach betriebswirtschaftlichen Effizienzkriterien organisierten Produktion werden integrierte pädagogische Zielsetzungen als eine Beeinträchtigung des Wachstumsprozesses angesehen.

In Angleichung an die liberalistische marktwirtschaftliche Vorgabe von Fortschritt durch Wertschöpfung und Wachstum haben sich schließlich die schuleigenen Unternehmen von ihren Trägern, d.h. den Bildungsinstitutionen, weitgehend verselbständigt. Die chinesische Pädagogik hat sich damit ihrer Chance beraubt, Einfluss auf die häufig wenig segensreichen ökonomistischen Marktprozesse zu nehmen, die auch im chinesischen Bildungswesen Fuß gefasst haben. Vor allem durch ihre disparate Verteilung auf die Schulen bilden die schuleigenen Unternehmen keine Ausnahme in dem System von sozialer Ungleichheit, wie sie die Hinwendung Chinas zur Marktwirtschaft in verstärktem Maße hervorgebracht hat. Selbst wenn die erzielten Gewinne nicht privat angeeignet werden, sondern der Gesamtheit der jeweiligen Schulgemeinschaft zugute kommen, hat sich eine neue Reichtum-Armut-Schere unter den unternehmerisch erfolgreichen und weniger erfolgreichen Schulen aufgetan. Dies wird zwar als Problem wahrgenommen und ansatzweise auch über steuerliche und allokative Steuerungsmaßnahmen von den chinesischen Behörden bekämpft, ist bisher aber noch nicht in allen seinen bildungspolitischen Auswirkungen und Implikationen kritisch erfasst worden.

Eine interessante Entwicklung lässt sich jedoch feststellen, dass nämlich wohlhabende chinesische Schulen in entwickelten Regionen des Landes Partnerschaft mit Schulen oder Dorfgemeinschaften in Armutsgebieten Chinas eingehen und dabei eine Art Patenschaft übernehmen, indem sie diese in verschiedener Weise beratend, durch Lehreraustausch, Fortbildungskurse, praktische Arbeitseinsätze (z.B. bei der Errichtung und Einrichtung von Schulbauten) wie auch direkt finanziell unterstützen. Dies kann man als eine Form von innerchinesischer Entwicklungshilfe werten. Schulische unternehmerische Tätigkeit kann somit durchaus als ein sozial nachhaltiges entwicklungspolitisches Instrument angesehen werden.

---

[18] In diesem Zusammenhang sei erinnert an die piätistisch geprägten unternehmerischen Aktivitäten des Pädagogen August Hermann Francke (1663-1727) zum Unterhalt seines sozialfürsorgerischen Paedagogikums. Seinerzeit Professor für Griechisch und orientalische Sprachen sowie Theologie an der Universität Halle, gründete und organisierte Francke eine Stiftung, der eine Apotheke, erweitert zu einer Medikamentenexpedition, eine Buchhandlung mit Buchdruckerei, Manufakturprojekte mit eigener Brauerei sowie ein Großhandel angehörten, die zur Kostendeckung des Schulkomplexes beitrugen.

Literatur:

BAILEY, Paul (1990): Reform the People. Changing Attitudes Towards Popular Education in Early Twentieth-Century China. Edinburgh 1990.

CHAN, Ming K., DIRLIK, Arif (1991): Schools into Fields and Factories - Anarchists, the Guomindang, and the National Labor University in Shanghai, 1927-1932. Durham and London 1991.

DENG Zuojun/FU Guoliang (Hrsg.) (1991): Laodong jishu jiaoyu yanjiu [Forschungen zur arbeitstechnischen Erziehung]. Tianjin 1991.

MONTAPERTO, Ronald N./ HENDERSON, Jay (Ed.): China's Schools in Flux. Report by the State Education Leaders Delegation, National Committee on United States-China Relations. N.Y. 1979.

HENZE, Jürgen (1989): Berufliche Bildung des Auslands - Volksrepublik China. Schriftenreihe der Carl Duisberg Gesellschaft e.V., Baden-Baden 1989.

HENZE, Jürgen (1991): Hochschulzugang in der Volksrepublik China. Studien und Dokumentationen zur vergleichenden Bildungsforschung. Bd.40. Köln, Weimar, Wien 1991.

HU Jinsong (1996): Das Verhältnis der Hochschulen zum Staat unter Berücksichtigung ihrer Haushalts- und Finanzverwaltung (Dissertation). Berlin 1996, S.4f.

KESSEN, William (Hrsg.) (1976): Kindheit in China. München und Wien 1976.

KWONG, Julia (1996): „The new educational mandate in China. Running schools, running businesses", in: International Journal of Ecuational Development 16 (1996) 2, S.185-194.

LIN Sheng et al. (Hrsg.) (1990): Zhongguo qingong jianxue [Fleiß bei der Arbeit und Sparsamkeit beim Studium in China]. Shenyang 1990.

LÖFSTEDT, Jan-Ingvar (1990): Human resources in Chinese development, Needs and supply of competencies. (IIEP Report 80). Paris 1990.

PRICE, Ronald F. (1973): „The Part-Work Principle in Chinese Education", in: Devolopment in the Peoples's Republic of China. 9 (1973) 9, S.1-11.

PRICE, Ronald F. (1984): „Labour and Education", in: Comparative Education. 20 (1984) 1, S.81-91.

Erziehungsministerium/Zentrales Forschungsinstitut für Erziehungswissenschaft (Hrsg.): Quanguo zhongxiaoxue qingong jianxue jingyan xuanbian [Ausgewählte Zusammenstellung von Erfahrungen mit 'Fleiß bei der Arbeit und Sparsamkeit beim Studium' an Grund- und Sekundarschulen des ganzen Landes], Beijing 1983 (Abk.: QZQJ 1983).

RAUNER, Felix/TILCH, Herbert (Hrsg.) (1994): Berufsbildung in China. Analysen und Reformtendenzen. Baden-Baden 1994.

RISLER, Matthias (1989): Berufsbildung in China. Rot und Experte. Institut für Asienkunde, Hamburg 1989.

SHIRK, Susan L. (1978): Work Experience in Chinese Education, in: Comparative Education. 141 (1978)1, S.5-18.

WANG Mindong: „Jianchi shiyong 'qingong jianxue' yi ci de yiyi" [Beharrlich die Bedeutung des Begriffes 'Fleiß bei der Arbeit und Sparsamkeit beim Studium' verwenden], in: RMJY (1994) 11, S.20f.

ZHANG Yunpeng: „Shilun Zhongguo qingong jianxue de tedian“ [Versuch einer Analyse der Besonderheiten von ‘Fleiß bei der Arbeit und Sparsamkeit beim Studium’ in China], in: Jiaoyu kexue [Erziehungswissenschaften], Jg. 1990, 2, S. 9-15.
ZHANG Yunpeng: „*Qingong jianxue de yanbian ji qi gainian jieding*“ [Die Veränderungen von ‘Fleiß bei der Arbeit und Sparsamkeit beim Studium’ und eine Abgrenzung des Begriffes], in: *Liaoning shifan daxue xuebao sheke ban* [Fachzeitschrift der Pädagogischen Universität Liaoning, Sozialwissenschaftliche Ausgabe], Jg. 1990, 1, S. 32-35.
ZHUO Qingjun et al. (Hrsg.) (1992): *Jiaoyu tong shengchan laodong xiang jiehe* [Die Theorie und Praxis, Erziehung und produktive Arbeit miteinander zu verbinden]. Beijing 1992.

Kurzbiographie:

Dr. phil. Renata Fu-Sheng FRANKE, geb. 1946 in Peking/China; 1970 Sprachdiplom Chinesisch, 1974/1982 1./ 2.Lehrerexamen, 1980 Dipl.päd. (Erwachsenenbildung), 1986 M.A. Literaturwissenschaft u. Sinologie, 1999 Dr.phil. (TUB/EWI). 1971-82 Lehraufträge ChaF u. DaF, 1986-90 DaF-Lektorat (DAAD u. GTZ) in Beijing/VRCh, 1992-95 Wiss. Mit. FUB (VW-Forschungsprojekt); seit 1996 Lehraufträge (FUB u. HdK), Arbeitsgebiete: Wirtschaftstätigkeit an Bildungsinstitutionen, Interkulturelles Lernen, Modernes Chinesisch.
Anschrift: Carl-Heinr.-Becker-Weg 12, 12165 Berlin, Germany, Tel. 030-7918333. E-Mail: Fu-sheng.Franke@T-Online.de

Li Qilong

Lehrerbildung in China

It is a long-standing tradition in China that people greatly esteem teachers. This has led to high expectations of teachers for their knowledge and moral character. Therefore, to meet these expectations has become the objective that teacher education providers aim at. In order to suit the requirements for primary and secondary teachers, China has established a three-level teacher education system. In the past several decades, despite of the great progress that has been made in teacher education in China, there still remain many problems which can only be solved through reforms conncentrating on structure adjustment and on curriculum development which is scientific, professionalized and related to practiballity.

1. Die soziale Stellung der chinesischen Lehrer

In China gibt es eine lange Tradition, die darin besteht, den Lehrer zu respektieren. Der berühmte Philosoph MENGZI (372-281 v.Chr.) erklärte in dem Buch I (*Liang hui wang*) seiner Lehrgespräche: „Während der Himmel das Volk gebar, schuf er auch den Fürsten und den Lehrer" (*tian jiang xia min, zuo zhi jun, zuo zhi shi*). Damit wollte er sagen, dass für das Volk der Fürst und der Lehrer gleichermaßen von Bedeutung seien. Diese Feststellung ergänzend stellte der ebenso berühmte Philosoph XUNZI (310-230 v.Chr.) in seiner Sittenlehre (*Lilun*) in eine Reihe nebeneinander „Himmel, Erde, Fürst, Eltern, Lehrer" (*tian, di, jun, qin, shi*). Er wollte damit ausdrücken, dass diese von gleicher Wichtigkeit im Leben eines Menschen seien und daher auch in gleicher Weise respektiert werden müssten. Seitdem beruft man sich auf diesen Ausspruch, wenn es darum geht, den Lehrer zu respektieren, und man kann behaupten, dass dies in der Regel zu fast allen Zeiten auch der Fall war, nämlich dass der Lehrer eine hohe soziale Stellung in China genoss.

Nach den Erfahrungen vor allem zu Anfang der Kulturrevolution (1966-1976), als die Lehrer im Zuge politischer Auseinandersetzungen eine außerordentlich schlechte Behandlung erfuhren, war man besonders bemüht, das gesellschaftliche Ansehen der Lehrer wieder herzustellen. Heute ist die Entwicklung der Lehrerbildung zu einer vordringlichen strategischen Aufgabe der chinesischen Regierung avanciert, da man erkannt hat, dass die Entwicklung von Wirtschaft, Kultur und Gesellschaft eines Landes entscheidend von der Bildung der Menschen abhängt. Wie gebildet die Menschen sind, hängt von ihrer Erziehung und Sozialisation ab, und diese wiederum hängen weitgehend von der Ausbildung ihrer Lehrer ab. Seit der 3.Plenartagung des 11.Zentralkomittees der

Kommunistischen Partei Chinas und vor allem dann auch seit der Plenartagung des 12.Zentralkomittees der KP Chinas wurde der entwicklungspolitische Schwerpunkt auf den wirtschaftlichen Aufbau gelegt, wobei der Ausbau des Bildungswesens zu einer der drei strategischen Säulen zum Vorantreiben der Volkswirtschaft erhoben und eine Politik verfolgt wurde, durch Wissenschaft und Erziehung das Land zu stärken. Aufgrund dieser politischen Prämisse wird heute die Bedeutsamkeit der Rolle der Lehrer so stark betont wie niemals zuvor. In diesem Licht ist auch die Einführung des „Lehrerfestes" im Jahre 1985 zu sehen, das an jedem 10.September gefeiert wird, um die Tradition zu unterstreichen, die den Lehrer besonders würdigt. Das am 31.10.1993 erlassene „Lehrergesetz der VR China" hebt im Abschnitt 1 § 4 folgendes hervor:

> „Die Volksregierungen der verschiedenen Ebenen sollen Maßnahmen treffen, die politisch-ideologische Bildung sowie die fachliche Ausbildung der Lehrer zu stärken, die Arbeits- und Lebensbedingungen der Lehrer zu verbessern, die gesetzmäßigen Rechte und Interessen der Lehrer zu schützen und die soziale Stellung der Lehrer zu erhöhen."

Des weiteren wird betont, dass die ganze Gesellschaft den Lehrern Achtung entgegenbringen muss. Abschnitt 6 § 25 legt überdies fest, dass das durchschnittliche Gehalt der Lehrer auf keinen Fall niedriger ausfallen, sondern möglichst höher angesetzt werden soll als das der Kader und schrittweise noch weiter angehoben werden sollte (SUN 1998, S.7).

Am 10.9.1995 hat der Generalsekretär der KP Chinas JIANG Zeming beim Empfang der Delegierten der nationalen Lehrerbildungskonferenz und der Vertreter der Teilnehmer an dem Lehrerfest erklärt, die Lehrer seien Ingenieure der Menschenseele, der Lehrberuf sei der erhabenste Beruf in der Gesellschaft. Durch ihren Geist und ihren Einsatz bildeten die Lehrer eine Generation nach der anderen aus zu Erbauern und Nachfolgern unseres sozialistischen Landes. Sie sollten dafür vom ganzen Volk und von der ganzen Gesellschaft geehrt werden.

Um den Sozialstatus der Lehrer zu verbessern, und sie für ihre engagierte und harte Arbeit zu belohnen, hat die Staatliche Bildungskommission am 8.1.1998 die „Verordnung zur Auszeichnung von Lehrern und Erziehern" erlassen. Diese Verordnung legt u.a. fest:

> „Die Verwaltungsbehörde des Staatsrates für das Bildungswesen wird den Ehrentitel und entsprechende Medaillen sowie eine Urkunde 'National ausgezeichneter Lehrer' und 'National ausgezeichneter Erzieher' solchen Lehrern bzw. Erziehern verleihen, die über einen längeren Zeitraum im Bildungs- und des Unterrichtswesen oder in der wissenschaftlichen Forschung und Verwaltung beschäftigt waren und dabei herausragende Erfolge erzielt haben. Den herausragenden unter ihnen wird der Ehrentitel mit entsprechender Medaille sowie die Urkunde 'National vorbildlicher Lehrer' oder 'National fortschrittlicher Tätiger auf dem Gebiet des Bildungswesens' verliehen von der für das Bildungswesen zuständigen Verwaltungsbehörde des Staatsrates gemeinsam mit der Personalbehörde des Staatsrates."

Eine alte chinesische Wendung besagt: „Wer hoch gebildet ist, der kann lehren; wer sich durch gute Sitten auszeichnet, kann als Vorbild dienen“. Das bedeutet, als Lehrer muss man fachlich qualifiziert und moralisch vorbildlich sein. Die Stellung des Lehrers war immer mit höchsten Anforderungen an Wissen und Sittlichkeit verknüpft. Während man in China die soziale Stellung des Lehrers verbessert hat, sind auch die Anforderungen an ihn gestiegen. Im Jahre 1986 hatte der Nationale Volkskongress das „Gesetz zur Schulpflicht in der VR China“ eingeführt, in dem auch Fragen der Lehrerausbildung, der Lehrbefähigung, der Anstellung von Lehramtskandidaten und der Aufsicht über die Lehrer geregelt und genau festgelegt sind. In einer neuen Prüfungsordnung hat der Staat die Feststellung der Lehrbefähigung von Lehrern geregelt, wobei geeigneten Lehrern ein entsprechendes Zeugnis der Lehrbefähigung erteilt wird.

Diese Regelungen haben zur rechtlichen Absicherung und Standardisierung der Lehrerbildung und der Beschäftigung von Lehrern beigetragen. In dem anschließend erlassenen Lehrergesetz und in der „Verordnung zur Lehrberechtigung“ vom 12.12.1995 sind auch die Ausführungsbestimmungen konkret niedergelegt. Das Lehrergesetz bestimmt die ideologisch-politischen sowie moralischen Anforderungen an die Lehrer und regelt überdies im Detail die entsprechenden Ausbildungsgänge. Darin heißt es:

> „1. Die Lehrbefähigung für die Kindergartenerziehung wird mit dem Abschlusszeugnis des Ausbildungsganges an einer Pädagogischen Schule für Kleinkinderziehung (*youer shifan xuexiao*) oder durch einen höheren Abschluss erworben.
> 2. Die Lehrbefähigung für die Grundschule wird mit dem Abschlusszeugnis des Ausbildungsganges an einer Höheren Pädagogischen Fachschule (*zhongdeng shifan xuexiao*) oder durch einen höheren Abschluss erworben.
> 3. Die Lehrbefähigung für die Unterstufe der Allgemeinen Sekundarschule und der Beruflichen Sekundarschule auf Sekundarstufe I wird mit dem Abschlusszeugnis des Ausbildungsgangs an einer Pädagogischen (Fach-) Hochschule (*gaodeng shifan zhuanke xuexiao*), durch einen hochschulischen Fachabschluss oder einen höheren Abschluss erworben.
> 4. Die Lehrbefähigung für die Sekundare Oberstufe, für die Höhere Fachschule, für die Facharbeiterschule sowie für die Berufliche Sekundarschule der Sekundarstufe II wird mit dem Abschlusszeugnis eines regulären Ausbildungsganges an einer hochschulischen Bildungsinstitution (*gaodeng yuanxiao benke*) oder durch einen höheren Abschluss erworben.“ (SUN 1998, S.8)

Die „Verordnung über die Lehrbefähigung” hat diese Regelungen noch einmal unterstrichen und festgelegt, dass nur Personen, die eine Lehrbefähigung erworben haben, offiziell als Lehrer angestellt werden und an der Schule unterrichten dürfen. Da diese Neuregelung erst kürzlich eingeführt wurde, ist es jedoch erlaubt, dass bereits eingestellte Lehrer, die noch nicht den Qualifikationsanforderungen der neuen Bildungsgänge entsprechen, diese Abschlüsse durch Fortbildung erwerben können.

Im Jahre 1995 hatten bereits 88,9% der Grundschullehrer eine anerkannte Lehrbefähigung. Nach den Statistiken von 1998 gab es insgesamt 58,194 Mill.

Grundschullehrer in ganz China, die die erforderliche Lehrerausbildung absolviert hatten. (Vermutlich lag der Prozentanteil über den 88,9% des Jahres 1995). Von den 30,943 Mill. Lehrern der Sekundaren Unterstufe hatten 83.4% und von den 6,434 Mill. Lehrern der Sekundaren Oberstufe 63.49% die erforderliche Qualifikation erworben. Der genannte Anteil der Lehrer an der Allgemeinen Sekundarschule, die einen entsprechenden Ausbildungsgang absolviert hatten, lag um 14.1% bzw. 8.39% höher als die im Jahre 1995.[19] Die Tatsache, dass sich der Prozentsatz seit der Veröffentlichung des Lehrergesetzes im Jahre 1993 sehr schnell erhöht hat, zeigt, dass man in China großen Wert auf die Verbesserung der Ausbildung gelegt und sich in dieser Sache sehr engagiert hat.

Um im 21.Jahrhundet den Bedarf an qualifizierten Lehrern zu befriedigen, hat die chinesische Regierung die Anforderungen an die Qualifikation von Lehrern weiter erhöht, damit an den Grundschulen und in der Sekundaren Unterstufe der Anteil der Lehrer mit höheren Abschlüssen sich schrittweise ausweitet. Infolgedessen hat man an 65 Höheren pädagogischen Fachschulen in 23 Provinzen bereits im Jahre 1996 erste Versuche unternommen, Grundschullehrer auf dem Niveau der tertiären pädagogischen Bildungsinstitutionen heranzubilden.[20]

2. Die Struktur der Lehrerbildung

2.1 Zulassung und Ausbildungsstruktur

Die spezifischen Einrichtungen für die Lehrerbildung sind in die drei bereits oben erwähnten Niveaustufen gegliedert: die Höhere pädagogische Fachschule, die Pädagogische (Fach-)Hochschule und die Pädagogische Universität. Den staatlichen Forderungen gemäß werden demnach die Lehrer der verschiedenen Schulstufen in unterschiedlichen Ausbildungsgängen und Bildungsinstitutionen ausgebildet. Im allgemeinen werden die Kindergartenerzieher an der Pädagogischen Fachschule für Kleinkinderziehung, die Grundschullehrer an der Höheren Pädagogischen Fachschule, die Lehrer für die Sekundare Unterstufe an der Pädagogischen (Fach-)Hochschule und die Lehrer für die Sekundare Oberstufe an der Pädagogischen Universität ausgebildet. Den Statistiken nach gab es im Jahre 1999 landesweit 892 Höhere Pädagogische Fachschulen mit 911.000 Schülern und 232 Pädagogische (Fach-)Hochschulen, darunter 156 auf Universitätsniveau mit insgesamt 643.000 Schülern (*Wenhuibao* 11.9.1999, S.3).

---

19 Guojia jiaowei [Staatliche Erziehungskommission]: „Yijiujiuba nian quanguo jiaoyu shiye fazhan tongji gongbao" [Bulletin zur Statistik des nationalen Bildungswesens 1998], in: *Zhongguo Jiaoyubao* [Chinas Erziehungszeitung] vom 22.5.1999.

20 *Guojia jiaowei jianbao* [Kurzer Bericht der Staatlichen Erziehungskommission], (1996) No.27, S.2.

Die Pädagogische Fachschule für Kleinkinderziehung nimmt Absolventen der Sekundaren Unterstufe auf; der Ausbildungsgang dieser Schule dauert drei Jahre; die Höhere Pädagogische Fachschule nimmt ebenfalls Absolventen der Sekundaren Unterstufe auf; der Ausbildungsgang dauert drei bis vier Jahre. Die Pädagogische (Fach-) Hochschule nimmt die Absolventen der Sekundaren Oberstufe auf; der Ausbildungsgang dauert zwei bis drei Jahre. Die Pädagogische Universität schließlich nimmt Absolventen der Sekundaren Oberstufe und der Höheren Pädagogischen Fachschule auf; der Ausbildungsgang dauert vier Jahre.

Die Lehrerbildungsinstitutionen verbinden im allgemeinen bei der Auswahl ihrer Schüler zwei Zulassungsverfahren in Kombination miteinander. Zum einen organisieren sie eine Aufnahmeprüfung und wählen die Besten aus; zum anderen lassen sie auch Schüler zu, die von den Schulen als besonders ausgezeichnete Absolventen empfohlen wurden. Um den Lehrerbildungsinstitutionen gute Schüler zukommen zu lassen, wird ihnen mancherorts das Vorrecht eingeräumt, entweder ihre eigene Zulassungsprüfung terminlich vor den Prüfungen anderer Bildungsinstitutionen abzuhalten, oder bei einer Gesamtzulassungsprüfung die erste Wahl unter den Schülern zu treffen. Überdies hat der Staat bestimmt, dass die Lehramtsstudenten gebührenfrei studieren können, und alle ein Stipendium erhalten, während die Studenten anderer Fachrichtungen in der Regel Studiengebühren bezahlen müssen. Nur bei Spitzenleistungen und besonderem finanziellen Härtefall kommt ein Student in den Genuss eines staatlichen Stipendiums. Nicht zuletzt garantiert der Staat den Lehramtsabsolventen einen Arbeitsplatz, indem er in diesem Bereich weiterhin an der planwirtschaftlichen Arbeitszuweisung festhält, während die Absolventen anderer Fachrichtungen sich selber einen Arbeitsplatz suchen müssen. Da Arbeit nicht immer so einfach zu finden ist, bedeutet das, dass die Absolventen anderer Fächer eher von Erwerbslosigkeit bedroht sind.

Aufgrund dieser Maßnahmen und durch die allgemeine Anhebung des sozialen Status der Lehrer ist die Zahl der Absolventen der Sekundaren Oberstufe, die an der Zulassungsprüfung für die Lehrerbildung teilnehmen, in diesen Jahren erheblich gestiegen. Dadurch wurde an den Lehrerbildungsinstitutionen das Potential an Lehramtsstudenten mit guter Bildungsgrundlage erweitert. Den Statistiken nach haben im Jahre 1995 die Höheren pädagogischen Lehranstalten laut Plan 153.631 Schüler aufgenommen. Unter ihnen hatten sich 62% in erster Wahl für das Lehramtsstudium entschieden; die Zahl der Schüler, die die vorgeschriebene Mindestpunktzahl erreichte, hatte sich im Vergleich zum Vorjahr um 102% erhöht. (CHEN 1998, S.12).

2.2 Ausbildungsinhalte

2.2.1 Die Höhere Pädagogische Fachschule

Gemäß der von der Staatlichen Bildungskommission erlassenen Lehrpläne werden an der drei- (bzw. vierjährigen) Höheren Pädagogischen Fachschule mit der im Folgenden angeführten Gesamtstundenzahl erteilt:

Ideologisch-politische Erziehung 190 (239) Std., Chinesische Sprache und Literatur sowie Didaktik des Sprachunterrichts 570 (880) Std., Mathematik und Mathematikdidaktik 420 (540) Std., Physik 170 (328) Std., Chemie 130 (246) Std., Biologie 130 (144) Std., Geschichte 130 (201) Std., Geographie 130 (102) Std., Psychologie für die Grundschule 100 (102) Std., Pädagogik für die Grundschule 130 (130) Std., Sport (und Sportdidaktik) 190 (335) Std., Musik (und Musikdidaktik) 190 (270) Std., Kunst (und Kunstdidaktik) 190 (270) Std., Arbeitstechnik (150 Std.). Hinzu kommen an der dreijährigen Pädagogischen Sekundarschule noch Wahlpflichtfächer von 250-450 Stunden. [21]

An der vierjährigen Höheren Pädagogischen Fachschule kommen noch Physiologie und Hygiene von 68 Std. hinzu; die Wahlpflichtfächer sind nicht im einzelnen festgelegt. Die Zahl der Unterrichtsstunden für Pädagogik und Psychologie beträgt bei beiden Studiengängen 6.3% der gesamten Unterrichtsstunden. (SU/ZHANG 1996, S.97).

Diese neuen Lehrinhalte in der Grundschullehrerausbildung sollen das alte einfachere Modell ablösen, das sich nur auf Pflichtfächer und unterrichtliche Lehrveranstaltungen beschränkte. Im Gegensatz dazu wird jetzt mehr Gewicht gelegt auf eine Kombination von Pflicht- und Wahlpflichtfächern, auf Aktivitäten in- und außerhalb des Klassenunterrichtes, sowie auf eine Verknüpfung von Schule mit gesellschaftlicher Praxis. Damit soll erreicht werden, dass die künftigen Lehrer Fachwissen verbunden mit vielfältigen Fähigkeiten, einen breiten Kenntnishorizont sowie ein höhere Flexibilität erwerben. Bei der Lehrerbildung für die Sekundarstufe wird viel Wert gelegt auf die politische Bewusstseinsbildung im Sinne des bildungspolitischen Kurses der Partei, des Patriotismus, Kollektivismus und Sozialismus; es wird besonderer darauf geachtet, dass die Schüler eine respektvolle Haltung entwickeln, noble Sittlichkeit praktizieren und beste Verhaltensgewohnheiten aufweisen.

2.2.2 Die Pädagogische (Fach-)Hochschule

Die Ausbildung an einer Pädagogischen Hochschule besteht aus dem Unterricht zur politischen Bewusstseinsbildung, aus den allgemeinen Fächern Kunst, Sport und Arbeitstechnik; aus dem Fachunterricht (Chinesisch, Mathematik, Fremdsprache, Geschichte, Geographie, Naturwissenschaften), aus den päd-

---

21 Guojia jiaowei shifanci bianzhu [Staatliche Erziehungskommission, Abteilung für Lehrerbildung] (Hrsg.): *Shifan jiaoyu gongzuo ziliao huibian* [Materialiensammlung zur Lehrerbildungsarbeit]. Changchun 1996, S.338.

agogischen Fächern (Pädagogik und Psychologie) sowie aus einigen Spezialfächern und der pädagogischen Praxis.

Die gesamte Lehrstundenzahl an der zweijährigen (bzw. dreijährigen) Pädagogischen Hochschulausbildung beträgt 1.600 (2.300) Std. Die allgemeinen Unterrichtsfächer haben einen Anteil von 18% (25%) d.h. ca. 290 (575) Std., der Fachunterricht von 50% (40-50%) d.h. ca. 800 (920-1.150) Std., die pädagogischen Fächer von 20% (15%) d.h. ca. 320 (345) Std. und die Spezialfächer von 12% (10-20%).
Die pädagogische Praxis dauert jeweils sechs Wochen, die sich aus zwei Wochen Unterrichtsbeobachtung und vier Wochen Unterrichtspraxis zusammensetzt.[22]

2.2.3 Die Pädagogische Universität

Die Ausbildung an einer Pädagogischen Universität besteht aus vier Bereichen. Beispielsweise umfasst die Ausbildung in der Fachrichtung Chinesische Sprache und Literatur (bzw. Mathematik) an der Pädagogischen Universität Ostchina in Shanghai folgende Fächeranteile:

Die allgemeinen Fächer Marxistisch-leninistische Theorie, Moralerziehung, Ökonomie, Informatik, Fremdsprache, Sport und militärische Übungen von 26.3% (23,8%), der Fachunterricht (Chinesisch, Mathematik, Naturwissenschaft) von 66.3% (63,6%) - davon fallen etwa 46.9% (40,4%) auf die Pflichtfächer und 19.4% (23,2%) auf die Wahlpflichtfächer - , die pädagogischen Fächer (Pädagogik und Psychologie) von ca. 3.8% (3,3%); für das Abfassen der Diplomarbeit sind zehn und für die pädagogische Praxis sechs Wochen vorgesehen. Die Ausbildungszeit beträgt insgesamt 2.800 Std. verteilt über vier Jahre.[23]

Über diese Lehrveranstaltungen hinaus müssen die Lehramtsstudenten auch noch an der produktiven Arbeit, an einem militärischen Training, an sozialer Praxis sowie an wissenschaftlichen Forschungen teilnehmen. Die Studenten der unteren Jahrgänge nehmen an solchen Forschungsprojekten teil, die mit ihren Lehrveranstaltungen im Zusammenhang stehen, und die Studenten des Abschlussjahrgangs an solchen, in deren Rahmen sie ihre Diplomarbeit abfassen.

Wie die Pädagogische Fachschule legen auch die tertiären pädagogischen Bildungsinstitutionen Wert auf die politisch-ideologische Erziehung der Studenten. Es wird verlangt, dass die sittliche Erziehung der Studenten während des gesamten Studiums vor aller anderen Arbeit rangiert. Die Studenten sollen dahingehend herangebildet werden, dass sie einen korrekten politischen Standpunkt beziehen, ihr Vaterland lieben, auf das sozialistische System fest vertrauen, sich für das Bildungswesen des Volkes hingeben und in ihrer Rolle als Lehrer eine noble Gesinnung sowie vorbildliches Verhalten aufweisen.

---

22 Ebenda, S.322ff.

23 *Huadong shifan daxue jiaoxue zhidaoshu* [Studienhinweise der Pädagogischen Universität Ostchina]. Shanghai 1993.

3. Beschäftigung von Lehramtsabsolventen

Nachdem ein Lehramtsstudent sein Studium absolviert hat, erhält er ein Abschlusszeugnis und damit die Lehrbefähigung, die ihn ermächtigt, unmittelbar als Lehrer tätig zu werden. In China gibt es keine zweite Phase der Lehrerbildung wie in Deutschland. Was die Erwerbstätigkeit der Lehramtsstudenten anbelangt, so gibt es schon seit dem Ende der Qing-Dynastie (1644-1911) eine geregelte Arbeitszuweisung sowie Dienstvorschriften auf der Grundlage staatlicher Verordnungen. Gegenwärtig müssen die Lehramtsabsolventen der Pädagogischen Sekundarschule, der Tertiären pädagogischen Fachschulen und der Pädagogischen (Fach-)Hochschule gemäß dem „Gesetz zur Schulpflicht in der VR China" einen Beruf im staatlichen Bildungs- und Erziehungswesens ergreifen; sie erhalten weiterhin wie unter den ehemaligen Bedingungen der Planwirtschaft einen Arbeitsplatz über den Staat zugewiesen, d.h. ihnen wird je nach Bedarf der Schulen eine Stelle vermittelt. Das „Gesetz zur Schulpflicht in der VR China" schreibt vor, dass andere Arbeitseinheiten Lehramtsabsolventen nicht einstellen dürfen; diejenigen der Studenten, die während des Studiums ein Stipendium erhalten haben, müssen mindestens fünf Jahre an einer Einrichtung des staatlichen Bildungswesens arbeiten und dürfen erst dann an einen anderen beruflichen Arbeitsplatz überwechseln. Die Studenten, die auf Empfehlung von einer lokalen Lehrerbildungsanstalt zur Weiterbildung entsandt wurden, müssen nach Absolvieren des Studienganges an ihren Herkunftsort zurückkehren, und sind verpflichtet, dort als Lehrer tätig zu werden. Diese Methode der Festschreibung von Zulassungsbedingungen und Arbeitszuweisung soll gewährleisten, dass die ärmeren und entfernter gelegenen Orte ausreichende Lehrkräfte für ihre Schulen erhalten, um eine allgemeine Schulbildung der Kinder dieser Regionen durchführen zu können.

In den vergangenen Jahren hat es einen Teil der Absolventen aus verschiedenen Fachrichtungen der Universität gegeben, die - wie es im Chinesischen scherzhaft heißt - „nicht verheiratet werden konnten" d.h. arbeitslos wurden. Statistischen Angaben nach haben im Jahre 1999 unmittelbar nach Studienabschluss nur ca. 82% der Hochschulabsolventen von den 44 der Staatlichen Bildungskommission unterstellten Universitäten einen Arbeitsplatz gefunden. Das bedeutet, dass 18% von ihnen vorläufig arbeitslos wurden.(DONG 1999) Im Gegensatz dazu garantiert die Verordnung der einheitlichen Arbeitszuweisung von Lehramtsabsolventen, dass jeder von ihnen sofort einen Arbeitsplatz erhält. Diese Maßnahme trägt zweifellos dazu bei, dass Absolventen der Sekundaren Oberstufe motiviert werden, sich für den Lehrerberuf zu entscheiden, und dass sie in Ruhe ihre Ausbildung absolvieren können.

Unter den Bedingungen einheitlicher Arbeitszuweisung gestattet heutzutage der Staat den Absolventen der Pädagogischen (Fach-)Hochschule sowie den betreffenden Schulen, eine eigene Wahl unter den zugewiesenen Lehramtsanwärtern zu treffen, bzw. erlaubt diesen, sich für oder auch gegen einen zugewiesenen Arbeitsplatz zu entscheiden. Darüber hinaus hat der Staat als Förderungsmaßnahme eine „Verordnung über die Bezuschussung von Lehrergehältern in armen Ortschaften“ erlassen, damit Lehramtsabsolventen eine Lehrtätigkeit auch in solchen Gegenden nicht ungern aufnehmen. Manche Orte haben ähnliche Maßnahmen der Bezuschussung getroffen, um dem Bedarf an Fachlehrern nachzukommen, an denen es besonders mangelt. Beispielsweise hat das Schulamt der Stadt Haimen in der Provinz Jiangsu im Jahre 1996 ausgeschrieben, dass jeder Absolvent der Sekundaren Oberstufe, der gerne an einer schwerpunktmäßig geförderten Nationalen Pädagogischen (Fach-)Hochschule (Schwerpunkthochschule) Chinesisch, Fremdsprache, Mathematik, Physik, Chemie und Informatik studieren möchte, nach Absolvieren des Studienfaches die Lehrbefähigung als Lehrer der Sekundaren Oberstufe erwirbt und bereit ist zurückzukommen, um in seiner Heimatstadt Haimen zu arbeiten, einen einmaligen Sonderzuschuss von 10.000 Yuan erhält. Jeder andere Absolvent einer schwerpunktmäßig geförderten Pädagogischen (Fach-)Hochschule (Schwerpunkthochschule), der als Lehrer in die Stadt kommt, erhält einen Sonderzuschuss von 8.000 Yuan. (CHEN 1998, S.15).

Bei der Einstellung der Lehramtsabsolventen wird folgendermaßen verfahren. Zuerst muss ihre Befähigung als Lehrer festgestellt werden. Der § 10 des Lehrergesetzes lautet:

> „Alle chinesischen Bürger, sofern sie die Verfassung und Gesetze befolgen, tiefe Liebe gegenüber dem Bildungswesen empfinden, ein gutes politisches Bewusstsein und Sittlichkeit aufweisen, den von diesem Gesetz geregelten Ausbildungsgang absolviert oder sich einer staatlichen Eignungsprüfung unterzogen haben, sowie in Besitz von pädagogischen Fähigkeiten sind und den erforderlichen Nachweis dafür erbracht haben, können eine Lehrbefähigung erhalten.” (SUN 1998, S.8)

Hier wird ganz deutlich, dass politisches Bewusstsein und vor allem aber die Ausbildung von Sittlichkeit wesentliche Voraussetzungen für eine Lehrbefähigung sind. Wenn man keinen geregelten Ausbildungsgang durchlaufen hat, kann man mittels einer entsprechenden Staatsprüfung zu einer gleichwertigen Befähigung gelangen bzw. den Nachweis von pädagogischen Fähigkeiten und Kenntnissen des gleichen Niveaus erbringen. Das Kriterium sittliche Eignung ist kaum nachprüfbar, das Kriterium geeignete Ausbildung hingegen sehr konkret und leicht zu bemessen, weshalb beim Nachweis der Lehrbefähigung größerer Wert auf den Ausbildungsgang gelegt wird. Wenn man bereits über eine Lehrbefähigung als Kindergartenerzieher, Grundschullehrer oder Lehrer der Sekundaren Unterstufe verfügt, muss diese von der Schulbehörde des Kreises festgestellt werden, wo man seinen Wohnsitz hat oder als Lehrer arbeiten möchte. Wenn man als Lehrer der Sekundaren Oberstufe arbeiten möchte, muss die Lehrbefähigung nicht nur von der Schulbehörde des Kreises, sondern auch noch vom übergeordneten Schulamt festgestellt werden. Diese behördlichen Maßnahmen sind heutzutage weitgehend rechtskonform standardisiert worden.

Die Lehramtsabsolventen müssen als Neuanfänger in der Regel ein Jahr auf Probe an der Schule tätig sein. Ihre weitere berufliche Zukunft ist von ihren Leistungen während dieser Zeit abhängig. An den Schulen sind die Lehrer in verschiedene Niveaustufen eingeteilt. Sie umfassen die Sonderstufe, die höhere Stufe sowie die erste, zweite und dritte Stufe, wobei die dritte Stufe die unterste und die Sonderstufe die höchste Stufe darstellt. Ein Lehrer der Sonderstufe ist einem ordentlichen Universitätsprofessor gleichgestellt, weswegen diese Stufe sehr schwer und selten zu erlangen ist. Nur diejenigen, die sehr gute Leistungen aufbringen, vor allem diejenigen, die Bücher geschrieben und veröffentlicht sowie neue pädagogisch-didaktische Ansätze von Erziehung und Unterricht entwickelt haben, können den Titel erhalten, der mit der Sonderstufe verbunden ist. Die Neuanfänger an den Schulen werden je nach ihren pädagogisch-didaktischen Leistungen den verschiedenen Stufen zugeordnet und erhalten demnach auch ein unterschiedliches Gehalt. An manchen Orten ist vorgesehen, dass die Lehrer zuerst eine entsprechende fachliche Prüfung bestehen müssen, wenn sie eine Versetzung auf eine höhere Stufe beantragen; erst nach diversen Verfahren wird ein solcher Antrag bewilligt.

4. Probleme und Perspektiven

In den letzten Jahren hat die Lehrerbildung in China zwar große Fortschritte gemacht, doch gibt es noch sehr viele Probleme. Im Vergleich zur Lehrerbildung in entwickelten Ländern fällt sofort auf, dass in China die Lehrer der Grundschule und der Sekundaren Unterstufe nicht wie in den Industrieländern an der Hochschule ausgebildet werden. Eine akademische Lehrerbildung auch für die Lehrer der Volksschule gibt es beispielsweise in Deutschland bereits seit den 20er Jahren, als Preußen seine Lehrer an den neugeschaffenen Pädagogischen Akademien auszubilden begann. Ein Hauptproblem in China ist, dass das Fächerangebot, die Lehrinhalte und die Lehrmethoden den Anforderungen, die die gesellschaftliche Entwicklung an das Bildungswesen stellt, nicht gewachsen sind; sie werden überdies den praktischen Bedürfnissen der Erziehungs- und Unterrichtspraxis an den Schulen nicht gerecht. In Hinblick auf eine „Qualitätserziehung" (*suzhi jiaoyu*), die landesweit erfolgen soll, werden höhere Anforderungen an die Lehrerbildung gestellt, weswegen diese unbedingt reformiert werden muss. Im Juni 1999 hat der Ministerrat in dem „Beschluss über die Vertiefung der Bildungsreform und die gründliche Durchführung der fähigkeitenorientierten Erziehung" ausdrücklich folgende Forderung erhoben: „Die Schulstruktur muss optimiert werden, zur gründlichen Realisierung der fähigkeitenorientierten Erziehung müssen hochqualifizierte Lehrkräfte herangebildet werden."[24] Zu diesem Zweck wird die Reform der Lehrerbildung gegenwärtig hauptsächlich auf folgenden Gebieten eingeleitet.

4.1 Anhebung der Abschlüsse

Eine nicht unbeträchtliche Zahl unter den chinesischen Lehrern hat noch keine der staatlich verlangten Ausbildungsgänge absolviert, was sich negativ auf die Qualität von Erziehung und Unterricht an den Schulen auswirkt. Daher hat die Staatliche Bildungskommission zu allererst das Ziel ins Auge gefasst, dass Anfang des kommenden Jahrhunderts über 95% der Grundschullehrer, über 80% der Lehrer der Sekundaren Unterstufe und über 70% der Sekundaren Oberstufe den entsprechenden Studiengang absolviert haben sollen. Von den Lehrern der Beruflichen Sekundarschule sollen 60% dies Ziel erreichen.[25]

Gleichzeitig wurde als nächste Zielprojektion festgeschrieben, dass allmählich dazu übergegangen wird, die Lehrer der Grundschule und der Sekundaren Unterstufe an einer tertiären pädagogischen Bildungsinstitution auszubilden. Im „Beschluss über die Vertiefung der Bildungsreform und die gründliche Durchführung der Anlagenerziehung" heißt es dazu, dass bis etwa zum Jahre 2010 in Gegenden mit entsprechenden Voraussetzungen die Ausbildung der Lehrer der Grundschule und der Sekundaren Unterstufe jeweils auf die nächst höhere Ebene angehoben werden soll, indem diese an der Pädagogischen (Fach-) Hochschule oder Pädagogischen Universität durchgeführt wird. In den wirtschaftlich entwickelten Gegenden soll der Anteil der Lehrer und Schulleiter an der sekundaren Oberstufe, die den akademischen Grad des Magisters erreicht haben, ausgeweitet werden.[26] Gemäß dieser Bestimmung haben alle dreijährigen Pädagogischen Sekundarschulen und alle zweijährigen Tertiären pädagogischen Fachschulen begonnen, ihre Studiengänge um ein Jahr zu verlängern, um das oben genannte Ziel schrittweise zu erreichen. Diese Reform bedeutet eine Weiterentwicklung der „Qualitätserziehung" in der Lehrerbildung, und deutet darauf hin, dass Mitte des 21. Jahrhunderts wie in den entwickelten Ländern auch alle Lehrer in China einheitlich auf Hochschulebene ausgebildet werden dürften.

---

24 Ministerrat der VR China: *Guanyu shenhua jiaoyu gaige quanmian tuijin suzi jiaoyu de jueding* [Beschluss über die Vertiefung der Bildungsreform und die gründliche Durchführung der Anlagenerziehung]. In: *Wenhuibao* [Wenhui Zeitung] vom 17. Juni 1999.

25 Guojia jiaowei shifanci bianzhu [Staatliche Bildungskommission, Lehrerbildungsabteilung]: Shifan jiaoyu gongzuo huiyi wenjian huibian [Dokumentesammlung der Konferenz zur Lehrerbildung], Chanchun 1996, S.187.

26 Ministerrat, a.a.O.

4.2 Lehrerbildung an Universitäten

Gegenwärtig herrscht weltweit in vielen Ländern die Tendenz, alle Lehrer an Universitäten auszubilden und die gesonderten pädagogischen Lehranstalten allmählich abzuschaffen. Die Universitäten haben zu diesem Zweck pädagogische Fakultäten eingerichtet. Diese Maßnahme soll dazu dienen, das wissenschaftliche Niveau der Lehramtsstudenten zu erhöhen. In China sind ähnliche Vorstellungen aufgekommen, um das Bildungswesen in diese Richtung weiterzuentwickeln. Zunächst wurde vom Staat verordnet, dass den Pädagogischen Universitäten gestattet wird, auch nicht-pädagogische (d.h. nicht auf eine Lehrerbildung zielende) Fachrichtungen einzurichten. Dann wurden in dem „Beschluss über die Vertiefung der Bildungsreform und die gründliche Durchführung der Anlagenerziehung" die Universitäten zur Teilnahme an der Lehrerbildung aufgerufen. Der Beschluss besagt, dass die Niveaustufen der Pädagogischen Lehranstalten neu geordnet werden sollen. Die Teilnahme der Universitäten und anderer Arten nicht pädagogischer Hochschulen an der Lehrerbildung soll gefördert werden. Universitäten mit entsprechenden Voraussetzungen dürfen probeweise eine pädagogische Fakultät gründen.[27]

4.3 Curriculare Reformen

Die Reform der Studiengänge der Lehrerbildung zieht nicht automatisch eine „Qualitätserziehung" nach sich, weswegen auch andere Bereiche der Lehrerbildung verbessert werden müssen, damit die zukünftigen Lehrer auch tatsächlich den Qualifikationsanforderungen an den Schulen entsprechen können. Hier ist die Reform der Curricula ein entscheidender Faktor. Es ist nicht unschwer zu erkennen, dass heutzutage das Curriculum an der Pädagogischen (Fach-) Hochschule in China folgende Nachteile aufweist:

- Inhalte und Methoden des Fachstudiums sind einseitig und überholt.
- Das Curriculum an der Pädagogischen (Fach-) Hochschule kann nicht Schritt halten mit den Reformen des Fächerkanons an den Schulen. Beispielsweise haben die Schulen einen Gesamtunterricht (*zonghe ke*) eingeführt, was sich jedoch nicht im Curriculum der Hochschule widerspiegelt.
- Vor allem aber bestehen große Schwierigkeiten auf pädagogisch-didaktischem Gebiet; zum einen weil der Anteil der entsprechenden Lehrveranstaltungen insgesamt zu niedrig ist, zum anderen gibt es eine große Kluft zwischen den Lehrinhalten an den Lehrerbildungsanstalten und der Praxis des Schulunterrichtes. Aus diesem Grund ist die Ausbildung auf diesem Gebiet völlig nutzlos. Man legt darüber hinaus zu wenig Wert auf Lehrpraktika, als dass die Lehramtsstudenten später im Schuldienst ihre Aufgaben von Anfang an bewältigen könnten.

---

27 Ebenda.

Bis jetzt wurden von staatlicher Seite noch keine Pläne zur Reform der Curricula an den Lehrerbildungsinstitutionen ausgearbeitet. Man berät jedoch bereits darüber, und es wurden von einer nicht geringen Zahl von Experten und Gelehrten bereits entsprechende Reformvorschläge vorgelegt. Im allgemeinen gesagt wird eine Professionalisierung der Lehrerbildung behauptet, die eine individuelle „Anlagenerziehung" einschließt, d.h. ein Heranbilden von individuellen Fähigkeiten wie beispielsweise Kreativität, eine Vermittlung von gesamtfachlichen Kenntnissen, die vor allem auch pädagogisches Wissen umfasst.

In Anbetracht dieser Situation meine ich, dass die Revision der Curricula für die Lehrerbildung auf folgenden Gebieten durchgeführt werden sollte:

- Von den vier Ausbildungsbereichen, d.h. dem gemeinschaftlichen Unterricht, den fachlichen und pädagogischen Lehrveranstaltungen sowie der pädagogischen Praxis, sollte der Anteil des gemeinschaftlichen Unterrichtes reduziert werden. Die politische Bewusstseinsbildung sowie sittliche Erziehung sollten nicht als ein Unterrichtsfach gelehrt, sondern als eine alltägliche Aufgabe realisiert werden; Sport kann auch in der Freizeit getrieben werden. Die gemeinschaftlichen Fächer sollten sich auf Fremdsprache, Informatik, Philosophie und Ökonomie beschränken, und man könnte mehr andere Inhalte als Wahlfächer anbieten.
- Im Fachstudium sollten elementar-fundamentale wissenschaftliche Grundsätze und Methoden, die Geschichte und neusten Entwicklungen auf dem Fachgebiet, sowie eine fachbezogene Pädagogik und Psychologie sowie Fachdidaktik gelehrt werden, das u.a. ein Studium der Schullehrbücher umfasst.
- Die pädagogisch-didaktischen Lehrveranstaltungen sollten ausgeweitet werden, sodass 20% aller Lehrstunden auf sie fallen. Sie sollten auf jeden Fall allgemeine Pädagogik, allgemeine Didaktik, curriculare Kenntnisse, pädagogische Forschungsmethoden sowie Erziehungs-, Unterrichts-, Lern-, Lehrer- und Schülerpsychologie umfassen. Die Inhalte und die Struktur dieser Fächer sollen nach den neusten Entwicklungen revidiert werden und sich unmittelbar an der aktuellen Situation in den Schulen orientieren.
- Wir müssen größeren Wert auf die pädagogische Praxis der Lehramtsstudenten legen. Zuerst muss die Zahl der betreffenden Lehrveranstaltungen angehoben und ein Praxisprogramm ausgearbeitet werden; die Lehrpraxis der Studenten muss ernsthaft überprüft werden, um zu gewährleisten, dass dieser Studienanteil mehr Beachtung findet.

Man sagt, dass China ein Land mit einer großen Zukunft sei. Ich meine, dass die chinesische Lehrerbildung gleichermaßen die besten Zukunftsaussichten hat. Durch eine gründliche Reform wird die Lehrerbildung in China mit Sicherheit in einer neuen besseren Gestalt das 21. Jahrhundert beginnen.

Literatur:

CAO Daoping/CAO Hongshun: *Ye tan gaoshi kecheng jiegou gaige wenti* [Auch über die Reform der Struktur der Unterrichts an den pädagogischen Hochschulen sprechen], in: *Gaodeng shifanjiaoyu yanjiu* [Studien zur höheren Lehrerbildung], 1999/3.

CHEN Yongmin (Hrsg.): *Guoji shifan jiaoyu gaige bijiao yanjiu* [Vergleichende Studien zur Reform der internationalen Lehrerbildung]. Beijing 1998.

DONG Chuanfeng: *Daxuesheng „jia bu chu qu de guniang"?* [Sind die Hochschulstudenten „nicht zu verheiratende Töchter"?], in: *Xinmin wanbao* (Xinmin Abendzeitung) Shanghai, vom 20.3.1999.

GU Lengyuan/ZHOU Wei : *Zou xiang 21 shiji de jiaoshi jiaoyu* [Die dem 21. Jahrhundert entgegen gehende Lehrerbildung], in: *Jiaoyu fazhan yanjiu* [Studien zur Bildungsentwicklung], (1999) Nr.6.

LIU Bin: *Tuijin gaoshi kecheng, jiaocai tixi gaige, wei zhongxiaoxue suzhi jiaoyu fuwu* [Förderung der strukturellen Reform von Curriculum und Lehrmaterial an den Pädagogischen Hochschulen im Dienste der fähigkeitenorientierten Erziehung an der Grund- und Sekundarschule], in: *Gaodeng shifan jiaoyu yanjiu* [Studien zur Höheren Lehrerbildung], (1998) Nr.1.

LIU Guoliang: *Tigao gaodeng shifan jiaoyu zhuanyehua shuiping de sikao* [Überlegung zur Niveauhebung bei der Professionalisierung der Höheren Lehrerbildung], in: *Gaodeng shifan jiaoyu yanjiu* [Studien zur Höheren Lehrerbildung], (1999) Nr.3.

SU Lin/ZHANG Guixin (Hrsg.): *Zhongguo shifan jiaoyu shiwu nian* [15 Jahre der Lehrerbildung in China]. Changchun 1996.

SUN Wanzhong (Hrsg.): *Zhonghua renmin gongheguo jiaoyu falü fagui quanshu* [Gesetze und Verordnungen zur Erziehung in der VRCh]. Beijing 1998.

XIE Anbang: *Woguo gaodeng shifan jiaoyu zhidu de gaige yu fazhan* [Reform und Entwicklung des Höheren Lehrerbildungssystems unseres Landes], in: *Gaodeng shifan jiaoyu yanjiu* [Studien zur Höheren Lehrerbildung], (1999) Nr. 2.

ZHOU Yuanqing: *Zai gaodeng shifan jiaoyu mianxiang 21 shiji jiaoxue neirong he kecheng tixi gaige jihua xiangmu zhongshen gongzuo huiyi shang de jianghua* [Rede auf der Konferenz zur Evaluierung des Projektes über die geplante am 21.Jahrhundert orientierte Reform von Lehrinhalten und des curricularen Systems der Lehrerbildung an den Pädagogischen Hochschulen], in: *Gaodeng shifan jiaoyu yanjiu* [Studien zur Höheren Lehrerbildung], (1999) Nr.1.

Kurzbiographie:

Prof. LI Qilong, geb. 1941; 1964 Sprachdiplom Deutsch, 1964-1966 Studium der Vergleichenden Pädagogik, 1983-1985 Fortbildung in Vergleichender Pädagogik an der Ruhruniversität Bochum; ab 1986 außerordentlicher Prof. und seit 1994 ordentlicher Professor an der Päd. Universität Ostchina, Shanghai. Anschrift: East China Normal University, 3663 Northern Zhongshan Road, 200062 Shanghai, Volksrepublik China. Email: Liqilong@ public2.sta.net.cn

(sprachlich überarbeitet von R.F.Franke)

Jin Xibin

Die Institution der nicht staatlichen Minban-Lehrer
Entstehung, Entwicklung, Ende

(übersetzt aus dem Englischen und bearbeitet von R.F.Franke)

The following article is based on a „Monographic study of Minban teachers in China" which is one of three technique-assistant items of the World Bank loan project "Educational Development in Poor Areas (Poor I)". The existence of minban teachers (non-government employees) in China was just a temporarily transitional measure under special historical conditions for conducting education in poor areas. With the development and enhancement of the social and economic situation minban teachers as a special group will accomplish their historical mission in the near future. Thus the issue of minban teachers is attracting immediate attention.

1. Einführende Bemerkungen zur Abfassung der Studie

Die „Monographische Studie über Minban-Lehrer in China" wurde als Teil des Technischen Hilfe Projekts „Bildungsentwicklung in armen Gebieten" erarbeitet. Das „Armut I"-Projekt beruht auf einem 20jährigem zinslosen Darlehen von 100 Mill. US Dollar der Weltbank und 220 Mill. US Dollar, die von den verschiedenen Regierungsebenen und von der Landbevölkerung Chinas aufgebracht wurden. Ein geringer Teil des Geldes wurde an den Hochschulen verwendet, während der größte Teil dazu dient, die ländliche Elementarschulerziehung zu entwickeln und die neunjährige Schulpflicht in 119 Armutsgebieten der Provinzen Hunan, Hubei, Shaanxi, Shanxi, Yunnan and Guizhou zu universalisieren. Das Projekt erstreckte sich über die Jahre 1993-1998. Die Mittel wurden hauptsächlich für bauliche Investitionen, für die Anschaffung von Lehrmitteln, Lehrbüchern und Schulmobiliar sowie für die Fortbildung von Schulleitern und Lehrern an den ländlichen Primar- und Sekundarschulen ausgegeben. Das „Armut I" Projekt umfasst drei technisch-unterstützende Teile: Monographische Studie über die Bewertung von Schülerleistungen, über Schulabbruchquoten und über die Minban-Lehrer in China. Die in diesem Beitrag vermittelten Daten und Übersichten sind der letztgenannten Studie entnommen.[28]

---

[28] Mitarbeiter des Forschungsprojektes: sind: JIN Xibin, LAO Kaisheng, XIE Weihe, SHI Jinghuan, GAO Hongyuan (Erziehungswissenschaftliche Fakultät der Pädagogischen Universität Beijing, VR China), YANG Chunmao, GUAN Peijun (Personalbüro des Bildungsministeriums der VR China).

2. Entstehung und Entwicklung von Minban-Lehrern

2.1 Definition und Entstehungshintergründe

Minban-Lehrer gibt es in China seit etwa 50 Jahren, aber bis heute findet sich keine klare wissenschaftlich fundierte Definition für sie. Vor der Gründung der VR China und in den Jahren unmittelbar danach wurden private Schulen von der ländlichen Bevölkerung unterhalten, für die lokale nichtstaatliche Lehrer rekrutiert wurden. Der Begriff Minban-Lehrer als ein Fachterminus ist die Bezeichnung für die Schulmeister der Minban-, d.h. „vom Volke betriebenen" Schulen sowie für die Lehrer von Minban-Primarschulen und Minban-Sekundarschulen. Offiziell erschien der Begriff zum ersten Mal im Dokument Nr. 330 des Erziehungsministeriums. Vom Sinn und Umfang her gibt es zwei unterschiedliche Erklärungen für „Minban-Lehrer": Im weiteren Sinne werden damit Bauern in der Rolle von Lehrern bezeichnet, die als nichtstaatliche Beschäftigte kein Gehalt von der Regierung beziehen, metaphorisch gesprochen „kein kaiserliches Getreide essen" (*bu chi huang liang*). Im engeren Sinne sind darunter Primar- und Sekundarschullehrer zu verstehen, die staatlich subventioniert und vom Kollektiv bezahlt werden. In unserem Verständnis sind Minban-Lehrer nichtstaatlich angestellte Lehrer, die Anteil am lokalen Farmland haben, vom Staat subventioniert und von den lokalen Gemeinden unterstützt werden.

Minban-Lehrer kamen in China unter spezifischen historischen Bedingungen auf und wurden allmählich zu einem wichtigen Bestandteil des Lehrpersonals. Es gibt keine ähnlich vergleichbare Erscheinung in anderen Ländern der Welt, weshalb sich die Frage stellt, warum in China eine so große Anzahl von Minban-Lehrern in Erscheinung getreten ist und wie es dazu kam. Als Erklärung sind einige komplexe vielseitige Faktoren zu berücksichtigen:

- Während sich die VR China noch in der schwierigen Zeit der Aufbauphase befand, tauchten kollektiv betriebene Schulen auf, um die Regierung von ihrer Aufgabe zu entlasten, eine allgemeine öffentliche Bildung einzurichten. In den frühen Gründungsjahren der VR China wuchs die Forderung der Bevölkerung nach Schulen für ihre Kinder, während es noch eine Vielzahl von Schwierigkeiten gab, wie eine schwach ausgebildete wirtschaftliche Basis, ein rückständiges Niveau von Wissenschaft und Kultur, fehlende Primar- und Sekundarschullehrer usw. Auf diesem Hintergrund förderte der Staat kollektiv betriebene Schulen, während er gleichzeitig das öffentliche Schulwesen ausbaute.
- Durch das exzessive Anwachsen der Bevölkerung und des Zustroms an die Schulen in den 50er und 60er Jahren ergab sich eine Nachfrage nach immer mehr Schulen und Lehrern.

- Die Unterhaltung von Schulen fand über einen langen Zeitraum nicht auf der Grundlage von Bildungsstatuten statt, sondern richtete sich nach den jeweiligen subjektiven Wünschen und Forderungen.
- Als ein weiterer Grund ist noch der Einfluss von radikal-linkem Denken als ein Relikt der Kulturrevolution der 60er Jahre zu nennen.

2.2 Entwicklungsphasen

In der über 40jährigen Geschichte der Minban-Lehrer sind vier Entwicklungsstadien auszumachen: Aufkommen und Entstehung, unausgewogene Entwicklung, übermäßige Ausdehnung, Reorganisation und allmählicher Rückgang.

Das erste Stadium, Aufkommen und Entstehung der Minban-Lehrer, umfasste die Jahre 1952 bis 1957. Damit sich die Volkswirtschaft erholen und die kulturelle Rückständigkeit überwunden werden konnten, bedurfte es einer raschen Entwicklung von Bildung und Erziehung. Unter diesen Bedingungen wurden die kollektiv betriebenen Schulen mit Nachdruck vom Staat gefördert, sodass die Zahl der Minban-Lehrer an Primar- und Sekundarschulen auf ca. 100.000 stieg, wovon sich 15.000 an Sekundarschulen befanden. Insgesamt machten sie 7% aller Lehrer in ganz China aus. Die Einstellung von Minban-Lehrern stand im Einklang mit den pädagogischen Ansprüchen, den schulorganisatorischen Kompetenzen und den besonderen regionalen Gegebenheiten.

Das zweite Stadium war von einer unausgewogenen Entwicklung des Minban-Lehrersystems bestimmt. Diese dauerte von 1958 bis1966, während China die Zeit des „Großen Sprungs" und die anschließenden ökonomischen Krisenjahre durchmachte. Unter den spezifischen sozioökonomischen Bedingungen wurden auf der einen Seite blindlings hohe Ziele, Standards und Geschwindigkeit im Schulwesen verfolgt, auf der anderen Seite stand es - aufgrund menschlich verschuldeter Faktoren und hereinbrechender Naturkatastrophen - äußerst kritisch um die wirtschaftliche Situation im Lande und ebenso um die nationalen Finanzen. Deshalb konnte die Regierung nicht für alle Personalkosten im Bildungswesen aufkommen und war notgedrungen auf Minban-Lehrer angewiesen. Dies führte zu einem ersten Höhepunkt ihres zahlenmäßigen Wachstums, sodass sich den Statistiken nach die Zahl der Minban-Lehrer im Jahre 1965 auf 1,8 Mill. erhöhte, d.h. um 30% vermehrte und zum damaligen Zeitpunkt 40% aller Lehrer an Primar- und Sekundarschulen im Lande ausmachte.

Das dritte Stadium war das der übermäßigen Ausdehnung der Minban-Lehrer von 1966 bis 1976, d.h. in der Zeit der Kulturrevolution. Zu dieser Zeit geriet das Bevölkerungswachstum außer Kontrolle, und die Bevölkerung dehnte sich rasch aus; ebenso verhielt es sich mit dem Besuch von Primar- und Sekundarschulen. Ein solcher Anstieg führte selbstverständlich auch zu einem zahlenmäßigen Anwachsen der Primar- und Sekundarschullehrer. Infolge der politischen Auseinandersetzungen erlitt die Schulbildung schwere Einbußen, wovon das Lehrpotential an den Primar- und Sekundarschulen nicht ausgenommen war. Die Zulassung zu den Lehrerbildungsanstalten wurde eine Zeitlang ganz eingestellt, sodass die Versorgung mit staatlichen Lehrern unterbrochen wurde. Währenddessen fand eine Umwandlung von staatlich betriebenen Schulen in lokale Minban-Schulen statt , die zwangsweise auch eine Veränderung in der Zusammensetzung der Lehrerschaft zur Folge hatte. Auf diesem Weg kam es zu einem exzessiven Anwachsen der Minban-Lehrer. Die Statistiken zeigen, dass Ende 1977 die Zahl der Minban-Lehrer 4,91 Mill. betrug und damit 50% aller Lehrer an den Primar- und Sekundarschulen Chinas ausmachte.

Nach 1978 kam es in einem vierten Stadium zur Reorganisation und zum allmählichen Rückgang der Zahl der Minban-Lehrer. Diese Periode zeichnete sich durch „Beseitigung der Unordnung und Korrektur" sowie durch die Implementierung der „Öffnungspolitik" aus. Seit dieser Zeit ist man mit der Verwaltung und der Reorganisation der Minban-Lehrer beschäftigt, und man hat auf den verschiedenen Regierungsebenen die Verwaltung und Reorganisation der Minban-Lehrer forciert. Am 7. Januar 1978 erschien, vom Staatsrat kommentiert und verbreitet, das Dokument (1978) No. 1 des Staatlichen Bildungsministeriums „Stellungnahme zur Verstärkung der Verwaltung von Primar- und Sekundarschullehrern". Gemäß diesem Dokument musste die Auswahl der Minban-Lehrer dem praktischen Bedarf der lokalen Bildungsentwicklung angepasst werden. Zur Einsparung ländlicher Arbeitskräfte wurden von der Bildungsverwaltung auf Kreisebene, in deren Kompetenz die Einstellung, Kündigung und Angleichung (an die staatlichen Lehrkräfte) von Minban-Lehrern fällt, Gesamtpläne aufgestellt. Die konkreten administrativen Maßnahmen richteten sich auf

- eine Gewährleistung der Qualifikation von beibehaltenen Minban-Lehrern,
- die Entlassung eines Teils der Minban-Lehrer, der trotz Fortbildung nicht qualifiziert genug war,
- die Beförderung einiger herausragender Minban-Lehrer zu staatlichen Lehrern,
- die Implementierung des Rentensystems und der Unterhaltspolitik für Minban-Lehrer.

Nach einer Reihe von Anpassungen und Reorganisationen in diesen Jahren setzte ein tendenzieller Rückgang der Minban-Lehrer ein. Wie die Statistiken aus dem Jahre 1992 zeigen, war ihre Anzahl über einen Zeitraum von 15 Jahren um 24% auf 2,4 Mill. zurückgegangen, sodass nur noch 26% der Lehrer an den Primar- und Sekundarschulen ganz Chinas Minban-Lehrer waren. Den nationalen Entwicklungszielen und der Bildungspolitik nach soll die Tätigkeit von Minban-Lehrern bis zum Jahre 2000 beendet sein.

Unter Berücksichtigung der unterschiedlichen Voraussetzungen und Situationen in den sechs Provinzen, die in die Projektarbeit einbezogen waren, kann man sagen, dass für diese die oben angeführten vier Stadien im gleichen Maße zutreffen. Zusammengefasst heißt das, dass die Entwicklung der Minban-Lehrer in China während der letzten Jahrzehnte allgemein einen Prozess der Entstehung, Entwicklung, Ausdehnung, Bekämpfung und des allmählichen Rückgangs durchlaufen hat und dass mit einigem Bemühen die Minban-Lehrer im Laufe des Jahres 2000 aus dem chinesischen Bildungswesen endgültig verschwunden sein werden.

3. Quantität, Einkommen, Qualifikation von Minban-Lehrern

3.1 Quantität

Den Statistiken nach betrug die aktuelle Zahl der Minban-Lehrer im Jahre 1996 insgesamt 1,45 Mill. und machte damit 17% aller Primar- und Sekundarschullehrer in China aus. Was die Verteilung der Minban-Lehrer anbetrifft, so finden sie sich durchweg in allen 26 Provinzen, regierungsunmittelbaren Städten und Autonomen Gebieten. Zu diesem Zeitpunkt gab es in den drei Regierungsunmittelbaren Städten Beijing, Tianjin und Shanghai sowie in der Provinz Zhejiang und in dem Autonomen Gebiet Xinjiang bereits keine Minban-Lehrer mehr. Die Provinzen, die noch die meisten Minban-Lehrer besaßen, waren Shandong (ca. 200.000), Henan (ca. 180.000) sowie Hubei, Hebei und Anhui (insgesamt etwa 100.000). Die Provinzen Jiangsu und Fujian hatten geplant, die Institution der Minban-Lehrer bis 1997 und die Provinz Guangdong im Jahre 1998 auslaufen zu lassen.

Um den Rückgang der Minban-Lehrer hatten sich Partei und Staat seit Beginn der 80er Jahre bemüht, indem entsprechende Regelungen getroffen und Richtlinien herausgegeben wurden, wie das Dokument „Verringerung der Quantität, Steigerung der Qualität, Verbesserung der Besoldung, Verstärkung der Verwaltung und umfassende Lösung des Problems Minban-Lehrer". Auf dieses Dokument hin erfolgte der aus fünf Worten bestehende politische Slogan: „Anhalten, umwandeln, rekrutieren, entlassen und pensionieren". Diese Maßnahmen hatten einige wichtige Auswirkungen und haben allgemein zum Rückgang der Minban-Lehrer geführt. Konkret handelte es sich um folgende Verfahren:

- Beendigung der Neueinstellung von Minban-Lehrern und Ausstellen von Ernennungsurkunden für Minban-Lehrer sowie
- Implementierung der Politik „Umwandlung von Minban-Lehrern zu staatlichen Lehrern", „Rekrutierung von Minban-Lehrern aus den Schulen der Lehrerbildung" und „Entlassung von Minban-Lehrern".

Ab 1978 unterstand die Einstellung von neuen Minban-Lehren für Primar- und Sekundarschulen in allen Kreisen einer strengen Kontrolle. Zu diesem Zweck gaben alle Regierungsebenen entsprechende Vorschriften heraus und setzten den Stichtag für das Ende der Einstellung von Minban-Lehrern auf das Ende des Jahres 1986. Beim Prozess der Implementierung kam es zu erheblichen landesweiten Unterschieden, wobei einige Provinzen bereits Ende der 70er Jahre mit der Einstellung von Minban-Lehrern aufhörten. Während eine Neueinstellung von Minban-Lehrern überhaupt nicht mehr gestattet war, wurden gleichzeitig die beschäftigten Minban-Lehrer weitgehend den staatlichen Lehrern gleichgestellt.

Seit Herausgabe des Dokuments (1978) No. 1 des Bildungsministeriums „Stellungnahme zur Verstärkung der Verwaltung von Primar- und Sekundarschullehrern" hatte man auf den verschiedenen Regierungsebenen eine Neuverteilung von Primar- und Sekundarschulen vorgenommen, die Zahl des Schulpersonals entsprechend angepasst sowie bei Gelegenheit die Minban-Lehrer reorganisiert und diejenigen, die wegen ihrer geringen Schriftkenntnisse für die Lehrtätigkeit nicht qualifiziert waren, entlassen.

Folgenden werden einige Zahlen angeführt, die den enormen Rückgang der Minban-Lehrer in den sechs untersuchten Provinzen des „Armut-Projekts" in den Jahren 1993 bis 1998 dokumentieren (Übersicht 1).

Übersicht 1: Minban-Lehrer zwischen 1993 und 1998

Provinz	Jahr	Anzahl	Jahr	Anzahl
Hunan	1993	95.710 (10.820) *	1998	28.500 (805)*
Hubei	1993	26.232	1997	15.788
Shaanxi	1994	66.466 (14.149)*	1998	22.178 (4.749)*
Shanxi	1995	76.805	1996	63.353
Yunnan	1993	31.212 (6.274)*	1998	925 (189)*
Guizhou	1993	55.774 (8.736)*	1998	19.394 (1.834)*

* Daten der im „Armut-Projekt" untersuchten Kreise

Aufgrund der genannten politischen Maßnahmen setzte tendenziell ein Rückgang unter den Minban-Lehrern ein. Zum Beispiel hatte man 1980 in 136 Kreisen und Städten die Minban-Lehrerstellen zu staatlichen Lehrerstellen umgewandelt, und 1986 waren 200.000 herausragende Minban-Lehrer staatliche Angestellte geworden. Seit 1990 betrug die Zahl der jährlichen Umwandlungen 1.200 und die Gesamtzahl der Minban-Lehrerstellen in allen Provinzen, regierungsunmittelbaren Städten und Autonomen Gebieten, die mit Absolventen aus Schulen der Lehrerbildung besetzt wurden, lag bei etwa 600.000. Durch diese beiden Verfahrensweisen hatte man 1,8 Mill. Minban-Lehrerstellen umgewandelt. Hinzu kam, dass bis 1996 landesweit etwa 400.000 unfähige Minban-Lehrer ausschieden und sich überdies ihre Zahl durch die Politik, „ältere und unfähige Minban-Lehrer auf Unterhalt in den Ruhestand zu versetzen", um weitere 200.000 reduzierte. Aufgrund aller dieser Maßnahmen betrug Ende 1996 die Zahl der beibehaltenen Minban-Lehrer nur noch um die 1,5 Mill.

3.2 Einkommen

Die Besoldung der Minban-Lehrer stammt aus zwei Quellen, zum einen über eigene Einkünfte aus lokalem Farmland, zum anderen aus Subventionen des Staates und der lokalen Kommunen. Die staatlichen und kommunalen Subventionen haben eine längere Geschichte, die in die 50er Jahre zurückreicht. Während der Zeit der Volkskommunen und Produktionsgruppen erhielten die staatlichen Lehrer in den ländlichen Gebieten im allgemeinen etwas höhere Arbeitspunkte (Indikatoren zum Messen der Arbeitsleistung) als die Arbeitskräfte mittlerer Ebene in derselben Produktionsgruppe. Der größte Teil der vom Staat bereitgestellten Mittel wurde der Gruppe als Kollektiv übergeben, die Minban-Lehrer selbst erhielten nur eine geringe Summe direkt ausgezahlt. Seit 1973 wurde eine Durchschnittssumme für die staatliche Subvention festgesetzt, nämlich jährlich für jeden Minban-Lehrer 170 Yuan an der Primar- und 210 Yuan an der Sekundarschule.

Bei der Preissteigerung für Grundnahrungsmittel im Jahre 1979 wurden die Subventionen angepasst und angemessen erhöht. Die Erhöhung war jedoch von Region zu Region unterschiedlich, in der Regel lag sie zwischen 2,50 und 8 Yuan. Danach wurden im Zuge einer Reihe verschiedener politischer Maßnahmen das Gehalt der Minban-Lehrer weiter angepaßt und erhöht. Ab 1981 wurde durch die „Bekanntmachung zur Anpassung der Gehälter von Teilzeit-Beschäftigten“ das Gehalt der Minban-Lehrer jährlich um 50 Yuan angehoben. Demnach betrug die staatliche Subvention für Minban-Lehrer an der Elementarschule pro Person 250 Yuan und an der Sekundarschule 290 Yuan. Im Jahre 1984 erschien vom Staatsrat die „Bekanntmachung zur Mittelbeschaffung für die Unterhaltung von Schulen in ländlichen Gebieten“ mit dem Ziel, das niedrige Einkommen von Minban-Lehrern zu erhöhen. Etabliert wurde ein Gehaltssystem für Minban-Lehrer, nach dem sich die Gehälter aus staatlichen Subventionen einerseits und vom Kollektiv erhobenen Geldern andererseits zusammensetzten.

In den darauf folgenden Jahren wurde eine Reihe weiterer politischer Maßnahmen zur Verbesserung des Einkommens von Minban-Lehrern ergriffen. 1994 lag das monatliche Durchschnittsgehalt von Minban-Lehrern zwischen 150 und 160 Yuan, die jeweils zur Hälfte durch staatliche Subvention und lokale Mittelbeschaffung aufgebracht wurden. Den Statistiken nach betrug das Durchschnittsgehalt im Jahre 1996 monatlich 170 bis 180 Yuan. Aufgrund der landesweiten unausgewogenen wirtschaftlichen Entwicklung betrug jedoch das Monatseinkommen von Minban-Lehrern in manchen armen Gebirgsgegenden nicht mehr als 100 Yuan und lag damit bei einem Drittel des Gehalts staatlicher Lehrer in den entwickelten Gebieten, die im Prinzip die Gleichstellung von

Minban-Lehrern mit den staatlichen Lehrern realisiert hatten. In manchen der entwickelten Küstengegenden kann indessen das Einkommen der Minban-Lehrer sogar über dem eines staatlichen Lehrers liegen.

Im Folgenden wird ein Überblick zum Gehalt der Minban-Lehrer in den sechs Provinzen des Armutsprojektes gegeben (Übersicht 2).

Übersicht 2: Monatliches Durchschnittsgehalt der Minban-Lehrer (Yuan)

Provinz	1994	1995	1997	1998
Hunan	191,42		317,91	
Hubei			120-150	
Shaanxi	71			201
Shanxi		75		201
Yunnan	125			195
Guizhou	170			220

3.3 Qualifikation

Aufgrund des komplizierten Ursprungs und der mangelhaften Integration der Minban-Lehrer war ihr Bildungs- und Qualifikationsniveau über lange Zeit landesweit eher niedrig. Durch Fortbildung auf regionaler Ebene haben die Minban-Lehrer jedoch kontinuierlich ihr Bildungsniveau erhöhen können. Es kann behauptet werden, dass derzeit fast alle Minban-Lehrer als Primar- oder Sekundarschullehrer ausreichend qualifiziert sind. Die Statistiken zeigen, dass im Jahre 1994 80% der Minban-Lehrer, d.h. 1,6 Millionen, über das erforderliche Zertifikat verfügten und unter ihnen 100.000 ein über die dreijährige Ausbildung hinausgehendes Diplom besaßen. 88% der Minban-Lehrer, d.h. 1,7 Mill., waren den Niveaustufen der staatlichen Lehrer entsprechend als Lehrer der Sonderstufe, der ersten, zweiten oder dritten Stufe beschäftigt. Inzwischen sind zahlreiche Minban-Lehrer für ihr großes Engagement und ihre herausragenden Leistungen in verschiedenster Weise auf allen Regierungsebenen ausgezeichnet worden.

Den Statistiken nach erhielten ca. 500 Minban-Lehrer oberhalb der Provinzebene, 50.000 auf Stadt- oder Regionalebene und 200.000 auf Kreisebene eine Auszeichnung. Einen angemessenen Anteil der Minban-Lehrer bilden die Hauptkräfte an Primar- und Sekundarschulen in ländlichen Gebieten einschließlich der etwa 180.000 Schulleiter und Lehrer von Schwerpunktschulen der Kreise und Dörfer.

Als Überblick wird im Folgenden eine Übersicht der prozentualen Anteile des Qualifikationsniveaus der Minban-Lehrer in den sechs Provinzen des Armutsprojektes gegeben (Übersicht 3).

Übersicht 3: Qualifikationsniveau der Minban-Lehrer (%)

	1993	1997	1998
Provinz Hunan:			
mehr als dreijährige Lehrerbildung	3,23	4,42	
Sekundare pädagogische Fachschule	33,49	83,24	
Oberstufe der Sekundarschule	44,65	9,49	
Unterstufe der Sekundarschule und darunter	18,63	4,84	
Provinz Hubei:			
Sekundare pädagogische Fachschule	79,1		95
Provinz Shaanxi:			
Jährliche provinzweite Ausbildung an der Sekundaren pädagogischen Fachschule: 10.000 Personen, in den Projekt-Kreisen: 1.037 Personen			95
Provinz Shanxi:			
mehr als dreijährige Lehrerbildung		15,3	
Sekundare pädagogische Fachschule oder Oberstufe der Sekundarschule		75,6	
Unterstufe der Sekundarschule		5,88	
Weiterbildungsdiplom		3,22	
Provinz Yunnan:			
Sekundare pädagogische Fachschule	5,6		5,9
Oberstufe der Sekundarschule	23,9		29,5
Unterstufe der Sekundarschule und darunter	70,5		68,2
Provinz Guizhou:			
vierjähriges Universitätsstudium		27 Pers.	
dreijähriges Hochschulstudium		147 Pers.	
Sekundare pädagogische Fachschule		5.308 Pers.	
Insgesamt ausreichend qualifiziert		95,4	

Trotz allem gibt es immer noch eine Anzahl von Minban-Lehrern, die keine reguläre Ausbildung in Schulen der Lehrerbildung und damit keine systematische Bildung in Pädagogik, Psychologie, Lehrmethoden etc. erhalten haben. Hinzu kommt, dass einige der Minban-Lehrer aufgrund von Alter und bisheriger Qualifikation eine Weiterbildung in ihren Kenntnissen und ihrer Lehrpraxis benötigen.

4. Funktion, Verdienste und Probleme der Minban-Lehrer

4.1 Funktion und Verdienste

In den vergangnenen fünfzig Jahren haben die Minban-Lehrer sehr viel zur Elementarschulerziehung in den ländlichen Gebieten beigetragen. Trotz harter Lebens- und Arbeitsbedingungen haben sie sich selbstlos ihren Aufgaben gewidmet. Daher sollten Bedeutung und Verdienste der Minban-Lehrer voll gewürdigt werden:

Minban-Lehrer waren die Hauptlehrkräfte während der Ausbreitung und Entwicklung der Elementarschulerziehung auf dem Lande. Vor 1990 setzte sich die Hälfte der Lehrer an Primar- und Sekundarschulen aus Minban-Lehrern zusammen. Ohne den Einsatz und das Engagement der Minban-Lehrer hätte die Elementarschulerziehung auf dem Lande nicht verallgemeinert werden können. Als Hauptstütze der ländlichen Lehrkräfte haben die Minban-Lehrer einen erheblichen Beitrag geleistet, insbesondere zur Verbreitung der neunjährigen allgemeinen Schulpflicht und zur Beseitigung des Analphabetentums.

Unterschätzt werden darf überdies nicht die Funktion der Minban-Lehrer beim Aufbau der beiden Zivilisationsformen, d.h. der „geistigen und materiellen Zivilisation“ (*jingshen he wuzhi wenming*). In modernisierten ländlichen Gegenden stellen die Schulen das Fenster zum Aufbau der geistigen Zivilisation dar; die Minban-Lehrer waren dementsprechend die Verbreiter geistiger Zivilisation, insbesondere auf den Gebieten menschlicher Kultur, sozialer Moral und wissenschaftlicher Kenntnisse.

Inzwischen haben die Minban-Lehrer auch einen grundlegenden Beitrag zur materiellen Zivilisation geleistet, indem sie kompetente Kräfte für den Wirtschaftsaufbau ausgebildet haben. Fabrikdirektoren, Manager, Fachleute und Techniker in den Bereichen Wirtschaft, Wissenschaft und Bildung haben heutzutage enge Beziehungen zu den Minban-Lehrern ihrer Heimatstädte, denen sie mit Achtung begegnen. Auf diese Weise haben die Minban-Lehrer einen fundamentalen Beitrag zum Wirtschaftsaufbau und zur wissenschaftlichen Entwicklung Chinas geleistet.

4.2 Probleme

Wegen der komplizierten sozialen und historischen Rahmenbedingungen ist die Institution der Minban-Lehrer mit einigen Probleme konfrontiert, die sich langfristig angesammelt haben. Dazu kommen neue Schwierigkeiten, die nicht unmittelbar zu lösen sind. Diese Probleme sind folgender Art:

- Die Zielsetzung, die Frage der Minban-Lehrer bis zum Jahr 2000 gelöst zu haben, stößt bei verschiedenen Leuten auf Unverständnis und Zweifel daran, dass das Problem tatsächlich bis dahin gelöst werden kann. Sie erkennen nicht die Wichtigkeit und Notwendigkeit einer Problemlösung, was zur Folge hat, dass zu wenig Initiativen ergriffen werden.

- Infolge des Umfangs der Umwandlung von Minban-Lehrer zu staatlichen Lehrern sind einige Schwierigkeiten in der regionalen Finanzierungskapazität, insbesondere in den Armutsgebieten entstanden. Engpässe der Finanzierung sind somit besonders gravierend bei der Lösung des Problems.
- Das Einkommen von Minban-Lehrern war zeitweise sehr niedrig. Probleme bei der Entlassung, der Verrentung und der Weiterbeschäftigung von Minban-Lehrern konnten nicht immer befriedigend gelöst werden, obwohl einige relevante Bestimmungen und Gesetze formuliert wurden. Nicht wenige Minban-Lehrer lebten unter derartig schlechten Bedingungen, dass sie im wahrsten Sinne ihren Lebensunterhalt nicht mehr bestreiten konnten.
- Ein Teil der Minban-Lehrer verfügte über sehr geringe fachliche Kompetenzen. Dies hatte seinen Grund darin, dass die meisten Minban-Lehrer die Oberstufe der Sekundarschule während der Zeit der „Kulturrevolution" absolviert hatten und sich nur unzureichendes Wissen aneignen konnten; überdies fehlte es ihnen an einer systematischen Fachausbildung. Lehrtechniken und Lehrmethoden waren unter den Minban-Lehrern im allgemeinen nicht besonders gut entwickelt. Zudem zeigte sich häufig eine Unvereinbarkeit zwischen Unterrichtstätigkeit und der Bewirtschaftung des Landes, auf das die Minban-Lehrer zur Sicherung ihres Lebensunterhalts angewiesen waren. Mit der Umwandlung zu staatlichen Lehrern wurde der Kompetenzmangel unter den Minban-Lehrern sowohl in den einzelnen Schulformen und Schulstufen mehr und mehr ersichtlich. Daher wurde die Fortbildung der Minban-Lehrer, die in den Staatsdienst übernommen worden waren, zu einer ebenso äußerst dringlichen Frage wie die generelle Verbesserung der Qualifikation von Primar- und Sekundarschullehrern.
- Schließlich hat die jüngste Erscheinung und Verbreitung von Minban-Lehrern, die Lehrverpflichtungen in zeitweiliger Vertretung übernehmen (*daike*), komplizierte Auswirkungen, die einer intensiveren Untersuchung bedürfen.

Zusammenfassend sei betont, dass Leistungs- und Problemlage der Minban-Lehrer in den sechs untersuchten Provinzen des „Armut-Projekts" sich nicht im wesentlichen von der landesweiten Situation und Problematik unter den Minban-Lehrern im allgemeinen unterscheiden.

5. Richtlinien und Maßnahmen für die Minban-Lehrer

5.1 Politische Richtlinien

Im Jahr 1991 wurde von der Staatlichen Bildungskommission und der Staatlichen Planungskommission in Zhengzhou, der Haupstadt der Provinz Henan, eine Konferenz zum Austausch von Erfahrungen über Minban-Lehrer abgehalten, auf der Richtlinien für die Umwandlung von Minban-Lehrer in staatliche Lehrer, eine Neueinstellung nur von Absolventen pädgogischer Lehranstalten und die Entlassung von unqualifizierten Lehrkräften festgelegt wurden. Demnach soll die Tätigkeit von Minban-Lehrer an den Primar- und Sekundarsschulen nur noch für einen befristeten Zeitraum gelten. Zugleich aber wurde eingeräumt, dass wegen der unausgewogenen wirtschaftlichen, kulturellen und regionalen Bedingungen Minban-Lehrer jedoch noch darüber hinaus für eine beträchtliche Zeit als Lehrer an den ländlichen Primar- und Sekundarschulen benötigt würden.

1992 wurden diese Richtlinien auf einer weiteren Konferenz bestätigt und festgeschrieben. Im Zusammenhang mit der Entwicklung der Elementarschulerziehung sollte die Anzahl der Minban-Lehrer reduziert, ihr Bildungsniveau angehoben, ihr Einkommen verbessert, ihr Einbau in die Verwaltungsstruktur verbessert und die offenen Fragen im Rahmen des Gesamtplanes zur Qualifikation von Lehrkräften der Primar- und Sekundarschulen vollständig geklärt werden. Inzwischen wurde es für nötig befunden, auch die Minban-Lehrer selbst zur Fortbildung zu motivieren. Auf der Konferenz von 1992 wurden die bereits oben erwähnten fünf bildungspolitischen Schlagworte „anhalten, umwandeln, rekrutieren, entlassen und pensionieren“ formuliert. 1994 wurde auf einer nationalen Bildungskonferenz, die vom Zentralkomittee der Kommunistischen Partei und vom Staatsrat abgehalten wurde, Richtlinien für eine fundamentale Lösung des Problems Minban-Lehrer zum Ende des Jahrhunderts erarbeitet.

5.2 Gesetze und Ausführungsbestimmungen

Entsprechend den o.g. politischen Richtlinien und Zielsetzungen wurden auf allen Regierungsebenen gesetzliche Bestimmungen und Regularien zur Lösung des Minban-Lehrer-Problems formuliert, wie z.B.:

Im Jahre 1980 wurde vom ZK und Staatsrat der „Beschluss über einige Fragen der Verallgemeinerung der Elementarschulerziehung“ erlassen, in dem angeordnet wird, dass aufgrund des hohen Prozentsatzes an Minban-Lehrern der Anteil der staatlichen Lehrer erhöht werden müsse. Vorgesehen wurden eine Erhöhung der staatlichen Subvention für Minban-Lehrer sowie die schrittweise Übernahme qualifizierter Minban-Lehrer in das staatliche Lehrersystem, und zwar unter Einhaltung strikter Kontrollen. Jährlich sollte ein Teil der Minban-

Lehrer aus den Schulen für Lehrerbildung rekrutiert werden. In der Zwischenzeit sollte den Minban-Lehrern ihr Gehalt voll ausgezahlt und das Prinzip 'gleicher Lohn für gleiche Arbeit' für Männer und Frauen in die Praxis umgesetzt werden.

Im Jahre 1984 veröffentlichte der Staatsrat die „Bekanntmachung zur Mittelbeschaffung für die Unterhaltung von Schulen in ländlichen Gebieten", welche effektivere Maßnahmen zur besseren Besoldung der Lehrer an Primar- und Sekundarsschulen in Aussicht stellte. Der Lehrberuf sollte zu einem der meist gefragten Berufe werden. Die Minban-Lehrer in ländlichen Gebieten sollten in das Gehaltssystem eingebunden und der Unterschied ihres Einkommens zu dem der staatlichen Lehrern allmählich aufgehoben werden.

Im Jahre 1993 wurde in dem Dokument „Standpunkte zur Implementierung der 'Reform und Entwicklung des Bildungswesens in China'" erneut Maßnahmen zu Verbesserung der Besoldung der Minban-Lehrer gefordert mit dem Ziel, das Prinzip des 'gleichen Lohns für gleiche Arbeit' von Minban-Lehrern und staatlichen Lehrern zu verwirklichen. Es dürften keine Minban-Lehrer neu eingestellt werden, während die bereits hinreichend qualifizierten Minban-Lehrer nach Überprüfung allmählich in staatliche Lehrstellen eingewiesen und das Niveau der unqualifizierten erhöht werden sollte. Von der Staatlichen Planungskommission, vom Personalministerium und von allen Regierungsebenen seien jährlich Pläne und Durchführungsbestimmungen zu erstellen, damit die Frage der Minban-Lehrer bis zum Ende des Jahrhunderts grundlegend gelöst werden könne.

Gemäß den vom Staat formulierten politischen Richtlinien und Regularien erließen die nachgeordneten Behörden der Zentralregierung und der Regionalregierungen einige konkrete Ausführungsbestimmungen, wie z.B.:

1973 wurde in dem Dokument „Standpunkte zu einigen Problemen der Finanzverwaltung von Primar- und Sekundarschulen" vom damaligen Bildungsministerium festgesetzt, dass der Schuletat in städtischen Bezirken und ländlichen Kommunen vom Staat subventioniert werden sollte und die Kollektive sich daran beteiligen sollten; darüber hinaus sollte das Schulbudget aus verschiedenen anderen Quellen ergänzt werden, wie beispielsweise durch Einkünfte aus „Arbeit-Studium"-Tätigkeiten usw. Der durchschnittliche Standard der staatlichen Subventionen betrug pro Lehrer 210 Yuan für die Sekundarschule und 170 für die Primarschule, wobei ein Teil des Geldes den Minban-Lehrern direkt zufließen sollte.

1974 wurde im Abschlussbericht einer nationalen Konferenz zu Bildung und Gesundheit sowie zu Fragen ihrer Finanzverwaltung vorgebracht, dass der wesentliche Teil durch staatliche Subvention zu erbringen sei. Die staatliche Subvention für Minban-Lehrer in ländlichen Gebieten sollte dementsprechend in geordnete Bahnen gebracht werden.

1981 setzte das damalige Bildungsministerium die Bekanntmachung der Provinz Hebei über ihre Erfahrungen mit der Reorganisierung der Minban-Lehrer in Umlauf. In dieser Bekanntmachung wurde darauf hingewiesen, dass die Minban-Lehrer eine wichtige Kraft bei der Verallgemeinerung der Elementarschulerziehung, insbesondere auf dem Lande, darstellten. Aufgrund der Einflüsse der 'Kulturrevolution' sowie der Mängel im Verwaltungssystem sei es zu einigen landesweiten Defiziten gekommen, wie niedriges professionelles und kulturelles Niveau, eine übermäßige Einstellung von Personal sowie ein völliges Chaos in Teilen der Verwaltung. Deshalb sei gegenwärtig bei der landesweiten Angleichung der formalen Bildung und Erziehung die Reorganisation der Minban-Lehrer eine dringende Aufgabe.

1984 legten die „Bekanntmachungen über die Mittelbeschaffung für die Unterhaltung von Schulen in ländlichen Gebieten" des Staatsrats die Aufnahme der Minban-Lehrer an Primar- und Sekundarschulen in das staatliche Gehaltssystem fest, um die Diskrepanz zwischen ihrem Gehalt und dem der staatlichen Lehrer allmählich zu beseitigen.

5.3 Maßnahmen

Folgende konkrete Maßnahmen wurden vorgenommen:

Die Neueinstellung von Minban-Lehrern wurde beendet. Nach 1978 wurde sukzessiv von allen Provinzen, regierungsunmittelbaren Städten und Autonomen Gebieten ein eigener Stichtag für das Ende der Neueinstellung von Minban-Lehrern definitiv festgelegt. Den Statistiken nach waren die Provinzen Zhejiang (Dezember 1978), Fujian (Februar 1979) sowie Beijing und Jiangxi (1980) die ersten, die seitdem keine neuen Minban-Lehrer mehr einstellten. Die Provinzen, die Ende 1986, dem staatlich allgemein vorgegebenen letzten Termin, als letzte die Einstellung neuer Minban-Lehrer beendeten, waren Hebei, Liaoning, Heilongjiang, Anhui, Hubei, Hunan, Guangdong, Qinghai und Guangxi, sowie das Autonome Gebiet der Minderheit der Zhuang und Ningxia, das Gebiet der Hui-Minderheit.

Für die Minban-Lehrer wurden Personalakten angelegt. Den qualifizierten unter ihnen wurden von den Abteilungen der Bildungsverwaltung oberhalb der Kreisebene Ernennungsurkunden ausgestellt, und sie wurden von den Erziehungsbehörden auf Provinzebene registriert, wobei korrespondierende Personal- und Tätigkeitsakten angelegt wurden, um die Verwaltung dieser Lehrerkategorie der der staatlichen Lehrer anzugleichen.

Von den allen Regierungebenen wurden konkrete Pläne aufgestellt, um das Problem der Minban-Lehrer auf der Basis eines Verständnisses für ihren Entstehungshintergrund und ihre besondere Situation zu lösen. Diese Pläne waren in die Gesamtpläne für den Aufbau des Lehrpersonals an Primar- und Sekundarschulen einbezogen. In ihnen waren die Jahresziele und Maßnahmen vermerkt, d.h. die jährliche Zahl der Umwandlungen und Einstellungen, die Erfüllung der Quoten und die Berücksichtigung weiterer Fragen der Minban-Lehrer.

Im Zuge des Umwandlungsprozesses wurde die Qualität der Minban-Lehrer überprüft. Die in den Staatsdienst übernommenen Minban-Lehrer mussten über die entsprechenden Qualifikationen verfügen. Bedingt durch die besonderen Umstände ihrer Einstellung hielt man es für erforderlich, dass im Rahmen von Qualifizierungen mehr Gewicht auf praktische Arbeit, Arbeitshaltung und Arbeitsleistung gelegt wurde, wobei bei der Umwandlung hervorragenden Minban-Lehrern der Vorrang eingeräumt wurde.

6. Ausblick

Abschließend sei betont, dass die Lösung der Frage der Minban-Lehrer bis zum Jahr 2000 eine Notwendigkeit ist. Sie bedarf der unmittelbaren Beachtung. Die Existenz von Minban-Lehrern war eine temporäre Übergangsmaßnahme unter speziellen historischen Bedingungen, um Bildung und Erziehung in armen Gebieten zu ermöglichen. Mit der Entwicklung und Verbesserung der sozialen und wirtschaflichen Lage werden die Minban-Lehrer auf jeden Fall aus dem Bildungswesen verschwinden. Es gibt fünf wesentliche Gründe, warum es unwahrscheinlich ist, dass Minban-Lehrer künftig noch lange weiterbestehen werden:

Erstens werden sich im Rahmen der Strategie „Neubelebung durch Wissenschaft und Bildung" Bildung und Erziehung nur unter der Voraussetzung kräftig weiterentwickeln, dass qualifizierte und hochqualifizierte Lehrkräfte zur Verfügung stehen. Die Existenz von Minban-Lehrern entspricht nicht den Voraussetzungen der Modernisierung, weil sie nicht dem Bedarf des 21.Jahrhunderts an kompetenten Lehrkräften nachkommen.

Zweitens soll den bildungspolitischen Entwicklungszielen entsprechend die neunjährige Schulpflicht im Jahre 2000 im Wesentlichen durchgesetzt sein. Diese unterliegt der Verantwortung der nationalen Regierung sowie der Provinzregierungen, innerhalb derer das Fortbestehen von nichtstaatlichen Minban-Lehrern gesetzwidrig wäre. Aus diesem Grund müssen alle Minban-Lehrer durch staatliche Lehrer ersetzt werden.

Drittens gibt es gewisse personenbezogene Probleme, die grundsätzlich unlösbar und wenig förderlich für die Weiterentwicklung des chinesischen Bildungswesens sind.

Viertens würde der ungeklärte, ja sogar verschwommene Status der Minban-Lehrer den Aufbau einer geregelten Verwaltung für diese Gruppe erschweren.

Fünftens wird mit der Entwicklung des Systems der sozialistischen Marktwirtschaft an den verschiedenen Formen und Stufen des Schulsystems allmählich ein einheitliches Einstellungsverfahren für Lehrer eingeführt werden. Minban-Lehrer könnten diese Reform nicht überdauern. Dies alles bedeutet, dass

Minban-Lehrer als eine spezifische Gruppe von Lehrkräften in naher Zukunft ihre historische Mission beenden werden.

Kurzbiographie:

Prof. JIN Xibin, geb. 1941; 1965 graduiert an der Erziehungswissenschaftlichen Fakultät der Pädagogischen Universität Beijing; 1985 Assistenzprofessor; 1991 Professor. 2.Präsident der Nationalen Gesellschaft für bildungsökonomische Forschung; Projektleiter der chinesischen Expertengruppe des „Armut-Projekts II“ der Weltbank.
Anschrift: Education Department, Beijing Normal University, 100875 Beijing, Volksrepublik China, Fax: 0086-10-62200157.

Chen Hongjie

Neuere Entwicklungen im chinesischen Hochschulwesen

Allready at the beginning of the 1980s the Chinese government started to reform the system of higher education in China. In particular, since the mid-1990s fundamental changes have taken place. The article describes these changes and some of the characteritic features of present Chinese higher education in general, as there are: structure of and access to higher education, budgeting issues, issues concerning teaching and student bodies. Special attention is paid to trends indicating deregulation and flexibility with regard to the status of individual universities as well as to their cooperation with firms to their own activities as entrepreneurs. The article ends by the identification of some essencial perspectives. References to comparable trends in Germany underline the author's intentions to adress his German readers.

1. Das chinesische Hochschulwesen

Vorausgeschickt seien zunächst einige allgemeine Bemerkungen zur Grundstruktur des chinesischen Hochschulwesens, das auf einer allgemeinbildenden Primar- und Sekundarschulerziehung aufbaut. Für alle chinesischen Kinder beginnt die Schulausbildung im Alter von sechs Jahren mit dem Besuch der Primarschule, die in der Regel sechs Jahre dauert.[29] Daran schließt sich die Sekundarschule an, die in eine jeweils dreijährige Unter- und Oberstufe eingeteilt ist. Die Unterstufe der Allgemeinen Sekundarschule fällt unter die Schulpflicht und wird von ca. 94% der Kinder der entsprechenden Altersgruppe besucht.[30] Zur Sekundarschule gehört die allgemein- sowie die berufsbildende Oberstufe.[31] Im Jahre 1998 besuchten 45% der Schüler der Oberstufe den allgemeinbildenden Zweig, der in etwa der Oberstufe des deutschen Gymnasiums entspricht. Deren Absolventen haben gute Chancen zu studieren, aber der Schulabschluss berechtigt nicht unmittelbar, an einer Hochschule ein Studium aufzunehmen. Einen Studienplatz erhält man nur, wenn man zudem die landesweit einheitliche Hochschuleingangsprüfung bestanden hat.

---

29 Im Jahre 1998 gab es landesweit 140 Millionen Schüler an den insgesamt 609.000 chinesischen Primarschulen (Educational Statistics Yearbook of China 1998, S.80-81).

30 1998 besuchten landesweit 54 Millionen chinesische Schüler die Unterstufe von 64.000 Sekundarschulen. (Educational Statistics Yearbook of China 1998, S.8-9).

31 12 Millionen Schüler befanden sich 1998 an den insgesamt 18.700 berufsbildenden Sekundarschulen Chinas (Educational Statistics Yearbook of China 1998, S.8-9).

1.1 Die Regelung des Hochschulzugangs

Die seit 1977 wieder eingeführte Hochschuleingangsprüfung ist nach mehrfachen Modifikationen gegenwärtig in zwei Sektionen unterteilt: Geisteswissenschaften und Kunst einerseits sowie Natur- und Ingenieurwissenschaften andererseits. In beiden Sektionen wird in fünf Fächern geprüft, wobei Mathematik, Chinesisch, Fremdsprache (in der Regel Englisch) beiden gemeinsam sind. Bei den Geisteswissenschaften kommen noch Geschichte und Geographie, bei den Naturwissenschaften Chemie und Physik hinzu. Die Prüfungen werden landesweit zur gleichen Zeit an drei aufeinander folgenden Tagen durchgeführt. Die bei weitem überwiegende Zahl der Studienbewerber strebt ein Studium in den naturwissenschaftlich-technischen Fächern an. Wegen des starken Wettbewerbes in den naturwissenschaftlichen Fächern ist ein Studium der Geistes- und Sozialwissenschaften für viele Studienbewerber nur eine Ausweichmöglichkeit. In den letzten Jahren wurden jährlich von den ca. 2 Millionen Studienbewerbern nur etwa die Hälfte zum Studium zugelassen, wobei die im Landesvergleich leistungsstärksten Bewerber mittels einer Punktzählung ermittelt wurden. Vor einigen Jahren hat es eine Veränderung im Bewertungssystem gegeben, indem statt des Verfahrens einer absoluten, das einer relativen Bewertung eingeführt wurde. In jedem Fach beträgt gegenwärtig die höchste Wertung 900 Punkte; zur Gesamtbewertung werden die erzielten Punktzahlen aller fünf Prüfungsfächer zusammengezählt und in der Weise relativiert, dass der leistungsstärkste Prüfling die Höchstpunktzahl von 900 erhält. Nur einer von 1.000 Prüflingen kann die Marke von 800 Punkten erreichen. Für die Spitzenuniversitäten ist ein Prüfungsergebnis von über 700 Punkten erforderlich. Mit einer Leistung von um die 600 Punkten kann man an eine der besseren Hochschulen gelangen. Nur wenige Schüler mit Spitzenleistungen können auf Empfehlung der Schule direkt zu einer Hochschule zugelassen werden, ohne sich der Eingangsprüfung unterziehen zu müssen. Für künstlerisch oder sportlich besonders begabte Studienbewerber gelten Sonderregelungen.[32]

1999 wurde eine Reform der Aufnahmeprüfung unter der Formel "3 plus X" versuchsweise eingeleitet. Nach diesem neuen Modell sollen alle Prüflinge einheitlich in drei Fächern, nämlich Chinesisch, Mathematik und Fremdsprache geprüft werden. Außerdem ist noch als weiteres Prüfungsfach ein anderes allgemeines Fach der Geistes- oder Naturwissenschaften erforderlich, wobei sich dieses nach den spezifischen Anforderungen der einzelnen Studiengänge und Universitäten richtet. Dieses sogenannte "3 plus X"-Model soll im Jahr 2000 in einem größeren Gebiet d.h. in sieben Provinzen ausprobiert und wahrschein-

[32] Wegen des fundamental unterschiedlichen Zulassungsverfahrens in der VRCh und der BRD ergeben sich für einen Studienaufenthalt von Chinesen in Deutschland besondere Probleme. Vergl. dazu Jürgen BODE: Über die Zulassung von Studienbewerbern aus der VR China an deutschen Hochschulen (unveröffentlichte Schrift). Leipzig Mai 1997.

lich im Jahr danach landesweit eingeführt werden (Amtsblatt des Bildungsministeriums, 1999/3, S.122-124).

1.2 Die Struktur des Hochschulsystems

Das chinesische tertiäre Bildungssystem besteht aus 1.022 hochschulischen Einrichtungen, an denen im Jahre 1998 etwa 3,6 Millionen Studierende in einem ordentlichen Vollzeitstudium eingeschrieben waren (Educational Statistics Yearbook of China 1998, S.8-9). Etwa die Hälfte von ihnen studieren naturwissenschaftliche und ingenieurwissenschaftliche Fächer; die Studenten in den Fächern der Geistes- und Sozialwissenschaften machen etwa 37% aller Hochschulstudenten aus. In Ergänzung dazu gibt es noch ein ausgedehntes System der postsekundaren Erwachsenenbildung von ca. 962 Rundfunk-, Fernseh-, Bauern-, Arbeiter-, Angestellten-, Fern- und Abendhochschulen mit rund 1,2 Millionen Studierenden im Jahre 1998 (Educational Statistics Yearbook of China 1998, S.96).

Die Hochschulausbildung in China besteht aus drei aufeinander aufbauenden Stufen. Die erste Stufe, die vier bis fünf Jahre dauert, führt zu einem ersten berufsqualifizierenden Abschluss, das Bakkalaureat (Bachelor); die zweite Stufe dauert in der Regel zweieinhalb Jahre und wird mit dem Grad des Magisters (Master) abgeschlossen; die dritte Stufe ist das Promotionsstudium, das drei Jahre umfasst. Die tertiären Bildungsinstitutionen lassen sich in drei Gruppen einteilen, wobei die erste Gruppe aus etwa 200 Universitäten besteht, die neben dem vierjährigem Bakkalaureatsstudium auch Studiengänge für Postgraduierte d.h. ein Magister- und Promotionsstudium anbieten. Die ersten 100 dieser Gruppe gelten als Spitzenuniversitäten. Der Hauptindikator für das Niveau einer Universität ist im allgemeinen die Zahl der angebotenen Promotionsprogramme. Nicht jede/r Professor/in - auch nicht an den Spitzenuniversitäten - verfügt automatisch über das Promotionsrecht. Das Recht, Doktoranden zu betreuen, wird aufgrund eines sehr komplizierten Antragsverfahrens von einer direkt dem Staatsrat unterstellten Kommission unmittelbar an einzelne herausragende Professoren verliehen. Diese Professoren erfreuen sich eines besonders hohen Status unter dem Gros der Professoren. Die zweite Gruppe in dem dreistufigen Hochschulsystem besteht aus etwa 400 Hochschulen, die lediglich vierjährige Bakkalaureatsstudiengänge führen. Es handelt sich bei ihnen um Hochschulen, an denen fast ausschließlich gelehrt und kaum geforscht wird. Die restlichen ca. 400 tertiären Bildungseinrichtungen gehören der dritten Gruppe an; sie werden im Chinesischen als Kurzzeit-Fachhochschulen bezeichnet, an denen in der Regel nur berufsorientierte Studiengänge absolviert werden können. Gegenwärtig beträgt der Anteil der Studenten an diesen Berufshochschulen etwas mehr als 50% aller Studierenden.

2. Neuere Entwicklungen im Hochschulwesen

Obwohl China auf eine Jahrtausende alte Kultur und Bildungstradition zurückblicken kann, war das Bildungswesen weitgehend privat bzw. lokal organisiert. Obwohl bereits zum Anfang der Song-Dynastie (960-1279) das komplexe staatliche Prüfungssystems zur Rekrutierung der Beamtenschaft voll ausgebaut worden war, wurde ein allgemeines Schul- und Hochschulwesen erst unter dem Einfluss des Westens eingerichtet. Die erste staatliche Universität nach westlichem Vorbild war die Universität Beijing, vormals die Reichsuniversität Peking. Sie feierte im Mai 1998 ihr 100jähriges Jubiläum. Das Hochschulwesen der Volksrepublik China entstand in seinen wesentlichen Zügen unter dem politischen Einfluss der Sowjetunion in den 50er Jahren. Dieser sich an das sowjetische Vorbild anlehnende Um- und Ausbau des chinesischen Hochschulwesens war durch folgende Merkmale gekennzeichnet:

- Die meisten Hochschulen waren Fachhochschulen, auch an den wenigen Universitäten waren nur einige der natur-, sozial- und geisteswissenschaftlichen Fächer vertreten.
- Die technischen und ingenieurwissenschaftlichen Fächer erfreuten sich besonderer Beachtung, während die Sozialwissenschaften nur in einem äußerst bescheidenen Umfang existierten.
- Es herrschte eine starke Verschulung des Lehrbetriebs und eine Überspezialisierung der Studiengänge. Die Hauptaufgabe der Hochschulen bestand in der Lehre, während die Forschung weitgehend an Forschungsinstituten sowie der Academica Sinica stattfand.
- Das Hochschulwesen unterstand einer einheitlichen administrativen Organisation und zentralistischen Kontrolle.

In den letzten zwanzig Jahren hat sich das Hochschulwesen im Zuge der Dynamik sozio-ökonomischer Entwicklungsprozesse, der Transformation von einer Planwirtschaft zu einer sozialistischen Marktwirtschaft, drastisch gewandelt.

2.1 Quantitativer und qualitativer Ausbau des Hochschulsystems

Um den stetig steigenden Bedarf an hochqualifizierten Arbeitskräften und den Nachholbedarf an wissenschaftlichem und technologischem Personal zu befriedigen, wurde das chinesische Hochschulwesen seit Anfang der 80er Jahre erheblich ausgebaut. Im folgenden seien einige Zahlen angeführt, um einen Eindruck von diesem Aufschwung zu vermitteln. In den letzten zehn Jahren haben sich die Studenten an den Hochschulen annähernd vervierfacht. Das Lehrpersonal hat um mehr als 60% zugenommen d.h. von 250.000 im Jahre 1980 auf 407.000 im Jahre 1998. Die Zahl der Hochschulen hat sich von 675 auf 1.022 erhöht. Trotz dieses quantitativen Zuwachses können die Hochschulen in ihrer Aufnahmekapazität bei weitem nicht mit dem gesellschaftlichen Bedarf an Hochschulbildung Schritt halten. Beispielsweise kommen auf 100.000 chinesische Bürger durchschnittlich nur 504 (1998) Studenten. Nur ca. 9% der 18-21jährigen Jugendlichen können studieren (einschließlich derer, die an den Erwachsenenhochschulen studieren). Die Regierung hat daher vor einem Jahr beschlossen, diese Zahl im Jahr 2000 auf 11% und bis zum Jahr 2010 auf 15% zu erhöhen.

Bis Ende der 80er Jahre wurde der Ausbau des Hochschulwesens hauptsächlich durch Neugründungen von Bildungseinrichtungen erreicht; der Anstieg der Zahl der Hochschulen macht das deutlich. Seit Beginn der 90er Jahre wird eine neue hochschulpolitische Strategie verfolgt, indem die Regierung beschloss, die Hochschulentwicklung statt über den bis dato praktizierten extensiven Ausbau mehr auf intensive Weise voranzutreiben. Demzufolge soll eine weitere Ausweitung der Hochschulkapazität in erster Linie innerhalb des vorhandenen institutionellen Rahmens durch Rationalisierung und Effizienzerhöhung erzielt werden.

Dieser Wechsel in der Entwicklungsstrategie beruht hauptsächlich auf dem Faktum, dass die durchschnittliche Studentenzahl an den einzelnen Hochschulen äußerst niedrig ist. Beispielsweise fielen im Jahr 1992 auf eine Hochschule durchschnittlich nur etwas mehr als 2.000 Studenten. Verschiedenen Untersuchungen nach könnte bei besserer Nutzung der vorhandenen Ressourcen diese Zahl verdoppelt werden. Im Zeichen der effizienzorientierten Hochschulpolitik wurde die zahlenmäßige Expansion der Hochschulen gestoppt, nachdem in dem Jahrzehnt von 1980 bis 1990 die Zahl der chinesischen hochschulischen Einrichtungen von 675 auf 1075 gestiegen war, als jährlich durchschnittlich 40 neue Institutionen gegründet wurden. Nach 1990 ist deshalb eine rückläufige Entwicklung bis auf 1.022 Hochschulen im Jahre 1998 zu verzeichnen, wobei die Zahl der Studierenden pro Hochschule durchschnittlich auf 3.300 gestiegen ist und das Verhältnis von Lehrkräften zu Studenten sich von 1:7 auf 1:12 erhöht hat.

Parallel zu dem beträchtlichen Ausbau wurde das Hochschulwesen Chinas auch einer drastischen Umstrukturierung unterzogen. Eine augenfällige Änderung liegt in der Neugewichtung der Hochschulausbildung in drei Typen, nämlich die praxisnahe Ausbildung an den Berufshochschulen, die Hochschulausbildung mit dem Schwerpunkt auf dem fachqualifizierenden Bakkalaureatsstudium und die akademische Ausbildung an den Universitäten mit zusätzlichem Graduiertenstudium. Die Berufshochschulen, die in der Regel dreijährige berufsorientierte Studiengänge anbieten, haben während der Umstrukturierung des Hochschulsystem erheblich an Gewicht gewonnen. Das ist hauptsächlich auf die Veränderungen in der Wirtschaftsstruktur zurückzuführen, indem beispielsweise neue Produktionsbereiche entstanden sind sowie private und genossenschaftliche Kleinunternehmen sich rapide ausgebreitet haben. Hier sind in erster Linie praxisorientierte Fachkräfte, also Absolventen einer spezialisierten beruflichen Ausbildung gefragt.

Wie die Statistik zeigt, ist der Anteil der Studenten an Berufshochschulen von 24,4% im Jahr 1980 auf 51% im Jahr 1998 gestiegen, während der Anteil der Studenten an den Universitäten ständig zurückgegangen ist. Auf der anderen Seite hat im Zug der Expansion des Hochschulwesens die Ausbildung von Postgraduierten ständig an Bedeutung gewonnen. Nachdem ein erster Schub von Studenten zum Graduiertenstudium ins westliche Ausland entsandt worden war, hat die Regierung beschlossen, hochqualifizierte Nachwuchswissenschaftler grundsätzlich aus eigener Kraft auszubilden. Die Zahl der Postgraduierten ist im Zeitraum von 1980 bis 1998 daraufhin auf knapp 2 Millionen angestiegen, wovon 22,7% Doktoranden waren.

2.3 Umstrukturierung der Hochschulverwaltung

Von dem chinesischen Hochschulwesen wird häufig angenommen, dass es sich um ein einheitliches System handelt, das der allmächtigen zentralstaatlichen Lenkung und Kontrolle unterliegt. Tatsache ist, dass sich die Zentralregierung seit geraumer Zeit bemüht, ihre allumfassenden Kompetenzen an die Provinzregierungen sowie an die einzelnen Hochschulen selbst zu delegieren. Dabei gibt es verschiedene Probleme zu überwinden, die zum einen ursächlich in den wenig flexiblen zentralistischen Steuerungsmechanismen, zum anderen auch in den verfestigten Organisationsstrukturen der Hochschulverwaltung liegen, wodurch die Umsetzung neuer hochschulpolitischer Richtlinien erschwert wird.

Bei genauerer Betrachtung kann man feststellen, dass die staatliche Zuständigkeit für die Hochschulen in etwa 80 verschiedenen Behörden angesiedelt ist. Es handelt sich dabei um fünfzig Ämter und Büros in Ministerien, Kommissionen und Behörden auf zentralstaatlicher Ebene und um dreißig auf der Ebene der Provinzregierungen. So ist das Hochschulwesen trotz einheitlicher Richtlinien und Planvorgaben in seinen Substrukturen äußerst zersplittert, wobei die jeweiligen Branchen- und Gebietsorgane die eigentlichen Bezugsgrößen bilden.

Im Laufe der Zeit hat sich ein starkes Eigeninteresse und Ressortdenken in diesen einzelnen Bereichen entwickelt. Eine Koordinierung und Abstimmung der verschiedenen Interessenlagen unter der Maßgabe der Zentralregierung kann nur in sehr begrenztem Maße erfolgen. Zentrale Planungen und hochschulpolitische Maßnahmen der Regierung in der Hauptstadt Beijing stellen nicht selten einen Kompromiss dar, der die Interessen der verschiedenen Hochschulträger widerspiegelt. So gesehen sind die staatlichen Zuständigkeiten und Kompetenzen für den Hochschulbereich stark segmentiert. Ein Hauptdefizit des administrativen Systems der chinesischen Hochschulverwaltung liegt somit in dieser strukturellen Segmentierung der Verwaltungskompetenz, die ein Haupthindernis für die Realisierung der bisherigen Reformmaßnahmen darstellt.

In diesem Verwaltungssystem ist jede Hochschule nur ihrem vorgesetzten Träger gegenüber verantwortlich, der ihr die Finanzmittel zur Verfügung stellt und damit weisungsbefugt ist. Für die Hochschulen gibt es im Grunde keinen Anreiz, auf die gesellschaftliche Nachfrage an Ausbildung und Berufsqualifikationen mit entsprechenden Angeboten zu reagieren. Da sie unter verschiedenen Trägern operieren, besteht auch kaum eine Möglichkeit, aus eigener Initiative die Studienangebote, die Inhalte der einzelnen Studiengänge und die Arbeitsplatzbeschaffung miteinander zu koordinieren und aufeinander abzustimmen oder bestehende Mängel durch Kooperation zu überwinden. Es kann vorkommen, dass zwei Hochschulen in unmittelbarer Nachbarschaft nichts miteinander zu tun haben, weil die eine der Provinzregierung, die andere einem Fachministerium unterstellt ist, denn letztere interessiert sich prinzipiell nicht für regionale Belange. Auf eine solche der Zentralregierung unterstellen Hochschule hat die Provinzregierung kaum einen Einfluss, da das Studienangebot an diesen Hochschulen in der Regel jeweils auf den spezifischen Bedarf des entsprechenden Wirtschaftsbereichs im nationalen Maßstab zugeschnitten ist, für den das Ministerium verantwortlich ist. Bis Ende der 80er Jahre gab es noch über 800 Studiengänge für unterschiedliche fachspezifische Berufsfelder. Jeder Hochschulträger war mangels Austauschmöglichkeiten versucht, eine möglichst breite und damit vollständige Fächerpalette in seinen Ausbildungsgängen zu etablieren. Dies führte häufig zu Verschwendung von Ressourcen durch unnötige Mehrfachangebote oder zu einer Ausbildung auf sehr niedrigem Niveau.

Die Segmentierung der Verwaltungskompetenz konnte sich auch auf die Arbeitsplatzverteilung auswirken. Solange die Hochschulen bzw. ihre jeweiligen Träger während des Überganges von der Plan- zur Marktwirtschaft noch für die Arbeitsplatzzuteilung ihrer Absolventen zuständig waren, konnte die mangelnde Abstimmung bei der Ausbildung dazu führen, dass für gewisse Fachrichtungen ein Mehrbedarf an Absolventen entstand, der auch nicht durch geeignete Absolventen von Hochschulen in anderen Regionen abgedeckt werden konnte. Die starke Spezialisierung bewirkte zudem, dass die Hochschulabsolventen nicht genügend befähigt waren, flexibel auf die sich wandelnde Nachfrage am Arbeitsmarkt zu reagieren.

Schon seit Mitte der 80er Jahre werden Maßnahmen ergriffen, um diese Segmentierung der Verwaltungskompetenzen zu bekämpfen. An Stelle des ehemaligen Bildungsministeriums wurde 1985 die Staatliche Bildungskommission eingerichtet, die mit mehr Befugnis und weiten Kompetenzen ausgestattet wurde. Der Bildungskommission gehörten je ein Vizeminister der machtvollen Staatlichen Planungskommission, der Staatlichen Wirtschaftskommission, der Staatlichen Kommission für Wissenschaft und Technologie, des Finanzministeriums sowie des Ministerium für Arbeit und Personal an. Diese Personalbesetzung macht deutlich, dass man mit der Einrichtung der Staatlichen Bildungskommission u.a. das Ziel anstrebte, die Barrieren zwischen den einzelnen Subsystemen im Hochschulbereich abzubauen, um die Hochschulpolitik der einzelnen Träger besser miteinander zu koordinieren. Die Staatliche Bildungskommission hatte aber in dieser Hinsicht wenig Erfolg, da die Grundstruktur der Hochschulverwaltung dadurch nicht verändert wurde. Sie wurde im März 1998 wieder aufgelöst bzw. zu dem vormaligen Bildungsministerium zurückverwandelt.

In jüngster Zeit kann man im Zusammenhang mit der allgemeinen Verwaltungsreform eine beachtenswerte Änderung beobachten: die klaren Trennungen zwischen den einzelnen Hochschulträgern beginnen sich aufzulösen, die Grenzen sind fließender geworden. Vieles spricht dafür, dass die administrative Struktur des chinesischen Hochschulwesens auf dem Weg ist, sich von dem unter der Planwirtschaft etablierten starren Kompetenzsystem endgültig zu verabschieden. Dies lässt sich deutlich an der Umstrukturierung der staatlichen Hochschulverwaltung in den letzten Jahren festmachen. Zwischen 1992 bis 1998 wurden 100 Hochschulen einer 'gemeinschaftlichen Trägerschaft' von jeweils einem Fachministerium und einer Provinzregierung unterstellt, 162 Hochschulen unter verschiedenen Trägern auf 74 Hochschulen verringert und mehr als 90 Hochschulen von den ursprünglichen Trägern, meistens Fachministerien, an die Regionalregierungen abgegeben. Bei mehr als 220 Hochschulen ist eine Zusammenarbeit in Forschung und Lehre mit anderen Hochschulen in geographischer Nähe auf Vertragsbasis zu verzeichnen.

Diese Veränderungen deuten darauf hin, dass immer mehr Hochschulen nicht mehr strikt an ihre Träger gebunden sind, indem sie mehr Selbstbestimmungsrechte bekommen haben. Folglich haben sich für die Hochschulen erweiterte Möglichkeiten für selbständiges Handeln und für Zusammenarbeit eröffnet, sowohl untereinander als auch mit der Wirtschaft. Die meisten Hochschulen haben daraufhin ihre Studiengänge und Ausbildungsprogramme neu entworfen, und es wurden eine große Zahl von Kooperationsverträgen mit Unternehmungen abgeschlossen. Überdies haben zehn chinesische Spitzenuniversitäten sich darauf geeinigt, gegenseitig die Studienleistungen ihrer Studenten in Form eines einheitlichen Credit-Point-Systems anzuerkennen. Solche Abstimmungen, die über die Grenzen der Kompetenz von einzelnen Institutionen und Instanzen hinaus reichen, wären unter dem alten System der starken Segmentierung unvorstellbar gewesen.

3. Besondere Entwicklungen im chinesischen Hochschulwesen

Im chinesischen Hochschulwesen gibt es einige wichtige Erscheinungen, die sich sehr wesentlich von der Situation an den deutschen Hochschulen unterscheiden. Dazu gehören vor allem die hochschulbetriebenen Unternehmen, die Studiengebühren, die Arbeitsplatzvermittlung sowie das studentische Alltagsleben. Überdies haben sich einige auffallende Entwicklungen in der Zusammensetzung des hochschulischen Lehrkörpers ergeben.

3.1 Hochschulbetriebene Unternehmen als neue Finanzquelle

Die chinesischen Hochschulen leiden seit langem unter einer dramatischen Unterfinanzierung. Mit den vom Staat zur Verfügung gestellten Mitteln können nur etwa die Hälfte der Hochschulausgaben gedeckt werden. 1993 hatte die Regierung beschlossen, die staatlichen Bildungsausgaben bis zum Ende des Jahrhunderts auf 4% des Bruttosozialprodukts anzuheben. Bisher sind es tatsächlich nur 2,5%, und es ist fraglich, ob man das gesetzte Ziel in absehbarer Zeit erreichen wird. Um diesen finanziellen Notstand zu überwinden, und nicht zuletzt auch um den staatlichen Haushalt zu entlasten, hat die Regierung alles unternommen, um neue Einnahmequellen für die Hochschulen zu erschließen. Vor allem werden die Hochschulen angeregt, sich selbst um die Beschaffung von zusätzlichen Finanzmitteln zu bemühen.

Bei der Erschließung neuer Geldquellen haben die Hochschulen Erfindungsgeist kombiniert mit Geschäftssinn entwickelt. Beispielsweise wurden Gebäude der Hochschulen, die unmittelbar an Geschäftsstraßen liegen, an die Wirtschaft vermietet oder selbst als Geschäftsräume für hochschuleigene Firmen oder hochschulbetriebene Restaurants und Hotels genutzt. Sehr verbreitet sind hochschulische Aktivitäten im Weiterbildungsbereich. Es gibt fast keine Fakultät, die keine Weiterbildungsprogramme für außerhochschulische Zielgruppen anbietet. Eine der bedeutendsten Finanzquellen für die Hochschulen ist die Vermarktung ihres Wissenspotentials. Anfang der neunziger Jahre gab es eine gewaltige Welle von Unternehmensgründungen auf dem Campus der jeweiligen Hochschule, wofür es staatliche Vergünstigungen in Form von Steuerermäßigung, Steuerbefreiung und Förderungskredite gab. Es entstanden Unternehmen verschiedenster Art, von Ein-Mann-Firmen bis zu international wettbewerbsfähigen Unternehmen, wobei die Tätigkeitsbereiche sich auf alle Formen von wirtschaftlicher Aktivität erstrecken wie Produktentwicklung und -herstellung, Marketing und Verkauf, Beratung und sonstige Dienstleistungen, wobei die unumstrittene Stärke der chinesischen hochschulischen Unternehmen im Bereich moderner Hochtechnologie liegt.

Seit Jahren beteiligen sich die Hochschulen mit ihren Unternehmen landesweit aktiv an den wirtschaftlichen und technologischen Entwicklungen. In den sogenannten High-Tech-Zonen, die in vielen chinesischen Städten zur Förderung neuer Technologien und technologischer Produkte eingerichtet wurden, spielen die Hochschulen meistens eine tragende innovative Rolle. Eine Computerfirma der Beijing-Universität hat sich beispielsweise binnen weniger Jahren zu einem der größten Software-Hersteller Chinas entwickelt. Die hochschuleigenen Unternehmen fungieren zwar in erster Linie als eine neue Finanzquelle, kommen aber auch der Lehre und vor allem der Forschung zugute, wobei angewandte Forschung und Wissenschaftstransfer im Mittelpunkt stehen. Die hochschulbetriebenen Unternehmen kann man als einen der wichtigsten Faktoren des gegenwärtigen Hochschulwesens in China ansehen.

3. 2 Die Einführung von Studiengebühren

Das Studium in China war bis vor einiger Zeit vollkommen gebührenfrei, die Studenten erhielten sogar einen Unterhaltszuschuss vom Staat. Um der zunehmenden Finanznot der Hochschulen zu begegnen, wurden ab 1994 schrittweise generelle Studiengebühren für das Bakkalaureatsstudium eingeführt. Die Berechnungsgrundlage dafür ist, dass sich jeder Studierende zu 10-15% an den Realkosten seines Studiums beteiligen soll. Gegenwärtig liegen die Studiengebühren an den Hochschulen pro Jahr bei 2.000 bis 4.000 Yuan, was etwa 600-900 DM entspricht. Ausnahmen gelten für die Studiengänge Lehrerbildung und Agrarwissenschaft, da hier ein großer Bedarf besteht, sowie für das Sportstudium. Die Studenten aus ethnischen Minderheiten sind grundsätzlich von den Studiengebühren befreit, um ihnen eine besondere Förderung zuteil werden zu lassen. Im Gegenzug werden die Möglichkeiten der Studienförderung wie Stipendienvergabe, Ausbildungskredite, Gebührenbefreiung, Werkstudiumangebote u.a. ausgeweitet, damit für Jugendliche aus sozial schwachen Familien Chancengleichheit gewahrt bleibt. Unternehmen im In- und Ausland werden animiert, zu Förderungszwecken Stiftungen an den Hochschulen zu errichten.

Für ein Graduiertenstudium d.h. zum Erlangen des Magisters- und des Doktorgrades wird jedem Studierenden nach wie vor während der gesamten Studiendauer von der Regierung und meistens auch noch zusätzlich von der betreffenden Hochschule ein Stipendium gewährt. Beispielsweise erhält an der Beijing-Universität jeder Studierende im Magisterstudiengang jährlich mehr als 2.000 Yuan, Doktoranden bekommen noch etwas mehr (über 3.000), was durchaus für den Unterhalt eines Studenten ausreicht. Die Postgraduierten sind überdies von der Einführung der Studiengebühren verschont geblieben. Über die Frage jedoch, ob nicht auch für das postgraduierten Studium eine Studiengebühr eingeführt werden sollte, wird gegenwärtig auch schon debattiert.

3.3 Abbau der staatlichen Arbeitsplatzzuweisung

Die ehemals staatliche Arbeitsplatzzuweisung von Hochschulabsolventen nach planwirtschaftlichen Maßgaben ist im Prinzip bereits seit einigen Jahren eingestellt worden. Die Hochschulen spielen jedoch noch eine vermittelnde Rolle zwischen ihren Absolventen und dem Arbeitsmarkt, wobei Unternehmen oder andere Einrichtungen, die studierte Arbeitskräfte brauchen, sich unmittelbar an die Hochschulen wenden. Je nach den spezifischen beruflichen Anforderungen stellen die Hochschulen den Arbeitgebern geeignete Absolventen ihrer Einrichtung vor. In einem zweiten Schritt können die Unternehmen dann durch eigene Tests oder Auswahlgespräche sich selbst unter diesen Bewerbern ihre zukünftigen Mitarbeiter auswählen. Für eine kleine Zahl von Arbeitsplätzen erstellt die Regierung weiterhin einen Beschäftigungsplan z.B. für das Schulpersonal. Die betreffenden Studenten sind verpflichtet, für eine festgelegte Zeit die zugewiesene Arbeit bei einer bestimmten Einrichtung aufzunehmen. In diesen Fällen wird in der Regel schon vor Studienbeginn ein Vertrag über die spätere Arbeitsverpflichtung abgeschlossen, wodurch die Studenten von den Studiengebühren befreit sind.

Bisher gibt es in China noch keinen freien Arbeitsmarkt für Hochschulabsolventen im westlichen Sinne. Das wesentliche Hindernis beruht auf der eingeschränkten Wohnsitz- und Zuzugsberechtigung. Eine Arbeitsaufnahme, die mit einem Wechsel des Wohnsitzes verbunden ist, bedarf einer Sondergenehmigung, die generell nur schwer zu erhalten ist. Der Trend geht allerdings dahin, dass sich in Zukunft alle Hochschulabsolventen selbst auf dem Arbeitsmarkt eine Arbeit suchen dürfen bzw. müssen.

3.4 Erweiterung der studentischen Autonomie

Jedem Besucher einer chinesischen Hochschule fällt sofort ins Auge, dass das Studentenleben in China sich von dem in Deutschland erheblich unterscheidet. Die Hochschulen sind für chinesische Studenten nicht nur ein Ort des Lernens, sondern auch ein gemeinschaftliches Lebenszentrum. Studium, Alltagsleben und Freizeit finden auf einem größeren Campus statt, der durch Mauern von der Umgebung abgeschirmt ist. Während ihres Studiums verbringen die Studenten dadurch den größten Teil der Zeit getrennt von der sonstigen Bevölkerung.

Das Studium an chinesischen Hochschulen ist überdies von Verschulung gekennzeichnet. Es läuft in einem einheitlichen Zeitrahmen nach einer festen Stundenplanvorgabe ab; auch die Studiendauer ist genau festgelegt. Die Studenten besuchen zum überwiegenden Teil obligatorische Veranstaltungen bis zu 30 Stunden in der Woche, wobei es sich meistens um Vorlesungen handelt. In jedem Kurs wird am Semesterende eine Prüfung abgehalten.

In den letzten Jahren haben die Hochschulen versucht, den Studenten mehr Spielraum beim Studium einzuräumen. Beispielsweise wird das Angebot an Wahlfächern laufend ausgebaut. Zur Zeit können die Studenten zu etwa 10-20% ihre Kurse selber bestimmen. Auch eine Nebenbelegung von Kursen an einer anderen Hochschule am Ort ist möglich geworden. Die oben erwähnte Vereinbarung über die gegenseitige Anerkennung der Studienleistungen, die die zehn Universitäten unter sich getroffen haben, ist als ein Schritt in diese Richtung anzusehen. Dadurch wird auch ein Fachwechsel trotz der weiterhin vorhandenen Schwierigkeiten erleichtert.

Ein Hochschulwechsel während des Studiums ist jedoch bislang immer noch nicht möglich, aber nach Abschluss eines Studienganges kann das Studium nun auch an einer anderen Hochschule fortgesetzt werden, wobei man allerdings für jeden Wechsel bzw. zur Aufnahme eines weiteren Studiums die entsprechende Eingangsprüfung bestehen muss.

Im Gegensatz zu früher ist es den Studenten heute erlaubt, während ihres Studiums an der Hochschule oder auch außerhalb einen Job zu ergreifen. Viele Studenten, vor allem Studenten in fortgeschrittenen Semestern und Postgraduierte, machen häufig von dieser Möglichkeit Gebrauch, um ihren Lebensunterhalt aufzubessern, oder auch um praktische Erfahrungen zu sammeln.

3.5 Generationswechsel unter den Hochschullehrern

Unter den chinesischen Hochschullehrern findet zur Zeit ein Generationswechsel dadurch statt, dass die Generation, die noch vor der Kulturrevolution (1966-1976) studiert hat, jetzt nach und nach in den Ruhestand tritt. Die neue Generation von Professoren rekrutiert sich hauptsächlich aus den Studenten der späten siebziger und der frühen achtiziger Jahre. Die mit dem Beruf des Hochschullehrers verbundenen fachlichen Anforderungen und sonstigen Qualifikationen sind gestiegen, wobei in der Regel eine Promotion die Grundvoraussetzung für eine Professur bildet, was ehedem nicht der Fall war.

Viele aus der neuen Professorengeneration haben durch Forschungs- oder Studienaufenthalte im Ausland zusätzliche Erfahrungen sammeln können und sind mehr oder weniger mit dem internationalen Forschungsstand der jeweiligen Fachrichtung vertraut. Überdies pflegen immer mehr chinesische Hochschullehrer intensiven Kontakt mit ihren westlichen Fachkollegen und beteiligen sich an weltweiten wissenschaftlichen Forschungsthemen. Durch diese neue Generation von Hochschullehrern hat sich die Lehre und Forschung an den chinesischen Hochschulen sowohl inhaltlich als auch methodisch merklich verbessert und beginnt, sich dem internationalen Standard anzugleichen.

Fast alle chinesischen Hochschulen stecken jedoch im Moment in einer Krisensituation hinsichtlich der Altersstruktur ihres Lehrkörpers. Zum einen machen sich die Auswirkungen der Kulturrevolution deutlich bemerkbar, indem erhebliche Lücken unter der Altersgruppe der über 45jährigen Dozenten zu verzeichnen sind. Zum anderen droht bei den jüngeren Nachwuchswissenschaftlern eine Abwanderung entweder ins Ausland oder in die Wirtschaft, weil eine Hochschulkarriere für die nachwachsende akademische Leistungselite häufig nur die zweite oder dritte Wahl bildet. Viele Hochschulen, vor allem Hochschulen mit wenig Prestige, bemühen sich daher, um dem Mangel an Lehrpersonal entgegenzuwirken, junge hochqualifizierte Nachwuchswissenschaftler durch verschiedene Anreize zu gewinnen, wie beispielsweise durch die Bereitstellung größerer Wohnungen und schnellerer Beförderungsmöglichkeiten.

Die Regierung hat ihrerseits in den letzten Jahren Anstrengungen unternommen, um Nachwuchswissenschaftler unter 45 besonders zu fördern. Als Beispiel sei das „Programm zur Förderung von Schlüssel-Nachwuchswissenschaftlern an den Hochschulen“ vom Oktober 1999 zu nennen. Demnach wird das Bildungsministerium im Zeitraum von 1999 bis 2003 etwa 10.000 ausgewählte Hochschuldozenten unter 45 Jahren mit Sondermitteln und vergünstigte Regelungen unterstützen, um die Altersstruktur der Hochschuldozenten zu optimieren (Amtsblatt des Bildungsministeriums, 1999/12, S.533-539).

4. Perspektiven

Die oben dargestellten Entwicklungen sollen in den nächsten Jahren weiter forciert und abgerundet werden. Dafür hat die chinesische Regierung mit ihrer 1997 beschlossenen „Stellungnahme zur Beschleunigung der Verwaltungsreform im Hochschulwesen und zur Umstrukturierung des Hochschulwesens" ein deutliches Zeichen gesetzt, wobei die Frage der Qualität von Lehre und Forschung in den Vordergrund bildungspolitischer Erwägungen getreten ist. Diese Tendenz signalisiert das groß angelegte 'Projekt 211', welches eine wichtig Rolle bei der Hochschulreform spielt. Mit diesem 1993 ins Leben gerufenen Projekt hat die chinesische Regierung beschlossen, ca. 100 ausgewählte Universitäten vorrangig zu unterstützen, um sie mit dem beginnenden 21. Jahrhundert in den Bereichen Lehre, Forschung und Hochschulmanagement dem Weltniveau anzugleichen und dadurch dem Hochschulwesen landesweit einen Anschub zu geben. Seit Jahren haben sich die in Frage kommenden Universitäten um die Aufnahme in dieses Programm bemüht. Bis 1999 waren Bewerbung und Evaluation für die nominierten Universitäten abgeschlossen.

Sowohl die Zentralregierung als auch die Provinzregierungen haben inzwischen für diese Universitäten beachtliche Mittel bereitgestellt, um eine Verbesserung der Lehr- und Forschungsbedingungen zu ermöglichen. Seit 1998 erhalten einige Spitzenuniversitäten dazu noch besondere Förderung von der Regierung, um sich beschleunigt dem internationalen Standard angleichen zu können. Zu den Maßnahmen der Qualitätssteigerung gehört auch das Bestreben nach einer inhaltlichen Modernisierung der Hochschulausbildung. Bereits 1994 hatte die Regierung ein „Programm zur Unterrichts- und Curriculumsreform mit Blick auf das 21.Jahrhundert" angekündigt. Dieses ist ebenfalls ein groß angelegtes Projekt mit dem Ziel, die Studieninhalte entsprechend den wissenschaftlich-technologischen Neuerungen zu modernisieren und vor allem die fachliche Überspezialisierung in der Hochschulausbildung zugunsten einer breiteren Ausrichtung des Studiums weiter abzubauen. Im Rahmen dieses Programms sind über 200 Projektgruppen eingerichtet worden, in denen über 10.000 Hochschullehrer Reformpläne für fast alle Studiengänge entwerfen.

Angesichts der gegenwärtigen Rahmenbedingungen für die Hochschulen, die bei weitem nicht zufriedenstellend sind, hat man allerdings keinen Grund, allzu optimistisch zu sein. Solange eine gesetzlich und finanziell gesicherte Grundlage für das Hochschulwesen fehlt, können administrative Willkür und kommerzielle Versuchungen die Hochschulen von ihrem eingeschlagenen Reformkurs abbringen. Es ist demnach noch weitgehend offen, ob die ehrgeizigen

Reformziele im Hinblick auf die Entwicklungen der chinesischen Hochschulen an der Schwelle zum nächsten Jahrtausend tatsächlich oder wenigstens annähernd erreicht werden.

Literatur:

Bildungsministerium der Volksrepublik China: *Mianxiang 21shiji jiaoyu zhenxing xingdong jihua* [Aktionsprogramm zur Förderung des Bildungswesens im Blick auf das 21.Jahrhundert]. In: *Jiaozubu zhengbao* [Amtsblatt des Bildungsministeriums], 1999/3, S. 99-106.

Bildungsministerium der Volksrepublik China: [Stellungnahme zur Neuregelungen der Hochschulzugangsprüfung]. In: *Jiaozubu zhengbao* [Amtsblatt des Bildungsministeriums] 1999/3, S.122-124.

Bildungsministerium der Volksrepublik: *Gaodeng xuexiao gugan jiaoshi zizhu jijua* [Programm zur Förderung von Schlüssel-Nachwuchswissenschaftlern an den Hochschulen (vom 14. Oktober 1999)]. In: *Jiaozubu zhengbao* [Amtsblatt des Bildungsministeriums], 1999/12, S.533-539.

LIU Yifan: *Zhongguo dangdai gaodeng jiaoyu shilue* [Kleine Geschichte des modernen chinesischen Hochschulwesens]. Wuhan 1991.

SHAO Jinrong: *Zhongguo gaodeng jiaoyu hongguan guanli tizhi gaige yanjiu* [Studie zur Reform des Makro-Verwaltungssystems der chinesischen Hochschulen]. Beijing 1994.

WORLD BANK: *Zhongguo gaodeng jiaoyu gaige* [China: Higher Education Reform]. Beijing 1998.

WANG Jisheng: *Mianxiang 21 shiji de zhongguo gaodengjiaoyu.* [Das chinesische Hochschulwesen im Blick auf das 21.Jahrhundert]. Xi'an 1998.

XIA Tianyang: *Gaodeng jiaoyu lifa yinlun* [Hochschulgesetzgebung – Eine einführende Darstellung]. Shanghai 1993.

Zhonghua renmin gongheguo gaodeng jiaoyu fa [Das Hochschulgesetz der Volksrepublik China], Beijing 1998.

ZHOU Beilong (Hrsg.): *Mianxiang 21 shiji de zhongguo jiaoyu – guoqing, xuqiu, guihua yu duice* [Das Bildungswesen in China im Blick auf das 21.Jahrhundert – Lage, Nachfrage, Planung und Strategie], Beijing 1990.

Kurzbiographie:

Prof. Dr. CHEN Hongjie, geb. 1959 in Xi'an; Studium der Germanistik an der Beijing-Universität und Promotion 1998; ab 1983 Assistent, seit 1995 Assistenzprofessor am Institut für Hochschulbildung der Universität Beijing; mehrere Forschungsaufenthalte in Deutschland. Arbeitsschwerpunkte: Vergleichende und historische Studien zum Hochschulwesen und zur Hochschulpolitik.
Anschrift: Beijing University, Institut of Higher Education, 100871 Beijing, Volksrepublik China.

(sprachlich überarbeitet von R.F.Franke)

Liu Jie/Xie Weihe

Reform der Lehre an chinesischen Hochschulen
Gegenwärtiger Stand, Besonderheiten und Trends

(übersetzt aus dem Chinesischen von R.F.Franke)

Since the nineties of twentieth century, a series of teaching reforms have taken place in Chinese colleges and universities, and have demonstrated the characteristics of the present Chinese higher education. These reforms mainly include changes in professional requirement, teaching contents, curriculum systems, model of instruction, teaching media, teaching evaluations and all-round quality education to all university students. Looking forward to the future, the teaching reforms going on in Chinese colleges and universities are aimed at meeting new challenges and displaying new great changes in many aspects.

Vorbemerkung

Die Lehrtätigkeit ist für die Hochschulen der fundamentale Weg, um ihrer zentralen Aufgabe - das Heranbilden von höheren Fachkräften - gerecht zu werden. Die Verbesserung der Lehre zur Hebung des hochschulischen Unterrichtsniveaus ist daher in China zu einem Dauerthema geworden. Im März 1998 berief das Bildungsministerium in der Stadt Wuhan erstmalig eine nationale Arbeitskonferenz seit Gründung der Volksrepublik China ein, die sich schwerpunktmäßig mit dem Thema der Lehre an den Hochschulen beschäftigte. Auf dieser Konferenz ging es im wesentlichen um die Erfahrungen, die man seit der 4.Arbeitskonferenz zum Hochschulwesen im Jahre 1992 mit der Hochschulreform gemacht hatte. Die Diskussion konzentrierte sich auf die Themen: Wandel in den Bildungsvorstellungen, Vertiefung der Lehrreform, Verbesserung der Unterrichtsqualität sowie Intensivierung des allgemeinen Aufbaus des Unterrichtswesens.

1. Zum gegenwärtigen Stand der Hochschulreform

Das System von Qualifikation und die Bildungsvorstellungen an den chinesischen Hochschulen, die sich als ein strukturiertes Ganzes unter der Planwirtschaft herausgebildet haben, sind über kurz und lang den neuen Anforderungen an hochschulischer Qualifikation, wie sie die sozialistische Marktwirtschaft mit sich gebracht hat, nicht mehr gewachsen. Ebenso wenig können sie den neuen

Tendenzen und Besonderheiten der globalen wissenschaftlichen und technologischen Entwicklungen standhalten. Deshalb ist man in den vergangenen Jahren dazu übergegangen, ein ganz neues Reformwerk zur Verbesserung und Erneuerung des Unterrichtswesens zu planen und zu organisieren. Dies geschah im Sinne des bildungspolitischen Leitgedankens „das Bildungswesen muss der Modernisierung, der Welt und der Zukunft zugewandt sein", womit das Ziel verfolgt wird, das Hochschulwesen den Erfordernissen des wirtschaftlichen Aufbaus und der gesellschaftlichen Entwicklungen des 21. Jahrhunderts anzupassen.

1.1 Neuordnung, Erweiterung und Reduktion der Hochschulfächer

Nach Gründung der VR China wurden die allgemeinen Fächer wie auch die Spezialfächer der Hochschulen mehrmals einer größeren Umgestaltung unterzogen. Anfangs hatte man in Nachahmung des sowjetischen Modells eine Vielzahl von Hochschulfächern den Branchen und Produkten entsprechend eingerichtet, sodass es schließlich über 1.400 Fächer gab. Mit der Einleitung der „Reform und Öffnung" [zum Westen] hat der chinesische Staat in Anlehnung an die neue Situation der Modernisierung 1987 und erneut 1993 den ehemaligen Fächerkanon derart überarbeitet, dass die Fächer auf etwa 500 reduziert wurden. Mit Einführung der sozialistischen Marktwirtschaft und der rapiden Entwicklung von Wissenschaft und Technik begannen sich jedoch Vorstellungen von lebenslangem Lernen auszubreiten, denn die rapide Zunahme des Umfangs an Kenntnissen, der Ausbreitung von Ganzheitlichkeit des Denkens sowie die gegenseitige Durchdringung und Verschmelzung von geistes- und naturwissenschaftlich-technischen Wissen erfordern eine vielfältigere Qualifikation und größerer Flexibilität als bisher. Demgegenüber bot der übermäßig eng organisasierte Rahmen der Hochschulfächer, der weiter fortbestand, kaum eine Chance, dass die Studierenden neue Kompetenzen in Anpassung an die gesellschaftlichen Veränderungen entwickeln konnten. Dieser Zustand stellte einen großen Missstand dar, weshalb im Jahre 1997 die chinesische Regierung mit einer neuen Runde der Revision der Lehrpläne aller Studienfächer begann, die ein Jahr später abgeschlossen wurde. Diese Reform fand nach den Prinzipien von Wissenschaftlichkeit, Standardisierung und Erweiterung statt, Anpassungsvermögen und Flexibilität als Schlüsselqualifikationen wurden besonders unterstrichen. Durch die Revision reduzierte sich die Fächerzahl von ursprünglich 504 auf 249 d.h. um 50,6%. Viele der Fachgebiete wurden aneinander angeglichen und zu neuen Basisfächern zusammengelegt; der zu vermittelnde Wissensstoff, die zu erlernenden Fertigkeiten und Fähigkeiten neu bestimmt, der Kursumfang der Basisfächer erweitert sowie deren Grundlagen verstärkt und verbreitert. Für mehrere Fachgebiete mit gemeinsamen wissenschaftlichen Grundlagen wurde eine einheitliche Ausbildung festgelegt, sodass sie in ihrer Gesamtzahl verringert werden konnten. Dieses Reformmodell erfuhr insgesamt eine breite gesellschaftliche Akzeptanz.

1.2 Reform der Lehrinhalte und des Fächersystems

Im Jahre 1994 hatte die damalige Staatliche Bildungskommission ihre Stellungnahme dazu vorgelegt, wie der „Reformplan zu den Lehrinhalten und zum Fächersystem der Hochschulen mit Blick auf das 21.Jahrhundert" konzipiert und umgesetzt werden sollte. Überdies wurde 1995 an der Qinghua-Universität zweimal eine „Konferenz zur gegenwärtigen Reform von Wissenschaft, Technik und Bildung" veranstaltet. Dazu hatte man über zehn hochrangige Akademiemitglieder und Universitätsprofessoren eingeladen, die sich in den verschiedenen Wissenschaftszweigen in und außerhalb Chinas derart auskannten, um über die Entwicklungen in den Wissenschaften sowie über die Reform der Lehrinhalte und des Fächersystems berichten zu können. Dies war ein Ausdruck dafür, dass der „Reformplan zu den Lehrinhalten und zum Fächersystem" allseits aufgegriffen worden war. Nachdem erste kleinere Versuche in einigen der wissenschaftlichen Disziplinen durchgeführt worden waren, genehmigte die Staatliche Bildungskommission nacheinander 221 Großprojekte und 985 Unterprojekte in den sechs großen Disziplinen Geistes- (einschl. Fremdsprachen), Natur-, Ingenieur-, Agrar-, Finanz-, Politik- und Rechtswissenschaft. Insgesamt gab es über 300 Hochschulen mit über 10.000 Lehrkräften, die sich innerhalb dieser Projekte unmittelbar den Untersuchungen und der praktischen Umsetzung der Reformpläne widmeten. Danach wurde 1997 mit einem weiteren „Reformplan zu den Lehrinhalten und zum Fächersystem der hochschulischen Lehrerausbildung im Blick auf das 21. Jahrhundert" begonnen, in dessen Rahmen 210 Projekte bewilligt wurden. Auch hier gab es an die 10.000 Lehrkräfte, die unmittelbar an der Umsetzung dieser Projekte beteiligt waren. Der „Reformplan zu den Lehrinhalten und zum Fächersystem" ist realiter ein Gesamtentwurf zur Untersuchung des Hochschulunterrichtes aus Sicht der Reformen, wobei der Forschungsrahmen folgende Bereiche umfasst:

- Untersuchung von neuen gesellschaftlichen Anforderungen an Wissenskompetenzen, Fertigkeiten und Fähigkeiten,
- Neubestimmung des pädagogischen Denkens und der Leitideen von Bildung,
- Veränderung der Standardformen von Ausbildung,
- Revision der Fachgebiete, des Fächerkatalogs und des Fachaufbaus,
- Reform der Ausbildungsziele in den Massenfächern sowie der Bildungsnormen,
- Reform der Lehrpläne und der Fächerstruktur von Haupt- und Nebenfächern,

- Neubestimmung der Lehrinhalte und des Kurssystems von Basis- und Spezialfächern,
- Erstellung und Herausgabe neuer qualitativ verbesserter fachspezifischer Lehrmaterialien
- Verbesserung der Lehrverfahren und Lehrmethoden,
- Einführung methodisch moderner Lehrtechniken.

Dieser Gesamtentwurf ist ein Bauwerk systematischer Reformen, die auf ein verändertes pädagogisches Denken, auf neuen Bildungswerten und Erziehungszielen sowie auf anderen grundsätzlichen makroskopischen Fragen beruhen. Von der Warte des Hochschulunterrichts aus betrachtet, weist das Reformwerk eine systematisch organisierte Struktur auf, in dem Ausbildungsziele, Ausbildungsformen, Gliederung der Fächer, Lehrinhalte, Lehrmethoden, Lehrmittel, Unterrichtsorganisation und -verwaltung sowie Evaluation und Kontingentierung von Lehrkräften wechselseitig in Beziehung zueinander stehen.

Der Reformplan sah vor, dass schwerpunktmäßig konkrete Ergebnisse erzielt werden sollten; zum einen sollten für einen neuen Fächerkatalog die wichtigsten Ausbildungsfächer bestimmt, die Fächerstruktur festgelegt sowie die Geschlossenheit und Optimierung der Lehrinhalte gewährleistet sein; zum anderen sollten mit Blick auf das 21.Jahrhundert Lehrmaterialien hohen Niveaus und hoher Qualität vorliegen. Nachdem der Reformplan angelaufen war, ergriffen viele Mitglieder von wissenschaftlichen Instituten, herausragende Professoren und Hochschulrektoren die Initiative und nahmen an den Projektgruppen teil, um mit ihren Aktivitäten die Masse der Lehrkräfte anzuregen, sich an den Reformen zu beteiligen. Gegenwärtig haben die meisten Projekte bereits ihre in- und ausländischen Untersuchungen und ihre Planungsentwürfe zur Gesamtreform abgeschlossen.

Ein Teil der früh begonnenen und schneller vorangeschrittenen Planungsprojekte sind bereits in ihrem ersten Versuchsstadium und sind dafür bereits mit neuem Lehrmaterial ausgestattet. Die Regierung hat „Beraterstäbe für die Reform der Lehrinhalte und des Fächersystems“ eingerichtet, die sich aus bekannten chinesischen Experten der verschiedenen Fachrichtungen zusammensetzen. Diese haben Stellungnahmen zur Beschleunigung der Umsetzung des „Reformplans zu den Lehrinhalten und zum Fächersystems mit Blick auf das 21. Jahrhundert“ veröffentlicht. Außerdem wurde eine Konferenz zum Austausch von Erfahrungen über den Reformplan abgehalten, auf der eine Anzahl von hervorragenden Reformergebnissen aus ganz China prämiert wurde.

1.3 Stützpunkte für die Basisfächer

Wegen unzureichender finanzieller Mittel waren die chinesischen Hochschulen Ende der achtziger Jahre in arge Bedrängnis geraten; der Lebensstandard der

Hochschulangehörigen sank, sodass sich unter dem Lehrpersonal eine große Verunsicherung breit gemacht hatte, die zu zunehmender Fluktuation führte. Dies hatte zur Folge, dass sich das Lehrangebot sowohl in den Basisfächern als auch in den fachspezifischen Kursen dramatisch verschlechterte, und damit auch die Leistungen der an den Hochschulen ausgebildeten Studenten bedrohlich sanken. In dieser Lage traf die damalige Staatliche Bildungskommission eine strategische Entscheidung, um die Ausbildungsqualität zu sichern, indem sie Stützpunkte zur Grundlagenforschung und zur Heranbildung kompetenter Lehrkräfte für die Basisfächer einrichtete.

Von 1991 an hat man zunächst an 84 Hochschulen mit relativ guten Voraussetzungen „Staatliche Stützpunkte der Forschung und Lehre zur Ausbildung kompetenter Kräfte in den naturwissenschaftlichen Basisfächern" und im Jahre 1994 außerdem noch 51 „Staatliche Stützpunkte der Forschung und Lehre zur Ausbildung kompetenter Kräfte in den geisteswissenschaftlichen Basisfächern" eingerichtet. Die Regierung hat diese Stützpunkte schwerpunktmäßig durch Investitionsmittel und Sonderbedingungen beim Zulassungsverfahren gefördert. Dies geschah mit der Auflage, dass jeder Stützpunkt eine Modellfunktion in der Unterrichtsreform und Lehrerfortbildung zu übernehmen hatte. Darüber hinaus brachte die Regierung jährlich 60 Millionen Yuan für die Einrichtung eines „Staatlichen Fonds zur Ausbildung von kompetenten Kräften für die Basisfächer" auf, der vor allem für den Aufbau von naturwissenschaftlichen Stützpunkten verwendet wurde. Um den grundlegenden Aufbau von Stützpunkten zur Reform der Lehre und des Unterrichts in den technischen Basisfächern zu forcieren, wurden 1996 insgesamt 45 „Staatliche Stützpunkte für den Unterricht in den technischen Basisfächern" eingerichtet. Diese bildeten Standorte zur Durchführung des „Reformplans zu den Lehrinhalten und zum Fächersystem der hochschulischen Ingenieursausbildung mit Blick auf das 21. Jahrhundert".

1998 wurden weitere 13 „Staatliche Stützpunkte für die Ausbildung von kompetenten Kräften der Wirtschaftswissenschaften" errichtet, die die Standorte zur Durchführung des „Reformplans zu den fachspezifischen Lehrinhalten und zum Unterrichtssystem auf dem Gebiet Finanzverwaltung und Management" bildeten. Der Aufbau dieser Standorte hat in wissenschaftlichen, akademischen und universitären Kreisen große Aufmerksamkeit auf sich gezogen; allgemein wird davon ausgegangen, dass diese „staatlichen experimentellen Schwerpunktstützpunkte" und „staatlichen Schwerpunktfächer" von strategischer Bedeutung für die Globalisierung von Studiengängen und Qualifikationen sein werden.

1.4 Evaluationsarbeit an den Hochschulen und ihre ersten Ergebnisse

Die Qualitätssicherung der Hochschulausbildung hat eine solide Gangart entwickelt, indem im Zuge der Vertiefung der Hochschulreformen ein Makro-

Verwaltungssystem für die administrative Seite der Hochschulausbildung und des Hochschulunterrichtes auf die Tagesordnung gesetzt wurde. 1994 begann offiziell die Unterrichtsevaluation in den ordentlichen Studiengängen nach dem Prinzip „durch Evaluation die Reform und den Aufbau zu fördern, indem Evaluation und Aufbau miteinander verbunden werden und dabei das Schwergewicht auf den Aufbau gelegt wird". Bei der Evaluation sollte vor allem die Aufmerksamkeit auf deren diagnostische Funktion ruhen; es sollten keine Ranglisten von den Hochschulen anhand der Evaluationsergebnisse aufgestellt werden, sondern es sollten differenziert die Vorzüge und Mängel der einzelnen Hochschule herausgekehrt werden, und zwar im Dienste der sich anschließenden Reformen und des Ausbaus der jeweiligen Hochschule.

Die Lehrtätigkeit in den ordentlichen Studiengängen an den über 100 Hochschulen, die nach der „Kulturrevolution" errichtet worden waren, wurde einer Evalution unterzogen, wobei ein Drittel von ihnen den Evalutionsnormen nicht gerecht wurden. Dies löste bei den Verwaltungsbehörden sowie bei den Hochschulen selbst einen starken Widerhall aus, und wurde zum wichtigen Auslöser für eine Unterstützung der Hochschulen bei ihrer Klärung von Leitgedanken zu einer besseren Hochschulführung. Überdies wurden die Investitionen erhöht, und das Niveau der Hochschulverwaltung und der Lehrqualität einer generellen Erhöhung unterzogen. Diese Evaluation kann daher als ein Meilenstein in der Geschichte der Hochschulentwicklung betrachtet werden. Auf der Basis ihrer Ergebnisse wurde 1995 eine weitere schwerpunktmäßige Evaluation zur Bewertung der Güte von Hochschularbeit vorgenommen, worauf im Jahre 1999 eine allgemeine Evaluation an allen Hochschulen durchgeführt werden sollte.

1.5 Verbesserung der kulturellen Bildungsnivaus der Studenten

Aufgrund des Problems, dass an den Hochschulen der Unterricht auf dem Gebiet der kulturellen Bildung sehr schwach war, hat die damalige Bildungskommission im Jahr 1995 neue Vorstellungen entwickelt, um dieser Bildungsaufgabe besser gerecht zu werden. Überdies hat man an der Beijing-Universität, an der Qinghua-Universität und am Huazhong Institut für Technologie sowie an weiteren 52 Hochschulen angefangen zu experimentieren mit dem Ziel, das kulturelle Bildungsniveau der Hochschulstudenten zu heben sowie die geisteswissenschaftliche Bildung zu verbessern, damit die Studenten eine allseitige Entwicklung ihrer moralischen, kulturellen, beruflichen, körperlichen und psychischen Qualitäten erfahren. Seit einigen Jahren hat man nach und nach mehrere Fachkonferenzen, Symposien und Tagungen dazu abgehalten.

Viele der Versuchsuniversitäten sind dazu übergegangen, einen obligatorischen Lesekanon für die Studenten aufzustellen, die Menge der kulturellen Informationen in den Lehrveranstaltungen zu vergrößern, kulturelle Vorträge zu organisieren, die Studenten zu sozialen Aktivitäten zu mobilisieren und anderes mehr zur Verbesserung der kulturellen Bildung zu veranstalten. Einige Hochschulen haben klare Zielsetzungen für die kulturelle Bildung, grundlegende Anforderungen und Bewertungsmaßstäbe formuliert sowie Ausbildungskonzepte gemäß neuer Erfordernisse entworfen. Das Huazhong Institut für Technologie hat über 400 kulturwissenschaftliche Vorträge veranstaltet sowie zwei Literaturbände kultureller Bildung für die Hochschule herausgegeben, womit sie große Erfolge hatten. Die Praxis zeigt, dass die Stärkung der kulturellen Bildung von eminenter Bedeutung ist, um einen Wandel im pädagogischen Denken und in den erzieherischen Leitideen zu bewirken, um zu neuen hochschulischen Ausbildungsmodellen anzuregen, um das Unterrichtssystems und die Lehrinhalte zu reformieren, damit kompetente Kräfte in Blick auf die Notwendigkeiten des 21.Jahrhundert herangebildet werden können.

2. Besonderheiten der hochschulischen Lehrreform

Bei den neueren Reformen an den chinesischen Hochschulen lassen sich einige Besonderheiten ausmachen, die sie von den bisherigen Reformbestrebungen in China und möglicherweise auch von den Ansätzen in anderen Ländern unterscheiden. Grundsätzlich findet die Reform des Hochschulunterrichtes auf dem Hintergrund der Modernisierung und der beschleunigten internationalen Entwicklung von Technologie und Wirtschaft statt, wodurch neue Bedürfnisse an das Bildungswesen herangetragen werden. Die Reform der Hochschulausbildung nimmt daher in der sozioökonomischen Gesamtreform Chinas eine Kernstellung ein. In diesem Zusammenhang ist die Lehrreform kein politisch-administrativer Verwaltungsakt, sondern muss sich am wissenschaftlichen Charakter der Hochschulen orientieren, wobei sie sich auf die Lehrkräfte und Studierenden als aktiv Mitwirkende stützt.

2.1 Bedarfsorientierung in der Hochschulausbildung

In den vergangenen Jahren gewann die chinesische Reform des Hochschulunterrichtes an Tiefe, indem sie eine Entwicklung erfuhr, die von der grundsätzlichen Frage nach dem gesellschaftlichen Bedarf ausging. Das Reformmotiv ging daher nicht vom Hochschulwesen selbst aus, sondern lag in den erheblichen Veränderungen, wie sie sich in der gesellschaftlichen Bedarfsstruktur eingestellt hatten. Im Zuge des Wandels von Planwirtschaft zu sozialistischer Marktwirtschaft hat die Umsetzung der Strategie, durch Wissenschaft und Lehre das Land zum Blühen zu bringen, sowie die Realisierung der Strategie nachhaltiger Entwicklung in jeder Hinsicht zahlreiche neue Anforderungen an die Hochschulausbildung gestellt. Es wurde daher notwendig, dass die Reform der Ausbildung die vielfältigen gesellschaftlichen Bedürfnisse befriedigt, indem kompetente Kräfte ebenso vielfältiger Art herangebildet werden. Erforderlich wurde, das den Studenten vermittelte Wissen an diesen Bedarf anzugleichen, den Kompetenzerwerb von Fertigkeiten und Fähigkeiten miteinander zu verknüpfen, den studentischen Wissenshorizont zu erweitern sowie die soziale Anpassungsfähigkeit der Studenten zu stärken; gefordert war eine Ausbildung, die sich an den Veranlagungen orientiert, die Kreativität und individuelle Entwicklung fördert. Eine gründliche Reform der Ausbildungs- und Qualifikationsnormen für die hochschulische Bildungsarbeit war dementsprechend auszurichten.

Darüber hinaus ist zu berücksichtigen, dass es gegenwärtig weltweit neue Anzeichen in der Wissensökonomie gibt, indem sich Wissenschaft und Technologie tagtäglich wandeln, neue interdisziplinäre Verbindungen entstehen und sich Tendenzen abzeichnen, dass sich zwischen den verschiedenen Fachgebieten, zwischen den Geistes- und Naturwissenschaften Wechselwirkungen und Verschmelzungen anbahnen. Die Informationstechnologie mit der PC-Technologie als Kern ist dabei, die Produktions-, Lebens-, Arbeits- und Lernweisen der gesamten Menschheit rapide zu verändern. Die räumlichen und zeitlichen Veränderungen in den Verfahren der Wissensvermittlung, die Verkürzung der periodischen Wissenserneuerungen sowie die Beschleunigungen in der gesellschaftlich-beruflichen Mobilität stellen vermehrte Anforderungen an die Hochschulbildung. Um darauf eine wissenschaftliche Antwort zu finden und die passenden Reformen der hochschulischen Lehrtätigkeit zu bewerkstelligen, muss man sich daher vor allem Gedanken machen über die Art einer am 21. Jahrhundert orientierten Hochschulbildung.

2.2 Die Lehrreform als Kern

In der mehrjährigen Praxis der Hochschulreform hat sich gezeigt, dass der Wandel im pädagogischen Denken und Veränderungen in den Bildungskonzeptionen den Schlüssel zur Strukturreform und die Lehrreform den Kern in einer kompletten Reformkonzeptualisierung darstellen. Das pädagogische Denken konzentriert sich auf Qualitätsverbesserung und Intensivierung einer an den menschlichen Veranlagungen orientierten Bildung. Der Schwerpunkt, aber auch die größte Schwierigkeit der Strukturreform bestehen in der Reform des Verwaltungssystems, wohingegen die Reform der Lehrinhalte und des Fächersystems den Schwerpunkt und auch die Schwierigkeiten der Lehrreform ausmachen. Der Wandel im pädagogischen Denken und die darauf beruhende Weiterführung der Systemreform hat eine neue Plattform für die Lehrreform und damit gute Bedingungen für eine Vertiefung der Hochschulreform geschaffen.

In den letzten Jahren hat sich überall auf der Grundlage „des allgemeinen Aufbaus, der Anpassung, Kooperation und Zusammenführung“ das soziale Umfeld und die Atmosphäre an den Hochschulen stark verändert, wobei Sub-Beziehungen, Servicebreite, Finanzkanäle, Fachorgane der Institute und Fachbereiche eine Anpassung erfahren haben; die Ausstattung und Materialien für den Hochschulunterricht wurden verbessert, das Selbstverwaltungsrecht der

Hochschulen erweitert, das Niveau und die Leistung der Hochschulleitung deutlich verbessert. Diese Reformen bündelten sich zu einer neuen lebendigen Kraft und schufen neue Chancen. Die Lehrreform bedeutet somit eine Vertiefung der Hochschulreform um einen weiteren Schritt, wobei die Kernaufgabe darin besteht, die Qualität der Ausbildung zu erhöhen, auch wenn der Schwierigkeitsgrad erhöht und die praktische Handhabung erschwert worden ist, indem die Verantwortlichkeiten angewachsen sind.

Dieser Grundgedanke der Hochschulreform beruht auf der Zusammenfassung von historischen Erfahrungen und Lehren, die man aus der Entwicklung des chinesischen Hochschulwesens gezogen hat. Es handelt sich um ein Resümee aus den bisherigen Reformmaßnahmen, aus den Hauptproblemen des Aufbaus und der Entwicklung der Hochschulen und aus der schrittweisen Erforschung der inneren logischen Zusammenhänge in der Hochschulreform. Wenn diese Reformgedanken eine umfassende und landesweite Akzeptanz erfahren, dürften sie zu einem wichtigen Anstoß für die Hochschulentwicklung der kommenden Jahre werden.

2.3 Wissenschaftlicher Charakter der Unterrichtsreform

Im Vergleich zur Reform des Hochschulsystems, ist die Reform des hochschulischen Unterrichtes ein wissenschaftsimmanentes Problem. Der Reform des Hochschulsystems unterliegt einer administrative Logik, sie ist ihrem Wesen nach ein Verwaltungsakt. Die Hochschulleitung, die Verwaltungsstruktur sowie das Systems der Mittelbeschaffung, der Zulassung und der Arbeitsvermittlung bis hin zur inneren Organisationsstruktur u.a. der von Reform betroffenen Hochschulbereiche unterliegen größtenteils den Anordnungen der staatlichen Bildungsbehörden und den einzelnen Ämtern der Hochschulverwaltung.

Die Lehrreform ist ihrem Charakter nach vergleichsweise sehr viel komplizierter und bedarf eines Engagements gemäß der Logik wissenschaftlicher Betätigungen. Es handelt sich hierbei um Fragen, bei denen Meinungsstreit und uneinheitliche Ansichten sowie die Äußerung von unterschiedlichen Meinungen erlaubt sind, denn wissenschaftsimmanente Fragen können nicht einfach über Verwaltungsanordnungen gelöst werden. Beispielsweise geht es um die Frage, welche Kurse der Psychologie, der Pädagogik, der Biologie usw. als Grundlagen zu bestimmen sind. Solche ziemlich anspruchsvollen fachspezifischen Probleme können nicht auf administrativen Wege beseitigt werden; sie bedürfen vielmehr der Diskussion, des Vergleichs sowie der Vorlage unterschiedlicher Planungsentwürfe und müssen schließlich durch Abstimmung unter den Mitgliedern der leitenden Komitees für die einzelnen Fächer beschlossen werden.

Das Funktionieren von Hochschulen kann sich nicht allein auf Methoden administrativen Managements beschränken, sondern man muss die Lehrkräfte und das technische Personal einbeziehen. Die Bildungsbehörden sollten wo immer möglich ihre Kontrolle über den Ablaufprozess der Hochschularbeit verringern, statt dessen eine vergleichende Makro-Zielkontrolle durchführen. Auch die Abteilungen der Hochschulverwaltung sollten sich bei der Reform der Hochschullehre nur initiativ, leitend, unterstützend und organisierend betätigen, jedoch nicht an die Stelle der Lehrkräfte treten.

2.4 Akteure der Lehrreform

Die Subjekte, auf deren Aktivität sich die hochschulische Strukturreform stützt, sind das Personal der Verwaltungsbehörden und das administrative Hochschulpersonal, wobei jede Gruppe in der ihr gemäßen Weise agieren muss. Dies regelt sich entlang der Beziehungen zwischen Zentral- und Lokalbehörden, zwischen Staat und Hochschule, zwischen Bildungsämtern und den betreffenden Branchenbehörden sowie zwischen den Organen innerhalb der Hochschulen. Bei der Lehrreform sind, wie gesagt, die Lehrkräfte und Studenten die Akteure. Die Wissensökonomie baut vor allem auf ihrem innovativen Wissen und ihren Kompetenzen auf. Zweifelsohne kommt es daher zu neuen Herausforderungen an die Hochschulen bei ihrer Hauptaufgabe, die in der Heranbildung kompetenter Kräfte und im Hervorbringen von Innovationen besteht, wobei die pädagogischen Vorstellungen der Lehrkräfte, ihre Einstellung zum Beruf und ihr fachliches Niveau den Angelpunkt bildet, der die hochschulische Lehrreform sehr wesentlich bestimmt.

Seit Beginn der neunziger Jahre, nachdem mit der Durchführung der Strategie des „211 Aufbauprojekts", des „Aufbauprojekts für hoch kompetente kreative Kräfte" und des „nationalen Bildungsprojekts" begonnen worden war, die China durch Wissenschaft und Lehre zum Erblühen bringen sollen, hat man immer mehr erkannt, dass der Aufbau des hochschulischen Lehrkörpers die Grundlage des Systems wissenschaftlicher Innovationen darstellt. Dabei handelt es sich um ein nachhaltiges System zur Niveauerhöhung und Qualitätsverbesserung der Hochschulbildung, was sich nicht zuletzt auf die nachfolgende Entwicklung des Landes auswirkt. Das chinesische Hochschulwesen muss der Spur internationaler Wissenschaft folgend einen Prolog entwickeln und zu einem Ort der Wissensinnovation und Kompetenzbildung werden. Dazu bedarf es auf jeden Fall eines hochqualifizierten Lehrkörpers.

3. Neue Herausforderungen an die Lehrreform

Die Bildungstätigkeit an den chinesischen Hochschulen befindet sich zur Zeit der Jahrhundertwende in einer historischen Weichenstellung. Das Zeitalter der Wissensökonomie hat auch China erreicht, der Kulturaustausch zwischen Ost und West prallt aufeinander, verschmilzt mit der gegenwärtigen Reform der Hochschulbildung und fordert zu einer Intensivierung der hochschulischen

Lehrreform heraus. Als neue Herausforderungen sind die Ausweitung der Hochschulbildung, die Erhöhung der Studienkapazitäten, die Entwicklung einer anlagen- und fähigkeitenorientierten Bildung in Hinblick auf die zukünftig stärkere Einbindung Chinas in die Weltwirtschaft anzusehen.

3.1 Erhöhung der Studienkapazitäten

1999 hat sich die Zahl der Zulassungen zum Hochschulstudium in erheblichem Maße erhöht, sodass die Hochschulen in verschiedener Hinsicht zu einem harten Wettbewerb herausgefordert sind. Dies betrifft die pädagogischen Anschauungen der jeweiligen Hochschule und ihrer Lehrkräfte, die Beziehung zwischen Dozenten und Studenten sowie zwischen Lehre und Forschung und die Lehrtätigkeit im Verhältnis zu ihrer Besoldung.

Neue Herausforderungen stellen sich überdies an den Aufbau von Bibliotheken, Labors, Unterrichtsräumen, technischen Anlagen, Mensen, Studentenheimen u.a. hochschulischen Ausstattungen. Betroffen sind außerdem sowohl die geistes- als auch die naturwissenschafliche Fächergestaltung, Lehrpläne und Lehrmittel, vor allem auch die Bereiche Studieneinführung und Studienberatung, Kursorganisation, Forschungsprojekte und Laborbetreuung sowie andere fachliche Einrichtungen. In einem Wettbewerb befinden sich die Hochschulen auch im ideellen Sinne, wobei der besondere Geist und die wissenschaftliche Atmosphäre angesprochen sind, die die einzelnen Hochschulen auf dem Hintergrund ihrer Traditionen und Eigentümlichkeiten aufzuweisen haben.

3.2 Ausweitung der Hochschulbildung

Das Erziehungsministerium hat verfügt, dass bis zum Jahr 2010 die Quote der Aufnahmekapazität der Hochschulen von derzeit 9% auf über 15% angehoben werden soll. Das bedeutet, dass die Zahl der Jugendlichen im entsprechenden Alter, die eine Chance zu einer Hochschulbildung erhalten, erheblich anwachsen wird. Wenn diese angezielte Quotierung erfolgreich realisiert wird, werden im Jahre 2010 um die 17 Millionen Studenten die verschiedenen Hochschulen Chinas besuchen.

Das heißt, dass China weltweit das Land mit der umfangreichsten tertiären Bildung darstellen wird und sich die chinesische Hochschulausbildung von einer Eliten- in eine Massenbildung verwandeln wird. Die Vermassung der Hochschulbildung wird entsprechende Schwierigkeiten und Herausforderungen mit sich bringen, weswegen das Hochschulwesen und die Lehrformen in vielfältiger Form ausdifferenziert werden müssen.

3.3 Entwicklung einer anlagen- und fähigkeitenorientierten Bildung

Das alte System der Hochschulbildung hat einer Bildung, die sich an den natürlichen Veranlagungen orientiert, nicht genügend Aufmerksamkeit geschenkt. Vor allem sind die Kultivierung eines innovativen Geistes und die Persönlichkeitsbildung der Studenten zu kurz gekommen. Im Juni 1999 wurde die 3.Nationale Bildungskonferenz seit Beginn der „Reform und Öffnung“ abgehalten, auf der die „Bestimmungen über die Vertiefung der Bildungsreform und der allseitigen Beschleunigung der anlagen- und fähigkeitenorientierten Bildung“ verabschiedet.

Die tertiäre Bildung soll demnach die Art von Bildung und Erziehung intensivieren, die sich in ihren Ausbildungszielen an den menschlichen Veranlagungen und Wachstumsgesetzen orientiert. Diesem neuen offiziellen Erziehungskurs der Partei entsprechend sollen allseitig die moralischen, kulturellen, körperlichen, psychischen und beruflichen Veranlagungen der Hochschulstudenten gefördert werden. Der Erwerb von Kenntnissen, das Heranbilden von Fertigkeiten und die Verbesserung von Fähigkeiten sollen organisch miteinander verbunden werden, damit kompetente Fachkräfte herangebildet werden, die mit innovativem Geist und praktischem Können ausgestattet sind.

3.4 Einbindung Chinas in die Weltwirtschaft

China wird in Zukunft eng mit der weltweiten Wirtschaftsentwicklung verschmelzen und dem globalen Wettbewerb ausgesetzt sein; spätestens wenn es der Welthandelsorganisation (WTO) beigetreten ist, wird es dazu kommen. Das verlangt ein schärferes Bewusstwerden sowohl über die internationale Konkurrenz als auch über internationale Kooperationen im Bereich der tertiären Bildung. Die gegenwärtigen Einflüsse der sozioökonomischen Entwicklungen auf das Hochschulwesen sind heftiger und markanter geworden als je zuvor.

Von daher haben sich die Hochschulen vom Rande der Gesellschaft in Richtung Bühnenmitte bewegt und sind zu einem Motor des wirtschaftlichen, kulturellen, wissenschaftlichen und technischen Fortschrittes geworden. Im 21.Jahrhundert müssen sie eine große Zahl von Politikern, Persönlichkeiten des öffentlichen Lebens, Wissenschaftler, Professoren, Experten und Manager heranbilden, die auf der internationalen politischen, wirtschaftlichen, kulturellen und wissenschaftlichen Bühne wettbewerbsfähig sind. Dazu muss man die Hochschularbeit auf eine beherrschende Höhe bringen.

4. Zukunftsperspektiven für die Reform des Hochschullehre

Über die Qualitätsverbesserung der Hochschullehre herrschten in den vergangenen Jahren ziemlich klare Leitideen; man verfügte über relativ effiziente Maßnahmen, deren Operationalisierung recht glatt verliefen und beachtliche Resultate erzielten, sodass man in bezug auf die Hochschulentwicklung historisch gesehen sagen kann, dass gegenwärtig ein optimaler Entwicklungsstand erreicht ist. Dennoch weist die Lehrqualität in ihrer Gesamtheit noch kein besonders hohes Niveau auf, da die Übelstände im System noch immer auffallend sind. Vor allem sind weiterhin die Fächerstrukturen eng, die Lehrinhalte überholt, die Lehrmethoden rückständig, die Ausbildungsmodelle einseitig, der wissenschaftliche Grundlagenunterricht schwach und der Stamm des Lehrpersonals instabil. Diese Situation ruft nach weiteren Untersuchungen der hochschulischen Lehrtätigkeit in Verbindung mit einer Vertiefung der Reformen. Nach der ersten nationalen Konferenz zur hochschulischen Lehrtätigkeit hat das Bildungsministerium folgende wichtige Dokumente herausgegeben:

- „Ansichten zur Vertiefung der Unterrichtsreform zum Heranbilden von kompetenten Kräften hoher Qualität im Blick auf das 21.Jahrhundert“,
- „Einige Ansichten zur Intensivierung der kulturellen Humanbildung von Hochschulstudenten“,
- „Einige Ansichten zur weiteren Intensivierung des Aufbaus ‘der staatlichen Stützpunkte zur Heranbildung kompetenter Kräfte in den Grundlagenwissenschaften‘ und ‘der staatlichen Stützpunkte des Unterrichts in den Grundlagenfächern‘“,
- „Einige Ansichten zur weiteren Durchführung der Arbeit der Unterrichtsevaluation in den ordentlichen Studiengängen an den Allgemeinen Hochschulen“,
- „Ansichten zu den Prinzipien der Revision der fachspezifischen Lehrpläne in den ordentlichen Studiengängen an den Allgemeinen Hochschulen“, „Die wichtigsten Punkte der hochschulischen Unterrichtsverwaltung“.

Diese Stellungnahmen bilden das Brennholz für das Reformfeuer der Jahrhundertwende, sodass die Reform der Hochschullehre nunmehr große Wellen erzeugt und die Situation sich zum Besseren zu wenden beginnt, wobei fünf Bereiche angesprochen sind. Es handelt sich um die weitere Reform der Fächer und Lehrinhalte, der Fachgebiete, der kulturellen Bildung, der Lehrmethoden und Lehrverfahren sowie der Ausbildungsmodelle.

4.1 Fächer und Lehrinhalte

Das Hauptproblem bei den Fächern und Lehrinhalten besteht – wie bereits erwähnt - darin, dass sie in ihrer Struktur und ihrer Systematik überholt und rückständig sind. Der Aufbau und die Organisation der Hochschullehre hat sich bisher ausschließlich an den Dozenten orientiert, während die subjektiven Vorgaben und die praktischen Fähigkeiten, der Studenten ignoriert wurden. Deswegen wurden im Rahmen des „Reformplans zu den Lehrinhalten und zum Fächersystems für den Hochschulunterricht im Blick auf das 21.Jahrhundert" Entwürfe von neuen Lehrinhalten und Kurssystemen erarbeitet. Dabei wurden die Barrieren zwischen den akademischen Disziplinen niedergerissen, sodass die Berührungspunkte und interdisziplinären Zusammenhänge von zahlreichen verschiedenen Fächern ihren Niederschlag in gemeinsamen Lehrinhalten fanden.

Voraussichtlich wird dieser Reformentwurf im Jahre 2002 in seinen Grundlagen abgeschlossen sein, und es werden Pläne für etwa 100 Fachgebiete mit Ausbildungsmodellen modernster Prägung in den Massenfachgebieten sowie um die 1000 Bände „Fachlehrmaterial im Blick auf das 21.Jahrhundert" vorliegen. Dies bedeutet, dass sich die Hochschullehre, die unter der Planwirtschaft ursprünglich nach sowjetischen Muster modelliert war, in eine Ausbildungsweise mit ausschließlich China spezifischem Charakter gewandelt haben wird, die sich am modernen Zeitalter und an der sozialistischen Marktwirtschaft orientiert.

4.2 Fachgebiete

Um den Herausforderungen des 21.Jahrhunderts, die von den Studenten Flexibilität und Anpassungsfähigkeit verlangen, besser gewachsen zu sein, haben die chinesischen Hochschulen bisherige Konzeptionen von einer engen Eingrenzung der Fachgebiete und einer detaillierten Aufspaltung des Wissens verworfen. Statt dessen richten sie heute ihr Augenmerk vermehrt auf Ganzheit und Vielfalt, Information und Wissensverallgemeinerung, Individualität, Modernität und Internationalismus. Die tertiären Bildungseinrichtungen werden gemäß des vom Bildungsministeriums revidierten Fächerkanons mit der Überprüfung und Revision der Lehrpläne beginnen, wobei die Organisation der Fachgebiete neu geregelt sowie die zu vermittelnden Kenntnisse, Fertigkeiten und Fähigkeiten neu strukturiert werden. Die Arbeit der Neuregelung soll den Prinzipien der Entschlackung der Fachgebiete, der Erweiterung der Grundlagen sowie der Intensivierung einer an Fähigkeiten und Fertigkeiten orientieren Bildung folgen.

In Zukunft soll eine allgemeine Verringerung, Zusammenlegung und Reduktion der beruflich bezogenen Fachausbildung, sowie eine Erweiterung des fachlichen Zuganges erfolgen, wobei in ihren Grundlagen ähnelnde Fachgebiete zusammengelegt werden. Dies dient dazu, den Studenten eine breitere Fachbasis zu verschaffen und damit ihre Flexibilität zu erhöhen. Im Hinblick auf spezifischen gesellschaftlichen Bedarf an kompetenten Kräften wird in Zukunft angesichts des breiten Zugangs zu den einzelnen Fachgebieten mehr Elastizität bei der weiteren Ausbildung praktiziert, indem Wahlfächer die verschiedenen Fachrichtungen ausdifferenzieren helfen. Die Reform der Fachgebiete umfasst auch den vermehrten Ausbau unterschiedlicher Studienformen; insbesondere sollen bei den Studenten Kompetenzen herangebildet werden wie das Selbststudium, praktisches Handeln, manuelles Tun und Kreativität. Den Studierenden sollen überfachliche, doppelt qualifizierende, fördernde und ergänzende Studienangebote gemacht werden, damit sich vielfältige Leistungen herausbilden.

4.3 Kulturelle Bildung

Die grundlegenden Veranlagungen der Hochschulstudenten umfassen moralische, kulturelle, berufliche, körperliche und psychische Qualitäten. Unter ihnen bilden die kulturellen Qualitäten die Grundlage. Diese auszubilden, heißt bei den naturwissenschaftlichen Studierenden die geisteswissenschaftliche Bildung wie Literatur, Geschichte, Philosophie und Kunst und bei den geisteswissenschaftlichen Studierenden gleichermaßen die naturwissenschaftliche Bildung zu intensivieren. Dies fördert die Gleichheit zwischen natur- und geisteswissenschaftlicher Bildung und dient der Stärkung der Ganzheit von ästhetischen Interessen, kultureller Bildung und wissenschaftlichen Kompetenzen bei den Studenten. Um die Einheitlichkeit zwischen der ersten und zweiten Studienklasse zu unterstreichen, erfolgt die kulturelle Bildung zu Anfang des hochschulischen Fachstudiums. Auf dem Campus wird auf eine kulturelle Umweltgestaltung vermehrter Wert gelegt, wodurch sich die kulturelle Atmosphäre auf dem Campus verbessern soll.

Darüber hinaus sollen 32 „staatliche Stützpunkte für die kulturellen Bildung der Hochschulstudenten" eingerichtet und vielfältige praktische soziale Aktivitäten entfaltet werden. Um alle Voraussetzungen für die Entwicklung der kulturelle Bildung zu schaffen, sollen der Lehrkörper erweitert und geeignete Lehrmaterialien bereit gestellt werden. „Leitende Komitees für die kulturelle Bildung an den tertiären Bildungseinrichtungen des ganzen Landes" sollen eingerichtet werden, deren Aufgabe es ist, Theorie und Praxis der kulturellen Hochschulbildung zu erforschen, die nationale Arbeit auf diesem Gebiet anleitend zu initiieren, um die kulturelle Bildung der Hochschulstudenten, die Qualität der entsprechenden Lehrkräfte sowie das Kulturniveau und den kulturellen Stil der Hochschulen zu verbessern.

4.4 Lehrmethoden und Lehrverfahren

Um die Fähigkeit zum Selbststudium, zur eigenständigen Problemanalyse, zum innovativen Denken und zur Kreativität bei den Studenten zu verbessern, muss bei der Lehrreform die subjektive Situation berücksichtigt werden, in der sich die Studenten während ihres Studiums befinden. Dies kann dadurch geschehen, dass die Studenten mehr Selbstbestimmungsrechte über ihr Studium erhalten, und zu Aktivität, Initiativen und schöpferischen Leistungen angehalten werden, d.h. es erfolgt ein Wechsel von einer Konzentration auf den Lehrenden hin zu einer Konzentration auf den Lernenden. Der Umfang des Klassenunterrichtes wird in Zukunft reduziert, die vorwiegend rezeptive Lernweise wird derart verändert, indem sich die Studenten eigenständig Informationen beschaffen und anwenden. Dies wird dadurch ermöglicht, dass bessere Bedingungen zum Selbststudium geschaffen werden und der Unterricht mehr nach den Besonderheiten, Bedürfnissen und Begabungen der Studenten ausgerichtet wird.

Die Lehrmethoden werden dahingehend verändert, dass weniger Gewicht auf einen vortragenden Unterrichtsstil gelegt wird und statt dessen inspirative, diskursive, untersuchende, protokollierende und andere lebendige Unterrichtsformen praktiziert werden. Es wird auf Ganzheit und Praxisbezug geachtet, und Lehre, Forschung und Produktion werden noch enger miteinander verknüpft. Intensiviert werden das Lernen anhand von CERNET-Netzwerken, der Fernunterricht, die PC-Lernsoftware und andere moderne Unterrichtstechniken. Diese Modernisierung der praktischen Lehrverfahren soll beschleunigt erfolgen, damit die Reform der Lehrmethoden ihre volle Wirkung zur Hebung des Studienniveaus entfalten können.

4.5 Ausbildungsmodelle

Als Ausbildungsmodelle werden die strukturellen Konzepte, die die Hochschulen für die Studenten zum Erwerb von Wissen, Fertigkeiten und Fähigkeiten entwerfen, sowie die Formen ihrer Umsetzung bezeichnet, wobei festgelegt wird, welche Charakteristiken das zugrunde liegende pädagogische Denken und die Bildungskonzeptionen aufweisen sollen. Solche Ausbildungsmodelle sollen gemäß den Gesamtanforderungen an die Hochschulausbildung, kompetente Kräfte mit soliden Grundlagen und breitem Wissen heranzubilden, allmählich entwickelt werden. Nachdruck gelegt werden soll auf eine an den Veranlagungen orientierte Bildung, auf eine Gesamtheit interdisziplinärer Wissensunterweisung und auf die Heranbildung von Kompetenzen in Anpassung an die Erfordernisse der politischen, wirtschaftlichen und kulturellen Entwicklung des 21.Jahrhunderts. Das Streben nach Vielfalt in den Ausbildungsmodellen ist ein wichtiger Aspekt bei der Lehrreform.

Die Arbeitsteilung in der chinesischen Gesellschaft auf beruflicher und technischer Ebene unterscheidet sich von der anderer Länder, wobei zwischen den verschiedenen Regionen Chinas branchenmäßig große Ungleichgewichtigkeit herrscht. Diese kann so weit reichen, dass es auch zwischen den Hochschulen zu großen Unterschieden kommt, was ihre Voraussetzungen und Möglichkeiten angeht. Infolgedessen bedarf es verschiedener Hochschultypen mit differierenden Regelungen für unterschiedliche Bildungsaufgaben, die die einzelnen Hochschulen übernehmen, um den vielen Ebenen der Nachfrage an kompetenten Kräften gerecht zu werden. Aus diesem Grund wird erwartet, dass die Hochschulen entsprechend dem jeweiligen lokalen gesellschaftlichen

Bedarf und je nach eigenen Potentialen, die Ebenen und Typen ihrer Ausbildungsmodelle selbständig bestimmen und entwickeln. Dabei kommt es darauf an, sich um eine Ausbildung von kompetenter Kräfte hohen Niveaus und eigenen Gepräges zu bemühen, die in der Gesellschaft Akzeptanz erfahren, sowie einen hochschulgemäßen Stil zu etablieren.

4.6 Aufbaus des Lehrkörpers

Der Aufbau des Lehrkörpers ist bei der Lehrreform an den chinesischen Hochschulen ein Angelpunkt. Seit Beginn der „Reform und Öffnung" hat der Lehrkörper an den Hochschulen nicht nur zahlenmäßig und in seiner Struktur, sondern auch im Hinblick auf berufliche Qualität große Fortschritte erzielt. Trotz allem entspricht jedoch der gegenwärtige Zustand bei weitem nicht den Erfordernissen, die die Lehrreform und alle neuen Entwicklungsziele für den hochschulischen Unterricht mit sich bringen. Es bestehen noch zahlreiche Probleme und Engpässe, die zum einen dadurch entstanden sind, dass die Entwicklung des Systems akademischer Grade relativ spät erfolgte und daher die höheren Positionen in der Qualifikationsstruktur des Lehrkörpers verhältnismäßig schwach vertreten sind.

Zum zweiten ist das Alter der höher positionierten Lehrkräfte übermäßig hoch, sodass es in der Altersstaffelung erhebliche Brüche gibt, zumal nicht genügend gute Nachwuchskräfte zur Verfügung stehen. Zum dritten gibt es zu viele Abwanderungen von wissenschaftlichen Spitzenkräften, sodass der Teil des Lehrkörpers im mittleren und jüngeren Alter sehr unstabil ist. Es hat sich leider noch nichts Grundsätzliches daran verändert, dass die Elite die Hochschulen und überdies auch China verlässt, um ins Ausland zu gehen. Aufgrund dieser Probleme unternimmt man einige Anstrengungen, um den Aufbau des hochschulischen Lehrkörpers zu stabilisieren. Erstens wird im Rahmen der Ausbildungsgänge für bessere Beförderungsmöglichkeiten gesorgt, indem einfache Lehrkräfte zwecks Weiterbildung ein Forschungsstudium aufnehmen können. 1993 hat das neue Lehrergesetz bestimmt, dass „zur Erlangung der Lehrbefähigung für die Hochschule Bildungsgänge für Postgraduierte oder graduierte Hochschulstudenten bereit gestellt werden sollen."

In Anbetracht aller der oben ausführlich beschriebenen Bedingungen, die an Chinas Hochschulen herrschen, ist dies eine höchst entscheidende Forderung. Infolgedessen haben sich in den letzten Jahren die Ausbildungsgänge für Postgraduierte beschleunigt entwickelt, sodass es heute bereits ein neues Lehrpotential gibt, um für höhere Positionen Nachwuchskräfte heranzubilden. Das Postgraduiertenstudium an den chinesischen Hochschulen hat sich somit von einer Möglichkeit zu einer Wirklichkeit entwickelt.

Zweitens sind bessere Voraussetzungen geschaffen worden, um die Besten unter den Lehrkräften jüngeren und mittleren Alters emporkommen zu lassen, und damit das Problem zu bewältigen, dass es bisher nur eine sehr dünne Eliteschicht gab. In den vergangenen Jahren hat das staatliche Ministerium für Personal das „Bauwerk von Millionen kompetenter Kräfte" verwirklicht, und auch das Bildungsministerium hat den „Plan der Jahrhundertbildung für die kompetentesten Kräfte" beschlossen, und das „Bauwerk schöpferischer kompetenter Kräfte höchster Ebene" umgesetzt, deren gemeinsames Ziel es ist, die Besten unter dem jungen wissenschaftlichen und technischen Nachwuchs auszuwählen, die fähig sind, sich im Rahmen der ordentlichen Studiengänge auf nationaler oder internationaler Ebene dynamisch an die vorderste Entwicklungsfront zu begeben.

Drittens sind die Umweltbedingungen in und außerhalb der Hochschulen zu verbessern, um die laufende Fluktuation des Lehrpersonals in vernünftige Bahnen zu lenken. Zur Stabilisierung des Lehrkörpers ist es erforderlich, schrittweise ein dynamisches Verwaltungsmodell aufzubauen, bei dem eine Gruppe von ständigen Lehrkräften als Hauptstütze von einer Gruppe fluktuierender Kräfte flankiert wird. Zur gleichen Zeit wird der Aufbau des Personalverwaltungssystems verbessert, sodass in Sachen Wohnungsbeschaffung, Besoldung, Krankenversorgung und Sozialversicherungen eine Vorzugspolitik für das hochschulische Lehrpersonal praktiziert werden kann, denn eine Reform der Struktur des hochschulischen Lehrkörpers bedarf auch der Schaffung einer guten äußeren Umgebung und Atmosphäre.

Literatur:

Bildungsministerium Chinas, Amt für Hochschulbildung (*Zhongguo jiaoyubu gaodeng jiaoyu si*): *Shenhua jiaoyu gaige, peiyang shiying 21 shiji xuyao de gao zhiliang rencai* [Vertiefung der Bildungsreform, Heranbildung von dem Bedarf des 21. Jahrhunderts angepassten befähigten Kräften hoher Qualität]. Beijing 1998.

Chinesische Gesellschaft für Bildung und Erziehung/Chinesische Gesellschaft für Hochschulbildung (*Zhongguo jiaoyu xuehui/Zhongguo gaodeng jiaoyu xuehui*): *Zhongguo jiaoyu gaige fazhan ershi nian* [20 Jahre der Reform und Entwicklung der chinesischen Bildung und Erziehung]. Beijing 1999.

ZHOU Yuanqing: *Jiada lidu, jiakuai buzou, zai jiaoxue gaige de zhuyao fangmian qude tupo* [Größere Dynamik, schnellere Gangart, auf den Hauptgebieten der Bildungsreform einen Durchbruch erzielen], in: *Gaodeng gongcheng jiaoyu yanjiu* [Studien zum Werk der Hochschulbildung], 1998/2.

ZHONG Binlin: *Jinyibu jiaqiang wenhua suzhi jiaoyu* [Um einen weiteren Schritt die kulturelle fähigkeitenorientierte Bildung stärken], in: *Zhongguo gaodeng jiaoyu* [Hochschulbildung in China], 1999/23.

PAN Maoyuan: *Zou xiang 21 shiji gaodeng jiaoyu sixiang de zhuanbian* [Einem Wandel pädagogischen Denkens in der Hochschulbildung des 21. Jahrhunderts entgegengehen], in: *Gaodeng jiaoyu yanjiu* [Studien zur Hochschulbildung], 1999/1.

XIE Weihe: *Shenhua gaodeng jiaoyu gaige guanjian zai jiaoshi* [Der Schlüssel zu einer Vertiefung der Hochschulreform liegt bei den Lehrkräften], in: *Zhongguo gaodeng jiaoyu* [Hochschulbildung in China], 1998/11.
GAO Si: Mianxiang xing shiji de gaodeng jiaoyu jiaoxue gaige [Die Lehrreform in der Hochschulbildung angesichts des neuen Jahrhunderts], in: Zhongguo jiaoyubao [Chinesische Bildungszeitung] vom 25.11.1997.

Kurzbiographie:

Prof. Dr. XIE Weihe, geb. 1954, Stellvertretender Rektor der Pädagogischen Universität Beijing, Stellvertretender Geschäftsführer der Chinesische Gesellschaft für hochschulische Lehre und Forschung; Stellvertretender Vorsitzender der Chinesischen Kommission zur Einstufung von Fachkräften für den Hochschulunterricht.
LIU Jie, geb. 1966, Doktorand der Erziehungswissenschaftlichen Fakultät der Pädagogischen Universität Beijing.
Anschrift: Anschrift: Normal University Beijing, Education Department, 100875 Beijing, Volksrepublik China.

Mark Bray

Ein Land, viele zusätzliche Systeme
Das Bildungswesen und der Transfer der Souveränität von Hong Kong und Macau

(übersetzt aus dem Englischen von W. Mitter)

Summary: Sovereignty over Hong Kong was returned from the United Kingdom to the People's Republic of China in 1997. Two and a half years later, sovereignty over Macau was returned by Portugal to the People's Republic of China. Since each territory had several education systems, the new century began with China enlarged not only territorially but also in the number of education systems. This article describes the education systems of Hong Kong and Macau, and notes ways in which they changed as reunification approached. It then discusses the extent to which the education systems of Hong Kong and Macau and mainland China may be expected to converge or remain distinct during the initial decades of the new century.

In dem speziellen Beiheft einer Zeitschrift, das dem Bildungswesen in China gewidmet ist und zu diesem historischen Zeitpunkt abgefasst wird, ist es angemessen, Hongkong und Macau sowie Festland China in die Betrachtung einzubeziehen.[33] Die Souveränität über Hongkong wurde am 1.Juli 1997 vom Vereinigten Königreich an China zurückgegeben, und die Rückgabe der Souveränität über Macau von Portugal an China folgte am 20.Dezember 1999. Daher hat das neue Jahrhundert damit begonnen, dass diese zwei Territorien wieder „im Gehege“ sind.

Innerhalb des nationalen Rahmens ist die Formel, die 1984 für die Regierung Hongkongs geprägt wurde, in den Worten „ein Land, zwei Systeme“ bekannt geworden. Sie meint, dass Hongkong, obwohl es wieder ein Teil Chinas geworden ist (ein Land), offiziell kapitalistisch bleiben wird - im Gegensatz zu der im Festland offiziellen Ideologie des Sozialismus (zwei Systeme). Nachdem diese Formel für Hongkong geprägt war, war es eine relativ einfache Sache, sie auch auf Macau anzuwenden. Die Grundgesetze beider Territorien zeigen an,

[33] Dieser Beitrag lehnt sich an folgenden Artikel an: BRAY, Mark: Education and Political Transition in Hong Kong and Macau: A Comparative Analysis. In: WILSON, Rex (Hrsg.): Macau and its Neighbours Toward the 21st Century. Macau: Unversity of Macau. Der Verfasser dankt dem Verleger für die Erlaubnis, das Material in revidierter Form zu verwenden.

dass die Formel „ein Land, zwei Systeme" für mindestens die 50 Jahre, die auf die Souveränitätsänderungen von 1997 bzw. 1999 folgen, gelten wird.

Im Bildungssektor haben indes sowohl Hongkong als auch Macau seit langem viele Systeme. Dies bedeutet, dass die Wiederanbindung Hongkongs und Macaus an Festland China nicht zur Hinzufügung eines besonderen Bildungssystems, und auch nicht zweier Systeme, geführt hat, sondern vieler Systeme. Auf sie konzentriert sich dieser Beitrag. Er untersucht die Natur dieser Systeme und kommentiert, wie die Wiedervereinigung mit China ihre Strukturen und Inhalte beeinflusst oder nicht beeinflusst hat.
Innerhalb dieses Rahmens kommentiert der Beitrag auch die Einwirkung einiger globaler Triebkräfte. Das Ende der Kolonialherrschaft war eine von ihnen. Die Prozesse der Dekolonisierung waren in früheren Jahrzehnten durch die übrige Welt gefegt, während Hongkong und Macau Überreste von Imperien darstellten, in denen die Dekolonisierung überfällig schien. Globale Triebkräfte waren auch auf andere Weise tätig. Viele der Veränderungen im Bildungswesen Hongkongs und Macaus während der neunziger Jahre und an der Jahrhundertwende waren nicht so sehr dem Ende der Kolonialherrschaft zuzuschreiben, sondern umfassenderen Triebkräften, die in vielen Ländern vergleichbare Wandlungen hervorbrachten. Im Ergebnis fanden einige dieser Wandlungen sowohl in Hongkong und Macau als auch in Festland China und in anderen Teilen der Welt statt.

Um die Grundlage für die Analyse zu schaffen, beginnt der Beitrag mit einigen Hintergrundinformationen über Hongkong und Macau sowie ihre Bildungssysteme. Dieser Kommentar erlaubt die Identifizierung einiger Triebkräfte des Wandels sowie eine Diskussion darüber, wie das Bildungswesen in Hongkong und Macau innerhalb des übergreifenden nationalen Kontextes betrachtet werden kann.

1. Hongkong und Macau: eine Einführung

1.1 Hongkong

Im chronologischen Sinn war Hongkong die jüngere der beiden Kolonien. Die Diskussion beginnt indes mit Hongkong, weil es größer ist, den Souveränitätswechsel etwas früher einleitete und unter mehreren Aspekten das Modell für Macaus Dekolonisierung schuf.

Das Territorium Hongkongs umfasst die Insel Hongkong, eine Anzahl anderer Inseln und einen Teil des chinesischen Festlandes. Die Insel Hongkong wurde an die Briten im Jahre 1842 abgetreten Ein Teil der Halbinsel Kowloon folgte 1860, und die New Territories wurden im Jahre 1898 durch einen auf 99 Jahre befristeten Pachtvertrag erworben. Die gesamte Landfläche beträgt 1.070 Quadratkilometer. Der auf 99 Jahre befristete Pachtvertrag legte die Saat zum

Tod der Kolonie, obwohl dies beim Abschuss des Vertrags kaum vorhergesehen wurde. Die Pacht lief im Jahre 1997 aus, als ganz Hongkong (d.h. einschließlich der Insel Hongkong, die „auf ewig" abgetreten worden war) an China zurückgegeben wurde. Die Modalitäten, unter denen die chinesische Souveränität wiederhergestellt werden sollte, waren zwischen den Regierungen Großbritanniens und Chinas im Jahre 1984 festgelegt worden. 1997 wurde Hongkong zu einer Administrativen Sonderregion mit eigener Regierung und eigenen Gesetzen. Das System erlaubt Hongkong eine eigene Währung, eigene Gesetze und ein eigenes Bildungssystem. In Bezug auf dieses ist im Grundgesetz (China 1990, Art. 146) zu lesen:

> „Auf der Grundlage des früheren Bildungssystems soll die Regierung der Administrativen Sonderregion Hongkong in eigener Entscheidung eine Politik zur Entwicklung und Verbesserung des Bildungswesens formulieren, einschließlich politischer Maßnahmen, welche das Bildungssystem und dessen Verwaltung, die Unterrichtssprache, die Zuweisung von Mitteln, das Prüfungssystem, das System der Verleihung akademischer Grade und die Anerkennung von Bildungsqualifikationen regeln."

Die Bevölkerung Hongkongs beträgt ungefähr 7 Millionen. Fast 98 Prozent sind Chinesen, unter denen für die Mehrheit das Kantonesische die Muttersprache ist. Die restlichen Einwohner stammen größtenteils aus den Philippinen, Indonesien, den USA, Kanada und dem Vereinigten Königreich. Ökonomisch gesehen ist Hongkong bekannt für seine in jüngster Zeit erzielten hohen Wachstumsraten. Im Jahre 1998 wurde das pro Kopf-Bruttosozialprodukt auf 24.700 US Dollar geschätzt (Hong Kong 1999, S.429). Das ökonomische Wachstum hat die Expansion des Bildungswesens beträchtlich erleichtert.

1.2 Macau

Als eigenständige politische Einheit ist Macau fast 300 Jahre älter als Hongkong. Portugiesische Kaufleute sicherten sich das Niederlassungsrecht von den chinesischen Behörden im Jahre 1557. Obwohl die Portugiesen in erster Linie aus ökonomischen Gründen an Macau interessiert waren, spielte das Territorium auch eine größere religiöse und kulturelle Rolle (SHIPP 1997). Nach der Mitte des 17.Jahrhunderts sank Macaus Stern. Portugal erwies sich als unfähig, sein Imperium zusammenzuhalten, und der Wettbewerb um den Ostasienhandel nahm zu. Die Gründung Hongkongs im Jahre 1842 war ein besonders ernsthafter Schlag, denn sein weit überlegener Hafen übernahm die strategische Bedeutung, der sich Macau einstmals erfreut hatte. Macau wurde zu kaum mehr als zu einem rückständigen, nach innen gewandten Gebiet. Nach dem Zweiten Weltkrieg wollte die chinesische Regierung das Territorium wieder in Besitz nehmen, hatte dazu aber nicht die Kraft. Eine Zeitlang verblieb die Politik auf der Ebene von offiziellen Erklärungen. Chinas Kulturrevolution im Jahre 1966 führte indes zu gewaltsamem Aufruhr und zu heftigerer anti-portugiesischer

Propaganda. Als die Portugiesen ihre Absicht zum Verlassen des Territoriums bekundeten, änderten die Kommunisten aber ihre Haltung. Die chinesischen Behörden waren sich der Rolle bewusst, die Macau als Durchgangsstation für den Außenhandel spielte, und fanden es nützlicher, Macau als auswärtigen Hafen zu belassen, als es wieder in Besitz zu nehmen. Acht Jahre später erlebte Portugal selbst eine Revolution. Die neue Regierung hatte eine ganz andere Ansicht von Weltangelegenheiten und machte sich unmittelbar daran, Portugals afrikanische Territorien zu dekolonisieren. Die Chinesen aber hielten ihre Weigerungen zur Wiederherstellung der Souveränität aufrecht. Später, im Jahre 1987, kamen die Regierungen Portugals und Chinas überein, dass Macau im Jahre 1999 China zurückgegeben werden sollte. Wie Hongkong wurde Macau eine Administrative Sonderregion. Was das Bildungswesen betrifft, ist der Wortlaut des Grundgesetzes von 1993 (China 1993, Art. 121) dem der Bestimmungen für Hongkong ähnlich.

Die totale Landfläche Macaus beträgt nur 24 Quadratkilometer. Die Bevölkerung von 470.000 ergibt eine Dichte von 19.600 Personen je Quadratkilometer. Sie übersteigt diejenige Hongkongs mit seinen 6.500 Personen je Quadratkilometer bei weitem. Wie in Hongkong sind 95 Prozent der Bevölkerung Chinesen. Offizielle Angaben bezifferten 1998 das pro Kopf-Bruttosozialprodukt auf 14.500 US Dollar. Ungefähr 20 Prozent der arbeitenden Bevölkerung waren in der Produktion, dagegen mehr als die Hälfte in Hotels, Restaurants und anderen Dienstleistungsbetrieben beschäftigt. Innerhalb des Dienstleistungssektors spielten Tourismus und Glücksspiel eine besonders bedeutsame Rolle.

2. Das Bildungswesen in Hongkong und Macau

2.1 Hongkong

Obwohl das Grundgesetz, wie erwähnt, das Bildungswesen in Hongkong so behandelte, als ob es ein einziges System sei, besteht es in der Praxis aus mehreren Systemen. Ein System ist jedoch dominant, es ist als das Bildungssystem Hongkongs bekannt, doch bestehen parallel zu ihm viele kleine Systeme. Einige bedienen in erster Linie Einheimische durch Privatschulen unterschiedlichen Typs, während andere hauptsächlich Ausländer bedienen (BRAY und IEONG 1996; ADAMSON und LI 1999).

Tabelle 1 enthält die Anzahl der Schulen im Schuljahr 1998/99. Nur 6 Prozent wurden unmittelbar von der Regierung unterhalten, jedoch waren die 81,6 Prozent im subventionierten Sektor (aided sector) umfassender Kontrolle unterworfen, und wurden auch als Teil des öffentlichen Sektors betrachtet. Viele der Privatschulen orientierten sich an den örtlichen Prüfungen und konnten ebenfalls als Teil des Bildungssystems Hongkongs angesehen werden.

Tabelle 1: Anzahl der Tagesschulen in Hongkong 1998/99

	Primarschulen	Sekundarschulen	insgesamt
Regierung	45	37	82
Subventioniert	696	352	1.048
einheimisch	687	347	1.034
English Schools Foundation	9	5	14
Privat	89	82	171
einheimisch	65	64	129
international	24	18	42
Insgesamt	830	471	1.301

Quelle: Adamson und Li (1999), S.50.

Die meisten Schulen außerhalb des regulären Systems sind an ausländischen Bildungsmodellen orientiert und bedienen entweder Emigrantenkinder oder auch Einheimische, deren Eltern häufig aus Gründen beabsichtigter Auswanderung oder der Remigration wünschen, dass ihre Kinder in ausländischen Schulen herangebildet und erzogen werden. In diese Kategorie fielen 1998 14 subventionierte Schulen. Sie wurden von der English Schools Foundation unterhalten und folgten dem in England üblichen Grundsystem. Innerhalb des privaten Sektors betrug die Anzahl internationaler Schulen 42 von insgesamt 171 Privatschulen. Sie schlossen Schulen ein, welche Curricula aus Kanada, Indonesien, Japan, Korea, Norwegen und Singapur verwendeten.

Innerhalb des Regelsystems bildete auf der Sekundarstufe die Unterrichtssprache ein Unterscheidungsmerkmal. Bis 1997 ließ sich die Regierung eher von einer laissez faire-Politik leiten, in der, insbesondere auf der Sekundarstufe, Schulen erlaubt wurde, sich als englischsprachige Einrichtungen selbst dann zu bezeichnen, wenn der Unterricht hauptsächlich auf Chinesisch (Kantonesisch) oder in einer Mischform erteilt wurde. Schulen gaben vor, auf Englisch zu unterrichten, weil diese Praxis den Eltern wegen der angenommenen stärkeren Beschäftigungschancen attraktiver schien. Im Jahre 1997 unterband die Regierung jedoch diese Praxis. Nur 114 Sekundarschulen, welche ein Viertel der Gesamtzahl bildeten, wurde das Unterrichten auf Englisch gestattet. Diese Schulen mussten nachweisen, dass ihre Schüler und Lehrer über adäquate Kompetenz und Unterstützung verfügten (ADAMSON & LI 1999, S.53). Die Regierung behauptete, allein durch pädagogische Erwägungen zu diesem Schritt motiviert zu sein, doch entging der öffentlichen Aufmerksamkeit nicht die Tatsache, dass die Entscheidung mit dem Souveränitätswechsel zusammenfiel.

Zum Zeitpunkt des Souveränitätswechsels bestanden auf dem Territorium Hongkongs sieben Universitäten (YUNG 1999, S.76). Sechs wurden vom University Grants Committee der Regierung finanziert, nämlich

- die University of Hong Kong (gegründet 1911),
- die Hong Kong Bapitist University (als College gegründet 1956),
- die Chinese University of Hong Kong (gegründet 1963),
- die Hong Kong Polytechnikum University (als Polytechnikum gegründet 1972,
- die City University of Hong Kong (als Polytechnikum gegründet 1984),
- die Hong Kong University of Science and Technology (gegründet 1988).

Die siebte University war die Open University of Hong Kong, die sich selbst finanzierte. Außerdem finanzierte das University Grants Committee das Lingnan College (das 1999 den Universitätsstatus erhielt) und das Hong Kong Institute of Education (das, den Erwartungen entsprechend, in angemessener Zeit den Universitätsstatus erreichen sollte).

Die Mehrzahl dieser Institutionen verwendete das Englische als Hauptunterrichtssprache. Die wichtigste Ausnahme bildete die Chinese University Hong Kong, die errichtet wurde, um das Chinesische (hauptsächlich das Kantonesische) als grundsätzliche Unterrichtssprache zu verwenden und damit eine natürliche Weiterführung für die aus chinesischsprachigen Sekundarschulen kommenden Studenten bildete. Indes hatte sogar diese Universität über die Jahrzehnte hinweg das Englische verwendet, hauptsächlich deswegen, weil dieses als internationale und hohen Status genießende Sprache galt. Auch wünschte die Universität Studenten sowohl aus englischsprachigen als auch aus chinesischsprachigen Schulen zu gewinnen.

2.2 Macau

Bis in die späten achtziger Jahre zeigte die Regierung von Macau am Bildungswesen wenig Interesse. Sie unterhielt eine keine Anzahl von Schulen mit einem portugiesischen Curriculum, die hauptsächlich Kinder von dauernd außerhalb des Territoriums lebenden Beamten oder von Einheimischen erfassten, die enge Beziehungen zu Portugal hatten. Diese Schulen bedienten aber nur weniger als zehn Prozent der Bevölkerung. Die anderen Kinder gingen entweder auf private Schulen oder überhaupt nicht zur Schule. Viele Schulen wurden von religiösen Einrichtungen unterhalten, andere von sozialen Organisationen und gewerblichen Unternehmen.

Ein Versuch einer Klassifizierung von Macaus Schulen wurde in einem offiziellen Dokument (Macau 1989, S.178) unternommen, das vier Bildungssysteme identifizierte. Die Klassifikation gründete auf wahrgenommenen äußeren Einflüssen, und die Modelle wurden als Importe aus Portugal, Hongkong, Taiwan und der Volksrepublik China beschrieben. Einen alternativen Weg zur Klassifizierung der Bildungssysteme wies deren Unterrichtssprache, das heißt Portugiesisch, Chinesisch oder Englisch (BERLIE 1999).

Zusätzlich wiesen offizielle Veröffentlichungen im allgemeinen Luso-chinesische Schulen als eigene Kategorie aus. In ihnen sieht die Regierung hauptsächlich das Chinesische als Unterrichtssprache vor, doch wird zugleich Nachdruck auf das Portugiesische als Zweitsprache gelegt. Wie in Hongkong, verwenden chinesischsprachige Schulen fast ausschließlich den kantonesischen Dialekt. Die Struktur des Luso-chinesischen Systems unterscheidet sich sowohl von dem der chinesischsprachigen als auch dem der portugiesischsprachigen Schulen. Einige Schulen praktizieren ein sekundares Unter- und Oberstufensystem (3+3), während andere ein fünfjähriges Sekundarsystem unterhalten. Unter den Schulen, die das fünfjährige Sekundarsystem unterhalten, sehen einige ein weiteres sechstes Jahr (Kl.VI) für diejenigen Schüler vor, die ein Hochschulstudium anstreben. Schaubild 1 gibt eine Übersicht des Schulsystems von Macau klassifiziert nach Unterrichtssprache.

Schaubild 1: Bildungssysteme in Macau

	Chinesisch	Englisch	Portugiesisch	Luso-chinesisch
Primar-stufe	1	P 1	1	1
	2	P 2	2	2
	3	P 3	3	3
	4	P 4	4	4
	5	P 5	5	5
	6	P 6	6	6
Sekun-darstufe	7	Kl. I/Junior I	7	7
	8	Kl. II/Junior II	8	8
	9	Kl. III/Junior III	9	9
	10	Kl. IV/Senior I	10	10
	11	Kl. V/Senior II	11	11
	12	Kl. VI/Senior III	12	12

Quelle: Macau 1994, S.205.

Tabelle 2 enthält die Anzahl der Schulen in Macau nach Unterrichtssprache und Träger 1997/98 nach Schultyp und Schulstufen. Bis zu diesem Zeitpunkt war das portugiesische Schulsystem reduziert worden, und portugiesischsprachige Bildung wurde nur noch an einer einzigen Regierungsschule und an zwei Privatschulen angeboten. Im Schuljahr 1998/99 wurde die portugiesischsprachige Regierungsschule einer privaten Stiftung übergeben, wodurch der Regierung die Freiheit gegeben wurde, ihre Anstrengungen auf die Hauptsysteme zu konzentrieren. Im Schuljahr 1997/98 gab es 10 andere Luso-chinesische Regierungsschulen; die große Mehrzahl der Schulen aber waren private Einrichtungen, in denen entweder auf Chinesisch oder auf Englisch unterrichtet wurde. Im Unterschied zu Hongkong hatte Macau keinen subventionierten Sektor.

Tabelle 2: Anzahl der Tagesschulen in Macau (1997/98)

Schule und Unterrichtssprache	Primarschule	Sekundarschule	Vor- u. Primarschule	Primar- u. Sekundarschule	Vor, Primar- u. Sekundarschule	Sonderschule	Insgesamt
öffentl. portugiesisch	0	0	0	1	0	0	1
öffentlich (Luso-) chinesisch	7	2	0	0	0	1	10
privat portugiesisch	0	0	0	2	0	0	2
privat englisch/chin.	3	2	29	8	20	5	67
Insgesamt	10	4	29	11	20	6	80

Quelle: ADAMSON & LI 1999, S.50.

Am Ende der Kolonialperiode, hatte Macau nur eine einzige Universität, dazu ein Polytechnikum und eine Anzahl anderer postsekundärer Einrichtungen. Die Universität war 1981 als private Institution gegründet und University of East Asia genannt worden. Im Jahre 1988 wurde sie von der Regierung von Macau erworben, und 1991 wurde sie in University of Macau unbenannt. Englisch ist die vorherrschende Sprache, doch werden einige Kurse auf Chinesisch und andere auf Portugiesisch abgehalten (YUNG 1999).

3. Bildungswesen und Ende der Kolonialperiode

3.1 Hongkong

Während der Periode zwischen der chinesisch-britischen Deklaration und dem Souveränitätswechsel durchlief das Bildungswesen in Hongkong viele Veränderungen. Wie in vergleichbaren Situationen (BRAY 1997) schlossen sie Wandlungen im Curriculum und in der Unterrichtssprache ein. MORRIS und CHAN (1997) führten aus, dass einige der Innovationen eher auf der politischen Ebene als in der Schulpraxis zu erkennen waren. Auch wenn man diese Tatsache berücksichtigt, waren sie bedeutsam.

Unter den neuen Unterrichtsfächern erschienen in vielen Schulen Putonghua, Government and Public Affairs sowie Liberal Studies. Putonghua erhielt offensichtlich zunehmende Bedeutung als die Nationalsprache der Volksrepublik China, während Government and Public Affairs den Schülern halfen, politische Prozesse in Hongkong, der Volksrepublik China und anderen Teilen der Welt zu verstehen (MORRIS 1992, S.129). Liberal Studies behandelten unter ihren wichtigsten Zielsetzungen ausdrücklich das Verstehen Chinas und des Endes der Kolonialperiode in Hongkong. Beispielsweise zielte eines der sechs Module (Bausteine) darauf, den Schülern zu helfen, „die spezielle Beziehung, deren sich H.K. (Hongkong) und China erfreuen, und die gegenseitigen Vorteile zu schätzen, die aus dieser Beziehung fließen. Sie sollen besser den Beitrag verstehen, den H.K. zu Chinas Modernisierung leistet und leisten kann" (Hong Kong Examination Authority 1994, S.446).

Was die bestehenden Unterrichtsfächer betraf, wurden in den Lehrplänen für Geschichte und Social Studies bedeutsame Veränderungen getroffen. Im Jahre 1988 wurde der Geschichtslehrplan der Sekundarschule, der zuvor China nur bis 1949 behandelt hatte, erweitert, damit die Entwicklung bis 1970 möglich wurde. MORRIS (1992, S.129) bemerkte, dass der neue Lehrplan die Schüler mit „einem stärker politisierten historischen Rahmen konfrontiere, als dies zuvor der Fall gewesen sei, und einen, der für Hongkongs Zukunft relevanter sei". Der Lehrplan der Social Studies, der für die Sekundarschüler der Klassen I bis III gilt, wurde ebenso angepasst, sodass auf China ein größerer Schwerpunkt als früher gelegt werden konnte.

Umgeschrieben wurden Lehrbücher, um den neuen politischen Zeiten zu entsprechen. Alle Schullehrbücher werden in Hongkong eher von kommerziellen Agenturen als von der Regierung publiziert. Verleger müssen sich aber offizieller Genehmigung versichern, bevor ihre Bücher im Klassenzimmer verwendet werden können. In einigen Fällen hat der Prüfungsprozess dazu geführt, dass Veränderungen im Wortlaut empfohlen wurden. In anderen Fällen haben Verleger ihre eigenen Texte überprüft, um sicherzustellen, dass sie kein Material enthalten, das beim Prüfungsgremium Anstoss erregen könnte. Die meisten der Änderungen erfolgten in der Stille, fern vom öffentlichen Auge. Jedoch eine 1994 vom Director of Education vorgenommene Intervention gelangte in die Schlagzeilen der Medien und verursachte eine beträchtliche Kontroverse. Der Direktor hatte einen Abschnitt in einem neuen Lehrbuch für chinesische Geschichte beanstandet, der eine Darstellung des Vorfalls vom 4.Juni 1989 auf dem Platz des Himmlischen Friedens (Tiananmen-Platz) in Beijing enthielt (LEE & BRAY 1995, S.366). Letztendlich zog der Direktor seine Beanstandung zurück, und die Kontroverse versiegte. Das Signal blieb indes klar für die Verleger, die wahrscheinlich ihre eigene Vorsicht eher schärften.

Wichtige Änderungen wurden auch in der staatsbürgerlichen Bildung erkennbar. Im Jahre 1985, ein Jahr nach Unterzeichnung der chinesisch-britischen Deklaration, erließ die Regierung eine Serie von Guidelines on Civic Education in Schools (Civic Education Committee 1985). Das Dokument war direkt an Initiativen gebunden, eine repräsentative Regierung zu entwickeln, und diese Initiativen waren selbst Teil der Übergangsregelungen, die von den Kolonialbehörden eingeleitet wurden. Elf Jahre später stellte eine revidierte Serie von Richtlinien (Hong Kong 1996) eine ausdrückliche Verbindung zwischen staatsbürgerlicher Erziehung und politischem Übergang dar, indem beispielsweise angeregt wurde (S.21), dass „der Schüler die kulturelle und politische Identität Hongkongs als chinesische Gemeinschaft kennen muss, als britische Kolonie für eine gewisse Periode und als HKSAR (Administrative Sonderregion Hongkong) Chinas seit Juli 1997. Zum Zeitpunkt des politischen Übergangs müssen unsere Bürger aktiv eine neue nationale Identität annehmen, an dem Vollzug sanfter Übergänge teilnehmen und mitwirken, Wohlstand und Stabilität aufrechterhalten und die Gesellschaft Hongkongs weiterhin verbessern."

Bald nach dem Souveränitätswechsel nahm Hongkong eine umfangreichere Überprüfung des ganzen Bildungssystems vor. Diese Überprüfung, die von der Bildungskommission gesteuert wurde, begann mit den Bildungszielen, um dann mit dem Rahmen einer Bildungsreform fortzufahren, bevor spezifische Vorschläge vorgebracht wurden. Das von der Bildungskommission erstellte Dokument betonte eher ökonomische als politische Änderungen. Beispielsweise stellten die einleitenden Abschnitte des Dokuments über den Rahmen der Bildungsreform (Hong Kong, Education Commission 1999, S.15) fest, dass Hongkong „sich von einer Industrie- in eine Informationsgesellschaft verwandelt. Jetzt, wo unsere Wirtschaft ihren Schwerpunkt von der Warenerzeugung zu im Wissen verankerten Tätigkeiten verlagert, ist Wissen zu einem wesentlichen Element unseres täglichen Lebens und unserer Wirtschaft geworden. ... Unser Bildungssystem scheint dagegen im Industriezeitalter steckengeblieben zu sein."

Daher betonte das Dokument eher die Kräfte der Globalisierung sowie des ökonomischen und technologischen Wandels als die der Politik. Die Tatsache, dass die Reform aber kurz nach dem Souveränitätswechsel eingeleitet wurde, wurde weithin für bedeutsam gehalten.

3.2 Macau

Wie oben erwähnt, spielte bis in die späten achtziger Jahre die Regierung von Macau eine sehr geringe Rolle im Bildungssystem. Die Unterzeichnung der chinesisch-portugiesischen Deklaration von 1987 bewirkte den Antrieb für eine ausgedehntere Rolle der Regierung. 1988 wurde ein Komitee für die Bildungsreform errichtet, und 1989 wurde ein bedeutsames Seminar für eine öffentliche Diskussion organisiert. Zwei Jahre später kam eine Entwicklung im Schul- und Hochschulwesen in Gang.

Diese Politik ließ den Wunsch der Regierung erkennen, eine allgemeine Primarbildung anzustreben, die Sekundar- und Hochschulbildung zu entwikkeln und ein Bildungssystem zu formen, das sich von der bislang bestehenden losen Bündelung von Schulen durch größere Kohärenz unterscheiden sollte. Dem Gesetz über Grundbildung folgen im Jahre 1993 Regelungen für private Bildung sowie Gesetze über das Curriculum auf allen Schulstufen. Dieses plötzliche Erscheinen von Regierungstätigkeit stand im Gegensatz zu Hongkong. Da die Regierung von Hongkong sich bereits in Schulen und Universitäten des Territoriums engagiert hatte, führte die chinesisch-britische Deklaration nicht zu einer vergleichbaren Zunahme der Aktivitäten.

Ein zweiter Gegensatz wurde in den öffentlichen Prüfungen deutlich. Während die Regierung von Hongkong in den dreißiger Jahren ihr eigenes Prüfungssystem entwickelt hatte, hatte sich die Regierung von Macau selbst bis in die achtziger Jahre kaum um diese Angelegenheit gekümmert. Im Jahre 1990 führte die University of East Asia (später in University of Macau umbenannt) eine Zulassungsprüfung ein, die allen Sekundarschülern in Macau offenstand; zuvor hatten keine Prüfungen existiert, die für das ganze Territorium gegolten hätten. Einige Studenten unterzogen sich Prüfungen, die in der Volksrepublik China, in Taiwan, Hongkong, Portugal oder England konzipiert waren, während andere Studenten sich überhaupt keinen Prüfungen unterzogen.

Da Macau eine weit weniger zentralisierte Struktur als Hongkong hatte, waren Änderungen in den Schulfächern weniger direkt (LO 1999). In der Mitte der neunziger Jahre leitete die Regierung von Macau wichtige Curriculumprojekte ein, welche damit begannen, den Kern der Curricula in den verschiedenen Schulen herauszufinden. Im Schuljahr 1995/96 wurden an 15 Schulen vorläufige Lehrpläne zur Erprobung eingeführt; sie waren von Komitees vorbereitet worden, die sich aus Mitgliedern von öffentlichen und privaten Schulen sowie der University of Macau zusammensetzten. Die Regierung förderte auch die Herstellung von Lehrbüchern in einigen Fächern.

Die Curricula in privaten Schulen entwickelten sich aber in großem Ausmaße weiter - gemäß den Entscheidungen, die eher innerhalb der Schulen denn als Ergebnis direkten Regierungshandelns getroffen wurden. Sofern einige Schulen Lehrbücher und Lehrpläne aus Hongkong benutzten, änderten sich ihre Curricula in Richtung einer Reflexion der Wiedervereinigung mit China - doch wurde hauptsächlich eher Hongkongs Wiedervereinigung als die Macaus reflektiert. Andere Schulen in Macau übernahmen Curricula von Festland China. Unter diesem Aspekt waren zumindest diese Teile von Macaus Bildungspraxis Mustern der VR China viel näher, als dies für Hongkongs Schulen der Fall war. Der Anteil von Schulen mit direkten Verbindungen zu China ist in Macau stets größer gewesen als in Hongkong. Viel größer ist auch der Anteil an Macaus Lehrern, die im chinesischen Festland ausgebildet und von dort rekrutiert waren. Obwohl Macaus Wiedervereinigung zweieinhalb Jahre später als die Hongkongs geschah, war die portugiesische Kolonie in dieser Hinsicht weiter fortgeschritten. Da Hongkongs Bildungssystem größer und differenzierter war, war es geschlossener als die Schulsysteme in Macau.

Entwicklungen in der staatsbürgerlichen Bildung in Macau standen ebenfalls im Gegensatz zu denen in Hongkong. Bereits 1987 begann die Macau Catholic Schools Association mit der Vorbereitung eines Lehrbuchs für staatsbürgerliche Bildung, das bis 1990 an den meisten katholischen Sekundarschulen eingeführt wurde (LAW 1992). Ein stärkerer nationalistischer Ansatz wurde von der pro-kommunistischen Macau Chinese Education Association beschritten, und 1995, zwei Jahre nach der Veröffentlichung des Grundgesetzes von Macau, wurde ein Lehrbuch über das Grundgesetz für Sekundarschulen herausgebracht. Die Parallelität zu Hongkong lag in der Natur dieser Aktivität, obwohl in Hongkong die Rolle der Regierung direkterer Art war und der Prozess besser fundiert und systematischer verlief. Parallel zu Hongkong bestand indes eine beträchtliche Kluft zwischen den Bestrebungen der Reformer und dem, was auf schulpraktischer Ebene geschah. (TSE 1999).

Macau zeigt auch einige Unterschiede in den Sprachen, die in den Schulen gelehrt wurden. Wie in Hongkong erscheint Putonghua in zunehmendem Ausmaße als Unterrichtsfach in Macaus Klassenzimmern. Während der frühen neunziger Jahre versuchte die Regierung auch, den Platz des Portugiesischen zu stärken. Im Jahre 1994 sollten einem Vorschlag entsprechend Zuwendungen an einige Schulen unter der Bedingung bereitgestellt werden, dass diese Schulen in die Aufnahme der portugiesischen Sprache in das Curriculum einwilligen würden (YUE 1994). Der Plan stieß auf große Opposition und wurde daraufhin fallen gelassen. Er ist jedoch als ein vielleicht unerwartetes Merkmal des Endes der Kolonialperiode bemerkenswert.

Eine Interpretation dieses Vorstoßes besagt, dass die portugiesischen Behörden, nach 400 Jahren der Vernachlässigung des Bildungswesens für die chinesische Mehrheit, plötzlich feststellten, dass nur sehr wenige Menschen auf dem Territorium das Portugiesische sprechen, lesen und schreiben konnten. Dies sei daher die letzte Chance, die Lage zu ändern und dadurch den portugiesischen Einfluss in einem Teil der Welt zu stärken, der von wachsender wirtschaftlicher Bedeutung sei. In Hongkong war die Kolonialsprache (Englisch) an Schulen für einheimische Kinder weit länger unterrichtet worden. Verschieden war auch die Tatsache, dass die Mehrzahl der Schulen, weit entfernt von einer Zurückweisung, die Kolonialsprache wegen ihres Nutzens für die internationale Kommunikation begrüßte. Als Ironie mutet es an, dass in Hongkong die Kolonialregierung ständig Erklärungen abgab, welche das Vertrauen in die Kolonialsprache schwächte und den Wert des Chinesischen betonte. Die Praxis wurde davon jedoch kaum berührt.

4. Konvergenz, Divergenz oder parallele Wege?

Der vorausgegangene Kommentar führt zur Frage nach dem Ausmaß, in dem die Bildungssysteme Hongkongs und Macaus miteinander und mit dem Land konvergiert haben, mit dem sie wiedervereinigt worden sind. Auf solch eine Frage nach der Vergangenheit sollte eine parallele Frage nach der Zukunft folgen.

Wie schon bemerkt, erlaubt das Rechtssystem den Behörden in Hongkong und Macau, ihre eigenen Bildungssysteme zu steuern, unabhängig voneinander und vom Festland. Beispielsweise hat das Vereinigte Königreich getrennte Bildungssysteme für England, Wales, Schottland und Nordirland, während Länder wie Belgien, Kanada, Deutschland und die Vereinigten Staaten über beträchtliche Variationen verfügen. In Hongkong ist die Autonomie im Bildungswesen gesetzlich für den Zeitraum von 50 Jahren nach 1997 garantiert; in Macau gilt dies für die 50 Jahre nach 1999.

Trotz der gesetzlichen Grundlage für Autonomie und fortlaufender Unterschiede sind einige Konvergenzen nicht zu übersehen. Hongkongs Pädagogen neigen zu dem Gefühl, dass sie von Macau viel zu lernen haben; demgegenüber sind viele Innovationen in Macau von Hongkong übernommen worden (BRAY & KOO 1999). Viele dieser Informationen kamen durch informelle Kanäle, einschließlich der Übernahme von Schulbüchern, die für Hongkong publiziert worden waren. Macaus Politiker haben auch scharf auf Hongkongs Modelle geschaut im Hinblick auf Curriculumentwicklung, Planung und politische Programme.

Jedes der beiden Territorien hat auch Einflüsse vom chinesischen Festland erfahren. Offenkundig sind diese in Macau, wo viele Lehrer aus dem Festland rekrutiert wurden und einige Schulen seit langem enge curriculare und andere Verbindungen mit dem Festland geknüpft hatten. Aber sogar in Hongkong ist das Unterrichten auf Putonghua ermutigt worden, und in beiden Territorien diente die staatsbürgerliche Bildung als Instrument zur Vermittlung von Informationen über Festland China an die Schüler.

Wenn auch jenseits der Thematik dieses Artikels, ist das Ausmaß erwähnenswert, in dem sich das Bildungswesen im Festland China verändert hat. Teilweise ist dies durch den Einfluss aus Hongkong veranlasst, in geringerem Ausmaße aus Macau. Eine andere Triebkraft ist indes der allgemeine Einfluss der Globalisierung. Daher hat sich das Bildungswesen im Festland China in Reaktion auf diese Einflüsse verändert, während das Bildungswesen in Hongkong und Macau sich auf parallele Weise und in Reaktion auf diese Einflüsse verändert haben. Folglich ist das Bildungssystem im Festland China weit weniger monolithisch, als dies früher der Fall war. Die Zentralregierung duldet größeren Pluralismus in den Curricula, und Privatisierung ist zu einem zunehmend sichtbaren Merkmal geworden. Auch unternehmen Schulen im chinesischen Festland, genau so wie ihre Gegenstücke in Hongkong und Macau, Anstrengungen, mit den technologischen Entwicklungen Schritt zu zu halten. Schüler werden ermutigt, sich mit Computern vertraut zu machen, während Lehrer ermutigt werden, die Informationstechnologie in ihrem Unterricht zu verwenden.

Nichtsdestoweniger erlaubt die Autonomie den Behörden in beiden Territorien, bedeutsame Besonderheiten aufrechtzuerhalten. Sogar nach der Wiedervereinigung schützt in Hongkong die starke Kontrolle der Arbeitsgenehmigungen und die Beibehaltung der Anforderungen an die Lehrerqualifikationen die Lehrerschaft vor spürbaren Infiltrationen aus dem Festland. Auch werden Schulbücher noch speziell für den Markt Hongkongs erstellt.

Die Bildungsreform, die bald nach dem Souveränitätswechsel von 1997 in Gang gesetzt wurde, hatte wenige ausdrückliche Verbindungen zu Mustern und Entwicklungen im Festland China. In gleicher Weise hat Macau seine Eigentümlichkeiten im Unterrichten des Portugiesischen und in einigen curricularen Schwerpunktsetzungen, die sich auf die Region beziehen, bewahrt. Sowohl Hongkong als auch Macau haben die starke Verwendung des Kantonesischen in ihrem Bildungssystem im Gegensatz zur Putonghua beibehalten, die im Festland China die dominierende Sprache im Bildungswesen ist. Auf der tertiären Stufe steht die Tatsache, dass sowohl in Hongkong als auch in Macau das Englische in beträchtlichem Maße verwendet wird, im Gegensatz zur Rolle des Chinesischen (Putonghua) im Festland.

Diese Triebkräfte bedeuten, dass zumindest einige parallele Verfahrensweisen geblieben sind und wohl fortdauern dürften. Die Triebkräfte der Konvergenz haben vielleicht diejenigen der Divergenz überflügelt, doch dürften fortdauernde Unterschiede für zumindest die kommenden Jahrzehnte bestehen bleiben.

5. Schlussbetrachtungen

Das Ende des Kolonialismus in Hongkong und Macau kann als Teil der globalen Prozesse der Dekolonisierung angesehen werden, die im 19. Jahrhundert in Lateinamerika wirksam waren und während des 20.Jahrhunderts Wandlungen in den meisten Territorien Asiens, Afrikas, der Karibik und der südpazifischen Region gezeitigt haben. Das Ende der Kolonialperiode in Hongkong und Macau unterschied sich jedoch von der Mehrzahl vergleichbarer Übergänge, weil die beiden Territorien mit ihrem Mutterland wiedervereinigt und nicht zu unabhängigen und souveränen Staaten geworden sind (BRAY 1994).

Die Bildungssysteme beider Territorien sind bereits seit langem durch beträchtliche Pluralität geprägt. Dies war insbesondere der Fall in Macau, wo die Kolonialregierung Bildungsfragen weithin vernachlässigt und privaten Förderkörperschaften erlaubt hatte, nach ihren eigenen Wünschen zu handeln. Die Kolonialregierung in Hongkong hatte stärkeren Interventionismus gezeigt und eine dominierende Einheit geformt, die als das Bildungssystem Hongkongs beschrieben werden konnte. Sogar in Hongkong aber herrschte beträchtliche Pluralität im Bereich der Schulträger und dem Vorhandensein von Modellen für ethnische, sprachliche und andere Minderheiten,

Eine Folge der Wiedervereinigung der beiden Territorien mit dem chinesischen Festland besteht darin, dass die Anzahl der Bildungssysteme, die innerhalb der Nation funktionieren, beträchtlich zugenommen hat. In Bezug auf die Bevölkerung ist Hongkong, verglichen mit dem chinesischen Festland, natürlich sehr klein, und Macau ist sogar noch kleiner. Ihre wirtschaftliche Prosperität war indes ein wesentlicher Faktor, der ihre Bedeutung erhöhte. Im Bereich des Bildungswesens hat das Hinzutreten der Modelle Hongkongs und Macaus zu denen des Festlandes die Pluralität innerhalb der Nation wesentlich gesteigert.

In diesem Artikel wurde ausgeführt, dass die Systeme in Hongkong, Macau und im Festland China sozusagen nicht wasserdicht waren. Das System Hongkongs beeinflusste die Systeme Macaus und in einem gewissen Ausmaße auch diejenigen des Festlandes. Ebenso wurden in allen drei Territorien die Bildungssysteme von den globalen ökonomischen, technologischen und anderen Triebkräften betroffen. Auf dem Felde der Politik ist das Modell „ein Land, zwei Systeme", entsprechend den für Hongkong und Macau vorgezeichneten Linien, ohne Präzedenz. Beobachter in vielen Teilen der Welt blicken gespannt auf diese Verfahrensweise, denn deren Erfolg oder sein Gegenteil wird zu Auswirkungen führen, die sich weit über die beiden Territorien ausdehnen, für welche die Formel entworfen worden ist. Im Felde des Bildungswesens ist indes das Vorhandensein multipler Bildungssysteme innerhalb der Grenzen einer einzigen Nation ganz gewöhnlich. Dies erweckt die Zuversicht, dass Hongkong und Macau sich, zumindest im Felde des Bildungswesens, weiterhin einen hohen Grad an Autonomie entwickeln können. Dies bedeutet auch, dass Hongkong und Macau faszinierende Schauplätze für die Beobachtung fortlaufender Entwicklungen von Bildungssystemen innerhalb des neuen Rahmens bleiben werden.

Literatur:

ADAMSON, Bob & LI, Titus: Primary and Secondary Education. In: BRAY, Mark & KOO, Ramsey (Hrsg.): Education and Society in Hong Kong and Macau: Comparative Perspectives on Continuity and Change. Hong Kong: Comparative Education Research Centre, The University of Hong Kong 1999, S.35-57.

BERLIE, J.A.: Macao's Education: A Question of Language - Chinese, Portuguese, and English. In: BERLIE, J.A.(Hrsg.): Macao 2000. Hong Kong: Oxford University Press 1999, S.71-104.

BRAY, Mark: Decolonisation and Education: New Paradigms for the Remnants of Empire. In: Compare, 24(1994)1, S.37-51.

BRAY, Mark: Education and Decolonization: Comparative Perspectives on Change and Continuity. In: CUMMINGS, WILLIAM K. & McGINN, NOEL, F. (Hrsg.): International Handbook on Education and Development: Preparing Schools, Students and Nations for the Twenty-First Century. Oxford : Pergamon Press 1997, S.103-118.

BRAY, Mark & IEONG, Pedro: Education and Social Change: The Growth and Diversification of the International Schools Sector in Hong Kong. In: International Education, 25 (1996)2, S.49-73.

BRAY, Mark & KOO, Ramsey (Hrsg.): Education and Society in Hong Kong and Macau. Comparative Perspectives on Continuity and Change. Hong Kong: Comparative Education Research Centre, The University of Hong Kong 1999.

CIVIC EDUCATION COMMITTEE, Education Department: Guidelines on Civic Education in Schools. Hong Kong: Government Printer 1985.

HONG KONG (1998), Government of: Hong Kong 1998. Hong Kong: Information Services Department 1999.

HONG KONG (1999): Education Commission: Learning for Life: Education Blueprint for the 21st Century. Hong Kong: Hong Kong Special Administrative Region, Printing Department 1999.

HONG KONG (1996), Education Department: Guidelines on Civic Education in Schools. Hong Kong: Government of Hong Kong, Education Department 1996.

HONG KONG (1994), Examinations Authority: Hong Kong Advanced Level Examination: Regulations and Syllabuses. Hong Kong: Hong Kong Examinations Authority 1994.

LAW Yuen Ming, Irma: Educacao Civica Escolar em Macau. In: WONG Hon Keong (Hsrg.): Educacao Civica em Macau. Macau: Centro do Etude de Macau, Universidade de Macau 1992, S64-72.

LEE W.O. & BRAY, Mark: Education: Evolving Patterns and Challenges. In: CHENG, Joseph Y.S. & LO, Sonny (Hrsg.): From Colony to SAR. Hong Kongs's Challenges Ahead. Hong Kong: The Chinese University of Hon g Kong 1995, S.357-378.

LO Yiu Chun, Jennifer: Curriculum Reform. In: BRAY, Mark & KOO; Ramsey (Hrsg.): Education and Society in Hong Kong and Macau: Comparative Perspectives on Continuity and Change. Hong Kong: Comparative Education Research Centre, The University of Hong Kong 1999, S.135-149.

MACAU, Governo de: Caracteristicas do Sistema de Ensino de Macau: Curriculo. Macau: Direccao dos Servicos de Educacao e Juventude 1994.

MACAU, Governo de: Macau em Numeros. Macau: Direccao dos Servicos de Estatistica e Censos 1999.

MORRIS, Paul: Preparing Pupils as Citizens of the Special Administrative Region of Hong Kong: An Analysis of Curriculum Change and Control during the Transition Period. In: POSTIGLIONE, G.A. with LEUNG, J.Y.M: (Hrsg.): Education and Society in Hong Kong: Toward One Country and Two Systems. Hong Kong: Hong Kong University Press 1992, S.117-145.

MORRIS, Paul & CHAN, K.K.: The Hong Kong School Curriculum and the Political Transition: Politicisation, Contextualisation and Symbolic Action. In: BRAY, Mark & LEE, W.O. (Hrsg.): Education and Political Transition: Implications of Hong Kong's Change of Sovereignty. Hong Kong: Comparative Education Research Centre, The University of Hong Kong 1997, S.101-118.

SHIPP, Steve: Macau, China: A Political History of the Portuguese Colony's Transition to Chinese Rule. Jefferson, N.C.: Mc Farland 1997.

TSE Kwan Choi, Thomas: Civic and Political Education . In: BRAY, Mark & COO, Ramsey (Hrsg.): Education and Society in Hong Kong and Macau: Comparative Perspectives on Continuity and Change. Hong Kong: Comparative Education Research Centre, The University of Hong Kong 1999, S.151-169.

YUE, K.L.: The Macau Controversy on Language and Instruction. In: Yazhou Zhoukan, 28.August 1994, S.64-65 (chinesisch).

YUNG, Andrew: Higher Education. In: BRAY, Mark & KOO, Ramsey (Hrsg.): Education and Society in Hong Kong and Macau: Comparative Perspectives on Continuity and Change. Hong Kong: Comparative Education Research Centre, The University of Hong Kong 1999, S.75-86.

Kurzbiographie:

Prof. Dr. Mark BRAY ist Direktor des Comparative Education Research Centre an der University of Hong Kong. Er unterrichtete früher an Sekundarschulen in Kenia und Nigeria sowie an den Universitäten Edinburgh, Papua New Guinea und London. Seit 1994 ist er Assistant Secretary des World Council of Comparative Education Societies. Von 1998 bis 2000 war er Präsident der Comparative Education Society of Hong Kong. Seine ausgedehnten Veröffentlichungen liegen im Feld der Vergleichenden Erziehungswissenschaft.

Anschrift: Comparative Education Research Centre, The University of Hong Kong, Pokfulam Road, Hong Kong, China. E-mail: mbray@hku.hk

Huang Hong

Chinesischunterricht im 21. Jahrhundert
Streiflichter des 6. Internationalen Symposiums für Chinesisch als Fremdsprache

(übersetzt aus dem Chinesischen von Susanne Barucha)

The history of Teaching Chinese as a Foreign Language (TCaFL) is not long in comparison with Teaching English as a Second or Foreign Language. However, the growing number of Chinese learners worldwide has aroused scholastic attention. Linguists even predict that Chinese may become an international language next to English in the future. It is therefore important to know how this language is taught to foreigners in its native country, China. The international 6th Symposium for TCaFL held in Hannover, Germany, on August, 1999, has provided us an opportunity to witness the progress made in this field since the 1950's, and to understand the challenges that teachers of TCaFL are still facing. Based on information gathered from the symposium, this paper deals with a short analysis of the historical and the contemporary situation of TCaFL in mainland China. It also points out that much more needs to be done, such as upgrading Chinese teaching scientifically, developing better textbooks, making a breakthrough in the teaching of the Chinese characters, and applying moderm technology in Chinese teaching in the hope that Chinese may someday be accepted as a global language.

1. Themenschwerpunkte des 6. Internationalen Symposiums

„Das Internationale Symposium für Chinesisch als Fremdsprache" (*Guoji duiwai Hanyu jiaoxue taolunhui*) ist die größte Konferenz, die sich im internationalen Rahmen mit dem Thema „Chinesisch als Fremdsprache" (ChaF) auseinandersetzt. Das Symposium wurde erstmals im Jahre 1985 in Beijing, VR China, einberufen und ist seither im Abstand von jeweils drei Jahren bereits fünfmal abgehalten worden. Die letzten Konferenzen fanden alle in China statt, während die Tagung vom 8. bis 12. Juli 1999 zum ersten Mal außerhalb Chinas durchgeführt wurde. Dieses Symposium wies die größte Teilnehmerzahl von allen bisherigen internationalen Konferenzen zu ChaF auf. Mehr als 340 Fachleute versammelten sich in der deutschen Messestadt Hannover, um über das zentrale Thema „Chinesisch Lehren und Lernen im 21. Jahrhundert" zu diskutieren. Als Konferenzsprache wurde sowohl bei den mündlichen Vorträgen wie auch bei den schriftlichen Abhandlungen durchweg die chinesische Sprache verwendet. Folgende Themenschwerpunkte wurden behandelt:

- Chinesische Linguistik einschließlich Phonetik, Grammatik, Lexik, Diskurs- und Textlinguistik, Schriftzeichenlehre, Typologie und kontrastive phonetische Forschung
- Lehre und Forschung zur Kultur im Kontext des Chinesisch Sprachunterrichts
- Theorie des Spracherwerbs bezüglich des Erlernens der chinesischen Sprache
- Theorie der Chinesisch Sprachlehre, Studien zu Lehrmethoden und Lehrmitteln
- Fachsprachliche Chinesischausbildung (Wirtschaft und Handel, Wissenschaft und Technik, Medizin, Recht usw.)
- Chinesischunterricht in der Sekundarstufe

Insgesamt hielten mehr als 200 Fachleute zu diesen Themen Vorträge im Plenum und in den Arbeitsgruppen. Die meisten äußerten sich sehr optimistisch dazu, dass die chinesische Sprache im angehenden Jahrhundert eine internationale Sprache werden würde. Prof. KUPFER von der Universität Mainz prognostizierte sogar, in Anlehnung an einen Bericht der *Guangming* Tageszeitung vom 15. August 1999, dass die chinesischen Produkte im Zuge des Voranschreitens der Globalisierung der Wirtschaft auf dem westlichen Markt zunehmen würden und mit den chinesischen Waren auch die chinesischen Schriftzeichen in die Haushalte Einzug halten und dadurch ein Bestandteil des täglichen Lebens werden würden.

2. Die Entwicklung des Chinesischunterrichtes in der VR China

Zweifellos hat der Chinesischunterricht im Rahmen des chinesischen Unterrichtswesens in den letzten beiden Jahrzehnten eine große Entwicklung erfahren, bezüglich der wissenschaftlich-theoretischen Fundierung ebenso wie im Hinblick auf die Qualifikation der Lehrkräfte, die Qualität der Unterrichtsmethoden, der Lehrmittel und der Lehrwerke. Zu Beginn der 50-er Jahre gab es in China nur eine kleine Anzahl ausländischer Studenten aus den sozialistischen osteuropäischen Staaten bzw. aus Vietnam und Korea. Die Beijing Universität und das Fremdspracheninstitut Beijing waren die einzigen Einrichtungen, an denen ChaF unterrichtet wurde. Im Jahre 1961 waren in China insgesamt nur 471 ausländische Studenten eingeschrieben (LÜ 1990). Dagegen bieten heute bereits mehr als 350 Universitäten und Institute in ganz China ausländischen Studenten Chinesisch-Sprachkurse an. Im Jahr 1998 lag die Zahl der eingeschriebenen ausländischen Studenten bei über 43.000 (*Wenhuibao* vom 30.7.1999).

Hinsichtlich der wissenschaftlichen Etablierung des Faches ChaF ist Folgendes zu bemerken. Nachdem Professir LÜ Bisong, ehemaliger Rektor des Fremdspracheninstituts Beijing, im Jahre 1978 erstmals postuliert hatte, dass ChaF zu einer eigenständigen Disziplin ausgebaut, spezielle Institutionen gegründet und Fachkräfte herangebildet werden sollten, erschienen die Fachzeitschriften „Chinese Language Teaching Worldwide" (*Shijie Hanyu jiaoxue*) und „Learning Chinese" (*Xue Hanyu*), und es wurden zwei fachwissenschaftliche Verlage gegründet: der Verlag „Beijing Language Institute Press" (*Beijing yuyan xueyuan chubanshe*), der heute „Beijing Language and Culture University Press" heißt, und der Verlag „Sinolingua" (*Huayu jiaoxue chubanshe*). Die beiden Verlage haben seither eine große Anzahl von Lehrmaterialien für den Chinesischunterricht veröffentlicht. In den Jahren 1983 und 1987 wurden zudem zwei fachbezogene akademische Institutionen gegründet, die „China Society for Teaching Chinese as a Foreign Language" (*Zhongguo duiwai Hanyu jiaoxue xuehui*) und die „International Society for Chinese Language Teaching" (*Shijie Hanyu jiaoxue xuehui*). Der chinesische Staatsrat gründete überdies im Jahr 1987 das „National Office for Teaching Chinese as a Foreign Language" (*Guojia duiwai Hanyu jiaoxue lingdao xiaozu bangongshi*), dessen Vorsitz der stellvertretende Bildungsminister innehat. Hier werden alle Aufgaben, die den Unterricht des Fachs ChaF national übergreifend betreffen, geleitet und koordiniert (LÜ 1990).

Im Zuge des wirtschaftlichen Aufschwungs in China und seiner zunehmenden Wirtschaftskraft hat sich die Zahl der Chinesisch Lernenden rapide erhöht, was zu einer Erweiterung des Umfangs des Chinesischunterrichts führte. Gleichzeitig hat das Fach ChaF, was fachtheoretische Studien und die Standardisierung des Unterrichts angehen, keine geringen Erfolge zu verzeichnen. Seit Mitte der 80-er Jahre wird innerhalb des Faches ChaF über Aspekte kultureller Auswirkungen, über Spracherwerbstheorien mit dem Schwerpunkt auf Fehleranalyse und über Fragen didaktischer Prinzipien diskutiert, die auf eine Verbindung von strukturellen, funktionalen und kulturellen Faktoren zielen. Dies ist Ausdruck einer erfolgreichen Übernahme westlicher Spracherwerbstheorien und interkultureller Theorien unter gleichzeitiger integrativer Verknüpfung mit den Eigenheiten der chinesischen Sprache. Außerdem hat sich das Bemühen um eine Standardisierung und Verwissenschaftlichung des ChaF-Unterrichts in offiziellen Veröffentlichungen niedergeschlagen, wie der von der „China Society for Teaching Chinese as Foreign Language" im Jahr 1992 zusammengestellte „Syllabus: Vocabulary and Characters of the Chinese Proficiency" (*Hanyu shuiping cihui yu Hanzi dengji dagang*), der „Syllabus: Standard of Levels and Grammar of the Chinese Proficiency" (*Hanyu shuiping dengji biaozhun yu yufa dagang*) von 1995 sowie das von der „Beijing Foreign Studies University" (*Beijing yuyan wenhua daxue*) erstellte „Database System of the Interlanguage Materials of the Chinese Language" (*Hanyu zhongjieyu yuliaoku xitong*). Darüberhinaus ist die Durchführung des Prüfungssystems „Certification for Teaching Chinese as a Foreign Language" (*Duiwai Hanyu jiaoshi zige renzheng*) besonders hervorzuheben. Diese Prüfung wurde im Jahr 1991 erstmals durchgeführt, wodurch ein erheblicher Beitrag zur Gewährleistung der Qualifikation der ChaF-Lehrkräfte und damit auch zur Erhöhung der Qualität des Chinesischunterrichts geleistet wurde.

3. Problembereiche des Chinesischen als Fremdsprache

Chinesisch soll im neuen Jahrhundert zu einer internationalen Sprache werden. Bis zum Erreichen dieses ehrgeizigen Ziels ist es noch ein weiter und beschwerlicher Weg. Man stößt dabei in erster Linie auf folgende vier Problembereiche, die im Mittelpunkt der Diskussion stehen:

3.1 Das Gesamtniveau von ChaF muss weiter angehoben und der Unterricht sich grundsätzlich verändern, d.h. weg von der ausschließlichen Orientierung an der Unterrichtserfahrung, stattdessen hin zu einem wissenschaftlich orientierten Unterricht.

Professor LIU Xun von der Beijing Universität für Kultur und Sprachen behauptet, dass man eine Zäsur in der Geschichte des Faches ChaF machen kann, die auf das Jahr 1978 fällt, d.h. auf den Beginn der politischen Öffnung Chinas gegenüber dem Ausland. Vor 1978 habe die Erforschung des Unterrichtswesens ChaF und die Begründung des Faches ChaF als pädagogische Disziplin stattgefunden (6th International Symposium: Collection of Thesis). Man muss jedoch sagen, dass die Zeit der Etablierung einer selbständigen Disziplin noch längst nicht abgeschlossen ist. Da seit 1978 bis heute die Ausweitung des Unterrichts auf der einen Seite und die Anhebung des Unterrichtsniveaus auf der anderen Seite in keinem Verhältnis zueinander stehen, muss vielmehr ein neuer Durchbruch erreicht werden. Der berühmte Linguistikprofessor der Beijing Universität LU Jianming äußerte sich dementsprechend, nämlich dass der wissenschaftliche Charakter des Fachs ChaF intensiviert werden müsse. Es sei verständlich, dass die Erfahrung die wichtigste Grundlage gewesen sei, als die Disziplin noch in den Kinderschuhen steckte, während die wissenschaftlichen Inhalte vernachlässigt wurden; nach einer so langen Zeit der Anlehnung an die Unterrichtserfahrung sei es jedoch nunmehr an der Zeit, den Akzent auf die wissenschaftliche Orientierung zu legen. Gehe man beispielsweise von den Unterrichtsmaterialien aus, so gebe es bis heute keinen einheitlichen Standard, was die inhaltliche Stufung des Chinesischunterrichts betrifftt, welches Pensum an Grammatik die Schüler beherrschen sollen, wie die Progression im Unterricht erfolgt und in wieweit Wiederholungen eingebaut werden sollen. Deshalb sei es auch kaum möglich, gutes, auf einer wissenschaftlich-theoretischen Grundlage beruhendes Unterrichtsmaterial zu verfassen. Professor LU äußerte in diesem Zusammenhang auch Vorbehalte bezüglich des wissenschaftlichen

Charakters der aktuellen „Syllabus: Vocabulary and Characters of the Chinese Proficiency“ (*Hanyu shuiping cihui yu Hanzi dengji dagang*).[34]

Tatsache ist, dass viele Chinesischkurse - ob im In- oder Ausland - , besonders solche, die nur von kurzer Dauer sind und nicht auf einen akademischen Abschluss hinauslaufen, hauptsächlich auf Erfahrungswissen aufgebaut sind. Bei der Auswahl der Unterrichtsmaterialien, der Unterrichtsprogression, der Prüfungsabschnitte und Ähnlichem wird völlig willkürlich verfahren; es herrscht also eine große Beliebigkeit. Viele chinesische Lehranstalten betrachten den ChaF-Unterricht lediglich als gute Möglichkeit, Geld zu verdienen, und die Meinung, „man müsse nur Chinesisch sprechen können, dann könne man auch Chinesisch unterrichten“, ist immer noch relativ weit verbreitet. Wenn die Effektivität des Chinesischunterrichts nicht durch eine gute Lehre garantiert wird, und die Situation weiter anhält, dass auf unprofessionelle Weise Chinesisch unterrichtet wird, dann wird die Weiterentwicklung des Chinesischunterrichts im angehenden Jahrhundert sich selber stark behindern. Folglich kann dem durch das Anwachsen der chinesischen Wirtschaft entstehenden Bedarf an kompetenten Personen, die ChaF beherrschen, nicht entsprochen werden. Die Aussage, dass die chinesische Sprache eine internationale Sprache werden soll, würde sich damit nur als ein leeres Gerede erweisen.

3.2 Im Vergleich zu internationalen Sprachlehrwerken für Englisch oder Französisch ist die Qualität der für ChaF erstellten Lehrmaterialien relativ rückständig.

Seit den 80-er Jahren haben Lehranstalten über die Verlage „Beijing Language and Culture University Press“ und dem „Sinolingua“ Verlag eine Vielzahl von Lehrmaterialien herausgegeben, die in ihrer Zusammenstellung und Gestaltung im Prinzip recht fortschrittlich sind. Was die Texte angehen, so ist der ehemals bestimmende klassenkämpferische Tenor fast völlig verschwunden, und an dessen Stelle ist Alltagskommunikation getreten. Ebenso wird Wert darauf gelegt, den Adressaten über die chinesische Gesellschaft und Kultur zu informieren und ihm die Sitten und Gebräuche Chinas nahezubringen. Die Sprachlehrmethode, die diesen Lehrwerken zugrunde liegt, erfolgt im Kern vorrangig nach den seit den 80-er Jahren weltweit gängigen Funktionalitäts- und Kommunikationsprinzipien in der Fremdsprachendidaktik, d.h. es wird ein kombiniertes Konzept propagiert. Ob dieses Unterrichtsmaterial auch auf der Basis von fundamentalen Regeln des Chinesisch-Spracherwerbs aufbaut und ob bei jedem Abschnitt auch tatsächlich das Kommunikationsprinzip angewendet wird, ist eine Frage, die näher zu untersuchen sich lohnen würde.

Ein scheinbar nur vordergründiges, aber seit vielen Jahren ungelöst gebliebenes Problem ist die adäquate Erläuterung der Vokabeln. Bis heute wird in

---

[34] Die Rede von LU ist in einer der Videoaufnahmen, die von den Vorträgen im Plenum gemacht wurden, festgehalten.

den Lehrwerken die Einführung der Vokabeln in einer Weise gehandhabt, die sich nach der Reihenfolge ihres Auftauchens im Lektionstext richtet, wobei jedes Wort eine Einheit für sich darstellt und nur in seinem unmittelbaren Bedeutungsgehalt erklärt wird. Z. B. wird die Vokabel *mingtian* als „morgen" eingeführt, bis als nächstes im Text die Vokabel *mingbai* auftaucht und mit „klar, deutlich" übersetzt wird. Was der in beiden Vokabeln enthaltene Einzelbegriff *ming* bedeutet, wird jedoch nicht erläutert. Die gängige Erläuterungsmethode nimmt demnach keine Rücksicht auf Erscheinungen, die sich aus den Gesetzmäßigkeiten der chinesischen Sprache ergeben; das bedeutet, es wird zu wenig Wert auf eine Begriffsanalyse gelegt, was sich eher beschränkend auf Lernerfolg und Kommunikationsfähigkeit der Chinesisch Lernenden auswirkt. Wenn hingegen bei der Vokabeleinführung zuerst das Schriftzeichen *ming* (hell) erklärt werden würde,[35] dann würden die zahlreichen anderen, das Zeichen *ming* enthaltenden Wörter wie *mingliang* (hell, leuchtend), *mingbai* (klar, deutlich), *minglang* (hell und klar, eindeutig) und *mingque* (deutlich, unmissverständlich) sich sehr viel besser erklären lassen; die Lernenden müssten auch nicht erst überlegen, ob die richtige Vokabel für die Verabredung eines Termins nun *jintian* (heute) oder *mingtian* (morgen) heißt.[36] *Mingtian* wäre dann ganz klar „der Tag, an dem es erneut hell wird" (*tian you yi ci ming*). Professor LÜ, Dozent für Kulturwissenschaften an der Beijing Language and Culture University (*Beijing yuyan wenhua Daxue*) knüpfte an diesen Sachverhalt an und stellte in seinem Vortrag auf dem 6. Symposium eine neue Konzeption vor, nämlich den Morphem-gestützten Unterricht. Alle chinesischen Schriftzeichen sind einsilbige Morpheme und stellen damit durchweg die kleinsten bedeutungstragenden Einheiten der chinesischen Sprache dar. Es gibt nur einige wenige Ausnahmen von Zeichen, die einen rein funktionalen Charakter haben. Überwiegend setzen sich die chinesischen Wörter bzw. Begriffe aus zwei Schriftzeichen, gelegentlich auch aus drei bis vier Zeichen zusammen. Deren Bedeutungsgehalt im Einzelnen zu kennen, ist äußerst lernfördernd. Wenn künftig daher der Verbesserungsvorschlag von Professor LÜ bei der Erstellung von neuem Lehrmaterial aufgenommen werden würde, könnte dies für die Lehrwerke der chinesischen Sprache ein wesentlicher Fortschritt bedeuten.

Ein weiteres Problem stellt sich mit dem Anspruch, Lehrmaterial auf komparativer Grundlage, d.h. unter Berücksichtigung von vergleichenden Aspekten zwischen Chinesisch und anderen Sprachen aufzubauen, sowie gezielt für die Schüler unterschiedlichster Muttersprachen zu entwerfen und zu verfassen. Das ist fast ein Ding der Unmöglichkeit, was am besten die Lehrkräfte, die im Ausland Chinesischunterricht erteilen, nachvollziehen können. Bekannte Lehrwer-

---

35 Dieses Schriftzeichen setzt sich in seinen Einzelelementen wiederum aus den Zeichen für Sonne und Mond zusammen, sodass man es sich aufgrund seiner ideographischen Gestalt sehr gut merken kann.

36 Eine Verwechslung kann leicht entstehen, weil beide Begriffe das Zeichen *tian* (Tag) enthalten.

ke wie der „Elementary Chinese Reader“ (*jichu Hanyu jiaocheng*), 1981 vom Beijing Fremdspracheninstitut im gleichnamigen Verlag, herausgegeben, und der „Practical Chinese Reader“ (*shiyong Hanyu duben*), 1981 im *Shangwu yinshuguan* Verlag von LIU Xun et al. herausgegeben, wurden alle vom chinesischsprachigen Original in verschiedene Sprachen übersetzt. Dies geschah, weil es äußerst schwierig ist, von den Spezifika der jeweiligen Muttersprache der Lernenden ausgehend die Schwerpunkte und Problemkomplexe des Chinesischunterrichts festzulegen. Wünschenswert wäre es jedoch sicherlich, wenn wenigstens einzelne sprachvergleichende Aspekte in die länderspezifischen Fassungen aufgenommen würden.

Ein anderes Manko, das chinesische Lehrwerke im Vergleich zu Lehrwerken in englischer oder französischer Sprache aufweisen, ist das Layout. Chinesisches Lehrmaterial enthält im Allgemeinen außergewöhnlich wenig Bildmaterial, die Textgestaltung ist recht eintönig, überdies sind Qualität des Papiers und der Bindung sehr mangelhaft. Hinzu kommt, dass die Pinyin-Umschrift und die in einem steifen Sprachstil gehaltenen Erläuterungen häufig fehlerhaft sind; das alles sind Mängel, die trotz der vielen Jahre, in denen diese Lehrwerke in Gebrauch sind, nicht behoben wurden. Jede Chinesisch-Lehrkraft, die selber eine Fremdsprache erlernt hat, wird aus vollem Herzen zustimmen, dass dies für die Lernmotivation nicht besonders förderlich ist. Deshalb ist es durchaus zu entschuldigen, wenn europäische oder amerikanische Lerner bei solch unattraktivem Lehrmaterial keine große Lust zum Lernen aufbringen oder auf halber Strecke aufgeben, sofern sie nicht gerade eine besondere Vorliebe für die chinesische Sprache und Kultur haben. Sie sind an Sprachlehrwerke gewöhnt, die lebendig und anschaulich sind, einen ausgeprägten visuellen Charakter haben und so verfasst sind, dass sie Spaß beim Lernen vermitteln.

3.3 Wenn der Chinesischunterricht im angehenden Jahrhundert einen größeren Aufschwung erleben soll, dann müssen bei der Schriftzeichenlehre neue Wege beschritten werden.

Das Erlernen der chinesischen Schriftzeichen ist seit jeher für europäische und amerikanische Lernende und sogar für die westlichen Fachkreise der Chinesisch Lehrkräfte ein Terrain, vor dem man eher zurückschreckt. Es bedarf jahrelangen intensiven Übens, nach denen man die Schriftzeichen meist immer noch nicht vollständig beherrscht. So verfassten auf dem 6. Symposium einige Gelehrte, die keine Chinesisch-Muttersprachler waren, ihre Vorträge nicht mit chinesischen Schriftzeichen, sondern in der Pinyin Lautschrift. Dieses Phänomen würde wahrscheinlich bei einem internationalen Symposium, das eine andere Sprache zum Thema hat, nicht auftreten. Es zeigt andererseits um so deutlicher, mit welcher Dringlichkeit die Frage des Schriftzeichenunterrichtes ein Problem darstellt, das einer praktischen Lösung bedarf.

Der französische Professor Joel BELLASSEN aus Paris sagte während des Symposiums in einem Interview, man müsse bei der Diskussion über die chinesischen Schriftzeichen das Lesen und das Schreiben gesondert betrachten. Für die meisten Menschen liege die Schwierigkeit darin, selber Schriftzeichen aus dem Gedächtnis zu schreiben und nicht darin, sie wiederzuerkennen. Das Problem des Schreibens von Schriftzeichen werde jedoch durch die Verbreitung von PC-Software mit entsprechend vereinfachtem Eingabemodus in naher Zukunft gelöst sein. Man müsse dann nur noch die Schriftzeichen identifizieren können und kann sie per Computer ausdrucken lassen. Das Identifizieren chinesischer Schriftzeichen wird mit Hilfe programmierter lexikalischer Hinweise vermutlich auch keine besonders schwierige Angelegenheit mehr sein. Deshalb brauche man bezüglich des Erlernens der chinesischen Schriftzeichen keine pessimistische Haltung mehr einzunehmen. BELLASSEN vertritt zudem die Meinung, dass man die Frage der chinesischen Schriftzeichen von gegensätzlichen Standpunkten her betrachten müsse. Manche Leute geben es bald wieder auf, Chinesisch zu lernen, weil ihnen die Schriftzeichen zu schwierig vorkommen, während andere Chinesisch lernten, weil sie von dem Zauber der Schönheit und Einzigartigkeit der Schriftzeichen fasziniert sind. Überdies gab BELLASSEN zu verstehen, dass das französische Bildungsministerium in naher Zukunft das Schreiben und Lesen der chinesischen Schriftzeichen in das Curriculum der Primarstufe aufnehmen werde, weil ein zehn Jahre dauerndes Experiment bewiesen habe, dass das Schreiben und Lesen-Lernen der chinesischen Schriftzeichen die Entwicklung der Intelligenz der Kinder fördere; besonders auf die Entwicklung der synthetisch operierenden rechten Gehirnhälfte habe es eine sehr gute und förderliche Wirkung.[37]

ZHANG Pengpeng, Dozent an der „Beijing Language and Culture University", gab neue Denkanstöße für das Unterrichten der Schriftzeichen. ZHANG ist der Ansicht, dass das Lehren der chinesischen Schriftzeichen ein unabdingbares Unterrichtselement sei, das aus den Besonderheiten der chinesischen Sprache herrühre. Es müsse ein methodisches Training ausgearbeitet werden, das den Besonderheiten der chinesischen Schrift und den Gesetzmäßigkeiten, wie Ausländer chinesische Schriftzeichen lernen, gleichermaßen gerecht werde, sodass ein intensives Schriftzeichen-Lernprogramm durchgeführt werden könne. ZHANG verfasste und veröffentlichte im Jahr 1995 ein „Modern Book of a Thousand Characters" (*Xiandai Qian Zi Wen*) in Anlehnung an das Aufbauprinzip des „Book of a Thousand Characters" (*Qian Zi Wen*) aus dem chinesischen Altertum. Er benutzte 1234 häufig gebräuchliche Schriftzeichen und verfasste damit 50 kurze Sätze, wobei jeder Satz etwa 20 Schriftzeichen enthält. Lernt man jeden Tag einen Satz, dann kann das ganze Buch in 50 Tagen beendet werden, wonach der Lernende schließlich mehr als 1000 häufig gebräuchliche Schriftzeichen beherrscht. ZHANG hat u.a. an der Universität Zürich in der Schweiz und an der „Beijing Language and Culture University" Lehrversuche durchgeführt und konnte damit beweisen, dass Studenten, die aus Ländern

[37] Von diesem u.a. Interviews, die im Rahmen der Konferenz stattfanden, wurden ebenfalls Videoaufnahmen gemacht.

kommen, die keine ideographischen Schriftzeichen kennen, in der Lage sind, in etwa 20 Tagen über 750 chinesische Schriftzeichen zu erlernen (6th International Symposium: Collection of Thesis).

Leider sind die Untersuchungen zum Lehren und Lernen der chinesischen Schriftzeichen im Allgemeinen noch recht spärlich; nur wenig Aufsätze wurden zu diesem Thema bisher veröffentlicht und die Untersuchungsergebnisse sind selten in die Erstellung von Lehrmaterial oder in den Unterricht eingeflossen. Auf dem Symposium gab es insgesamt zwölf Beträge, die das Thema „Unterrichten der Schriftzeichen" abhandelten, was nur ca. 6 % der Gesamtzahl der Vorträge ausmachte (The Handbook of the 6th International Symposium).

In China scheinen viele Chinesisch-Lehrkräfte die Schwierigkeiten der Schüler beim Erlernen der chinesischen Schriftzeichen noch gar nicht richtig erkannt zu haben. In den letzten Jahren veröffentlichtes Lehrmaterial wie „A New Perspective: Context, Function and Structure in Teaching Chinese" (*Xin Hanyu Jiaocheng*) von LI Xiaoqi et al. (1995) enthält - aus welcher Überlegung heraus ist unklar - das Thema „Schriftzeichen Lehren und Lernen" überhaupt nicht, obwohl dieses Lehrwerk in Inhalt und Form einige Pluspunkte aufweist: es ist praktisch und lebendig, und mit der gelungenen Synthese von Kontext, Funktion und Struktur wurden in der Lehrpraxis gute Erfahrungen gemacht.

3.4 Die Anwendung von Hilfsmitteln der modernen Kommunikationstechnologie als Stütze für den Chinesischunterricht ist eine sehr wichtige Frage, mit der die Fachkreise von ChaF auf der Schwelle der Jahrhundertwende konfrontiert werden.

Das ständige Voranschreiten der Computertechnologie und die rasche Entwicklung der Vernetzung per Internet bedeutet für den Unterricht ChaF eine große Herausforderung, aber auch eine Chance. Allerdings ist die Frage, wie die Computertechnologie dazu verwendet werden kann, Software für ChaF zu entwickeln, oder wie technische Hilfsmittel im multimedialen- bzw. im Internetbereich angewendet werden können, für die meisten Chinesisch Lehrkräfte eine völlig neue Aufgabenstellung. Das von den Herren ZHENG und Yanqun, HUANG Jianping sowie anderen Dozenten von der „Beijing Language and Culture University" 1995 entwickelte „Multimedia Dictionary of Chinese Characters" (*Duo-meiti Hanyu Cidian*) zeigt, welche Erfolge die Fachkreise von ChaF national bereits auf diesem Gebiet erzielten.

Tatsache ist, dass in vielen Ländern Europas und Amerikas, vor allem in den USA, Software für den Chinesischunterricht bereits vermarktet wird, einen guten Absatz findet und eingesetzt wird. Das Computerprogramm „Wenlin 2.0", das unter der Leitung von Tom BISHOP durch das Wenlin Institut in Kalifornien erstellt wurde, findet in den USA und in Europa bereits rege Nachfrage und kann auch per Internet bestellt und erworben werden. Laut Beschreibung verwendet dieses Softwareprogramm das 1997 vom *Shanghai Hanyu Daci-*

dian Verlag herausgegebene „Chinese-English Dictionary ABC“ (*Han-Ying Cidian: ABC*); es enthält über 72.000 Worteinträge und gibt für die mehr als 10.000 angeführten Schriftzeichen jeweils einen Verweis sowohl auf die Version des Langzeichens als auch des Kurzzeichens und deren Schreibweise nach Strichfolge. Es ist ein Wörterbuch mit vielen Funktionen, denn es können zusätzlich alle Wörter aufgerufen werden, die das gleiche Morphem beinhalten, und auch alle zusammengesetzten Schriftzeichen aufgelistet werden, die das gleiche phonetische Zeichenelement verwenden (*Chun* [Frühling], Heft 15, 1999). Für die Teilnehmer des Symposiums und auch für das Wenlin-Institut selbst war es sehr bedauerlich, dass BISHOP an dem Internationalen Symposium für ChaF nicht teilnahm.

Von den obengenannten vier Problembereichen nimmt der erste, nämlich die Frage nach einer intensiveren wissenschaftlichen Orientierung, eine Schlüsselrolle ein. Um eine fundierte theoretische Grundlage zu schaffen, damit ChaF im angehenden Jahrhundert eine noch bessere Entwicklung erfährt, wären daher folgende Schritte nötig:

- Auf den existierenden Forschungsgrundlagen aufbauend müsste kurzfristig ein Curriculum, bestehend aus Schriftzeichenlehre, Lexik, Grammatik, Landeskunde etc., festgelegt bzw. Vorhandenes optimiert werden.
- Es sollte für jeden Unterrichtsabschnitt ein niveaumäßiger Standard geschaffen werden, der für alle Kurse verbindlich wäre, und zwar unter Vorgabe von bereitgestellten Lehrmaterialien und entsprechenden Anleitungen für die Lehrkräfte, ergänzt mit Lernsoftware für Sprache und Schrift.
- Das Prüfungssystem „Certification for Teaching Chinese as a Foreign Language“ müsste konsequenter eingesetzt und durchgeführt werden, um die Qualifikation der ChaF-Lehrkräfte zu gewährleisten.

Alle Teilnehmerinnen und Teilnehmer, die zu dem Symposium aus China, dem Land der Wiege der chinesischen Sprache, angereist waren, beschäftigte überdies die Frage, wie der Austausch und die Zusammenarbeit mit den Kollegen im Ausland in noch größerem Umfang realisiert werden könnte, um die Wende zu einer internationalen Orientierung zu vollziehen und sich den globalen Herausforderungen des 21. Jahrhundert gemeinsam zu stellen.

Literatur:

Chun [Frühling], hrsg. vom Fachverband Chinesisch e. V. (Deutschland, Österreich, Schweiz), Heft 15, 1999.

Duo-meiti Hanyu Cidian [Multimedia Dictionary of Chinese Characters], hrsg. von der Beijing Language and Culture University, Beijing 1998.

LI Xiaoqi et al.: *Xin Hanyu Jiaocheng* [A New Perspective: Context, Function and Structure in Teaching Chinese], Beijing (University Press) 1995.

LÜ Bisong: *Duiwai Hanyu jiaoxue fazhan gaiyao* [A Survey of the Development of Teaching Chinese as a Foreign Language], Beijing 1990.

Collection of Thesis, 6th International Symposium on Teaching Chinese as a Foreign Language August 1999, hrsg. von der Foreign Language Studies University Beijing (Druckschrift).

The Handbook of the 6th International Symposium on Teaching Chinese as a Foreign Language August 1999, hrsg. von der Foreign Language Studies University Beijing (Druckschrift).

Wenhuibao [Wenhui Zeitung] vom 30.7.99.

Kurzbiographie:

HUANG Hong, M.A. geb. 1961 in Nanjing, VR China; 1982 BA (Chinesische Sprache u. Literatur) an der Universität Nanjing; 1987/88 Fortbildung in Pädagogik an der Universität Leeds/UK; 1989-91 Spanischstudium, 1997 MA (Englisch u. Chinesisch) an der Fremdsprachenhochschule Beijing, VR China; seit 1988 Dozentin an der Beijing Language and Culture University. 1997-99 Austauschdozentin am Chinesischzentrum Hannover; HSK-Prüferin für Deutschland.
Anschrift: Foreign Studies University Beijing, 100081 Beijing, Volksrepublik China.

Uwe Schafranski

Deutsch-chinesische Zusammenarbeit in der Berufsbildung
Kaufmännische Ausbildung in der Region Shanghai

In view of the process of transformation in China, this article describes the cooperation between Germany and China in the field of vocational secondary education for commercial occupations in Shanghai. The result of this cooperation was the creation of two projects, namely the „Yangpu-project" supported by the Gesellschaft für technische Zusammenarbeit (GTZ), and the project of the vocational training Center for electrical occupations (which also provides education for commercial occupations) supported by the Hanns- Seidel- Stiftung (HSST). The idea embodied in the German „occupational concept" (Berufskonzept), that is to say the need for the acquisition of a wide knowledge of the basics of commerce, together with a didactic combination of theoretical knowledge (at school) and practical experience (work placement) appears in both projects. However, these two projects differ regarding the importance they grant to practical experience at work. While the GTZ favours short-term work placements, the HSST encourages a „two-stream system of vocational education" (which can be compared to the German „duales Berufsausbildungssystem"). The article shows that both projects offer advantages and both are suitable to the situation in China. The application of both projects should be considered.

1. Einleitung: Shanghai

Geographisch liegt Shanghai, was zu Deutsch „an der See" bedeutet, einerseits am Delta des 5800 Kilometer langen und neun Provinzen durchlaufenden Yangzi- Flusses und andererseits am ostchinesischen Meer. Durch diese hervorragende geographische Lage entwickelte sich Shanghai zu einer bedeutenden Handels- und Industriestadt. Dies änderte sich grundsätzlich auch nicht durch die Machtübernahme der kommunistischen Partei Chinas. Shanghai blieb weiterhin eine bedeutende Industriemetropole (besonders im Bereich der Schwerindustrie), wenn auch der Anteil an der gesamten chinesischen Industrieproduktion von 19% im Jahre 1952 auf 8,9% im Jahre 1985 fiel (MOK, S. 200), im System der Planwirtschaft. Als Mao Zedong im Herbst 1976 starb, und Deng Xiaoping im Jahre 1978 die Macht übernahm, veränderte sich insbesondere auf dem Gebiet der Ökonomie die Zielvorstellung für die weitere gesellschaftliche Entwicklung. Ging man seit 1979 zunächst von einer Planwirtschaft mit marktregulierten Ergänzungen aus, entwickelte sich diese Zielvorstellung bis zu dem Modell einer sozialistischen Marktwirtschaft chinesischer Prägung (seit 1992) weiter (HEBEL 109ff), in der es zum Beispiel möglich wurde, dass sich Arbeitsmärkte konstituierten (HEBEL, S. 339). Für Shanghai bedeutete dieser Wandel die Möglichkeit seinen ökonomischen Wege für die Zukunft neu zu bestimmen. Der KP- Generalsekretär Hu Yaobang war in den frühen achtziger Jahren der erste, der die Vision Shanghais als ein internationales Zentrum für Handel und Finanzen entwickelte und zu planen begann (SCHÜLLER/HÖPPNER, S.85). Dieses Leitbild veränderte sich bis zum heutigen Tage nicht, wie z.B. die Errichtung der Pudong- Sonderwirtschaftszone zeigt (SCHÜLLER/HÖPPNER, S.94ff.), vielmehr wurde es seit den späten achtziger Jahren in einem größeren Bezugsrahmen, nämlich dem der regionalen Entwicklung, eingebettet und damit ergänzt. Shanghai sollte fortan als Drachenkopf für das gesamte Yangzi – Delta eine ökonomische Katalysatorfunktion übernehmen (HEBEL, S.52ff). Seitdem scheint die Stadt Shanghai an die stürmischen Zeiten des vorsozialistischen Chinas anzuknüpfen. Hohe Wachstumsraten (HEBEL, S.57), ein starker Zustrom von ausländischem Kapital (JOHANNSEN, S. 106 ff.), aber auch eine stetig steigende Arbeitslosigkeit und eine enorme Umstrukturierung innerhalb der Wirtschaft kennzeichnen seitdem Shanghai. Die Stadt Shanghai ist damit neben den Provinzen im Süden, wie Guangdong, ein Vorreiter der sogenannten ökonomischen Modernisierung. Daten von 1993/4 zeigen für Shanghai das höchste BIP pro Kopf mit 11700 RMBY, und trotz eines vergleichsweise mit anderen Provinzen geringen Wachstums des BIP von 14,3%, ist der absolute Zuwachs des BIP pro Kopf am größten (HEBEL, S.57).

Gerade diese enormen ökonomischen Entwicklungen üben Druck auf andere, nicht primär ökonomische, gesellschaftliche Bereiche, wie dem der beruflichen (kaufmännischen) Berufsausbildung, aus, und machen es daher sinnvoll, sich mit dem Veränderungs- bzw. Reformprozess wissenschaftlich eingehender zu befassen. Zudem scheint die Entwicklung in Shanghai ein Modernisierungsvorgriff von dem zu sein, was sich in kürzer Zeit auch in anderen Provinzen „abspielen" könnte.

Zurück zum Stand des Berufsausbildungssystems Ende der siebziger Jahre. Die politische Führung erkannte schon in den ersten Reformjahren nach Deng Xiaopings Machtübernahme die Probleme im Berufsausbildungssystem. Diese waren besonders dadurch gekennzeichnet, dass innerhalb der Ausbildungsgänge das fachliche Spezialwissen über das inhaltlich-übergreifende Wissen dominierte und zudem ein Mangel an didaktischen Verbindungen zwischen dem Arbeits- und Schullernen herrschte (HEBEL, S. 379- 382). Die Folge war, dass sich das Berufsausbildungssystem aus der Notwendigkeit, dem Modernisierungsprozess begleitend qualifizierte Arbeitnehmer bereitzustellen, Schritt für Schritt modernisierte (RISLER, S.285 ff.), wobei man auch auf die Erfahrungen, die in ausländischen, insbesondere westlichen Erfolgsmodellen beruflicher Bildung gesammelt wurden, zurückgriff. Dem deutschen berufskonzeptionellen

System fiel hierbei eine besondere Bedeutung zu; denn von dessen Kombination einer breiten kaufmännischen und mit der Arbeitswirklichkeit verbundenen praxisnahen Ausbildung auf hohem Niveau versprach sich China einen Modernisierungsschub. Die ersten Grundlagenvereinbarungen im Rahmen der deutsch- chinesischen Entwicklungszusammenarbeit, welche die Grundlage und den Bezug für die spätere berufsbildungspolitische Projekt- und Beratungsarbeit im Bereich der kaufmännischen Ausbildung in China und damit auch in Shanghai legten, wurden zu Beginn der achtziger Jahre in Beijing geschlossen (TOMSA, S.1000).

Der Verfasser wird im folgenden, auf der Basis seiner Studienarbeit und einer Untersuchung vor Ort im Jahre 1997-98, die verschiedenen Träger und deren Entwicklungsansätze beschreiben und zum Abschluss kritisch bewerten. In der Region Shanghai gibt es für den kaufmännischen Bereich im Rahmen der deutsch- chinesischen Berufsbildungszusammenarbeit derzeit zwei Projektträger. Zum einen ist dies die Gesellschaft für technische Zusammenarbeit (GTZ) und zum anderen die Hanns-Seidel-Stiftung (HSSt).

2. Deutsch-chinesische Zusammenarbeit auf dem Gebiet der Berufsbildung in Shanghai

2.1 Die Gesellschaft für technische Zusammenarbeit (GTZ)

Die GTZ als Dienstleistungsunternehmen der Entwicklungszusammenarbeit, welches die entwicklungspolitischen Vorgaben des Bundesministeriums für wirtschaftliche Zusammenarbeit (BMZ) in Systemberatung und Projektarbeit umsetzt (GTZ, S.13), ist seit den frühen achtziger Jahren in China tätig. Besondere Bedeutung für die kaufmännische Ausbildung in Shanghai erlangte die GTZ aber erst im Jahre 1991 mit der finanziellen und personellen Beteiligung an dem von der Stadt Shanghai 1990 gegründeten Regionalinstitut für Berufsbildung (RIBB-S). Ziel des RIBB-S ist es, die Bildungsreform der VR China und der Region Shanghai durch Information und Beratung der für die Berufsbildung entscheidenden Stellen auf System- wie auch auf Projektebene zu unterstützen. Dies soll durch Forschungen hinsichtlich neuer Curriculakonzepte, der Erprobung neuer Konzepte in Form von Modellversuchen, der Nach- und Weiterqualifizierung von Schulpersonal und Lehrern sowie allgemeiner Beratung und Information seine Umsetzung finden.

Im für diesen Artikel interessierenden kaufmännischen Bereich gibt es seitens des RIBB-S derzeit zwei Schwerpunkte. Zum einen ist es der Bereich der Forschung mit dem Ziel der systematischen Untersuchung kaufmännischer Ausbildungswirklichkeit in Shanghai und deren aufbereitete Darstellung in den jährlich erscheinenden Berufsbildungsberichten des RIBB-S. Zum anderen werden vom RIBB-S derzeit fünf Modellversuche im kaufmännischen Bereich mit unterschiedlicher Intensität betreut (RIBB-S., S.1 ff.), welche folgendermaßen in drei Kategorien eingeteilt werden:

- von den Schulen eigenverantwortlich durchgeführte Projekte, wobei hier das RIBB-S nur beratend zur Seite steht,
- vom RIBB-S unterstützte und geförderte Modellversuche, wobei sich hier der Beratungsteil auf aktive Unterstützung und Anregung erweitert und
- in der dritten Kategorie greift das RIBB-S darüber hinaus direkt in die Steuerung des Modellversuches ein.

Da in der dritten Kategorie am weitestgehenden die Verschmelzung deutsch-chinesischer Systemelemente deutlich wird, wird exemplarisch diese Kategorie im Rahmen dieses Artikels näher beschrieben. In Shanghai gibt es in dieser Kategorie das Modellprojekt der nach dem Ortsteil benannten Beruflichen Schule (Sek.II) Yangpu.

Das Modellprojekt der Beruflichen Schule Yangpu

Dieser Modellversuch, der 1995 begonnen wurde, ist vor allem didaktischer Natur. Dies bedeutet, dass die Curricula in zeitlicher und inhaltlicher Hinsicht unter Berücksichtigung deutscher und chinesischer Erfahrungen und zukünftiger Erwartungen neu ausgestaltet wurden. Zu diesem Zweck wurden in diesem Projekt drei neue Modellausbildungsgänge entwickelt, nämlich der des Einzelhandelskaufmanns, des Außenhandelskaufmanns und des Finanzkaufmanns. Entsprechend der chinesischen didaktischen Schulgepflogenheit gibt es in allen neuen Ausbildungen die Dreiteilung zwischen den Fächern der Fachbildung (fachtheoretischer Unterricht), der Grundtechnik (fachpraktischer Unterricht) und den allgemeinbildenden Fächern. Zur Erläuterung: Zum fachtheoretischen Unterricht gehören u.a. Fächer wie Buchhaltung und Warenlehre, wohingegen zum fachpraktischen Teil Fächer wie „Rechnen mit dem Abakus" oder „Werbewirksames Ausstellen der Ware" gehört. Das didaktisch Neue ist an diesem Modellprojekt damit weniger die Systematisierung der Fächer als vielmehr deren neue zeitliche Ausgestaltung und inhaltliche Überarbeitung. Vorgegeben, und damit nicht veränderbar, war der Zeitanteil des allgemeinbildenden Unterrichts. Der berufliche Unterricht wurde dagegen wie folgt durch das RIBB-S neu aufgeteilt: 60 % der Zeitanteile sind demnach für den fachbildenden und 40 % für den fachpraktischen bzw. grundtechnischen Unterricht vorgesehen. Zum Vergleich: Im Durchschnitt gibt es nach internen Unterlagen des RIBB-S an Beruflichen Schulen in Shanghai eine Aufteilung von 72 % (Fachbildung) zu 28 % (Grundbildung). Mit anderen Worten heißt dies, dass die GTZ die theoretisch- verschulte Ausbildung fachpraktischer gestaltete.

In der folgenden Darstellung 1 wird das Ausbildungsmodell zusammenfassend in Anlehnung an internen Unterlagen des RIBB-S, Interviews am RIBB-S und der Yangpu- Schule dargestellt.

Darstellung 1: Didaktische Struktur des Modellversuches „Yangpu"- Schule

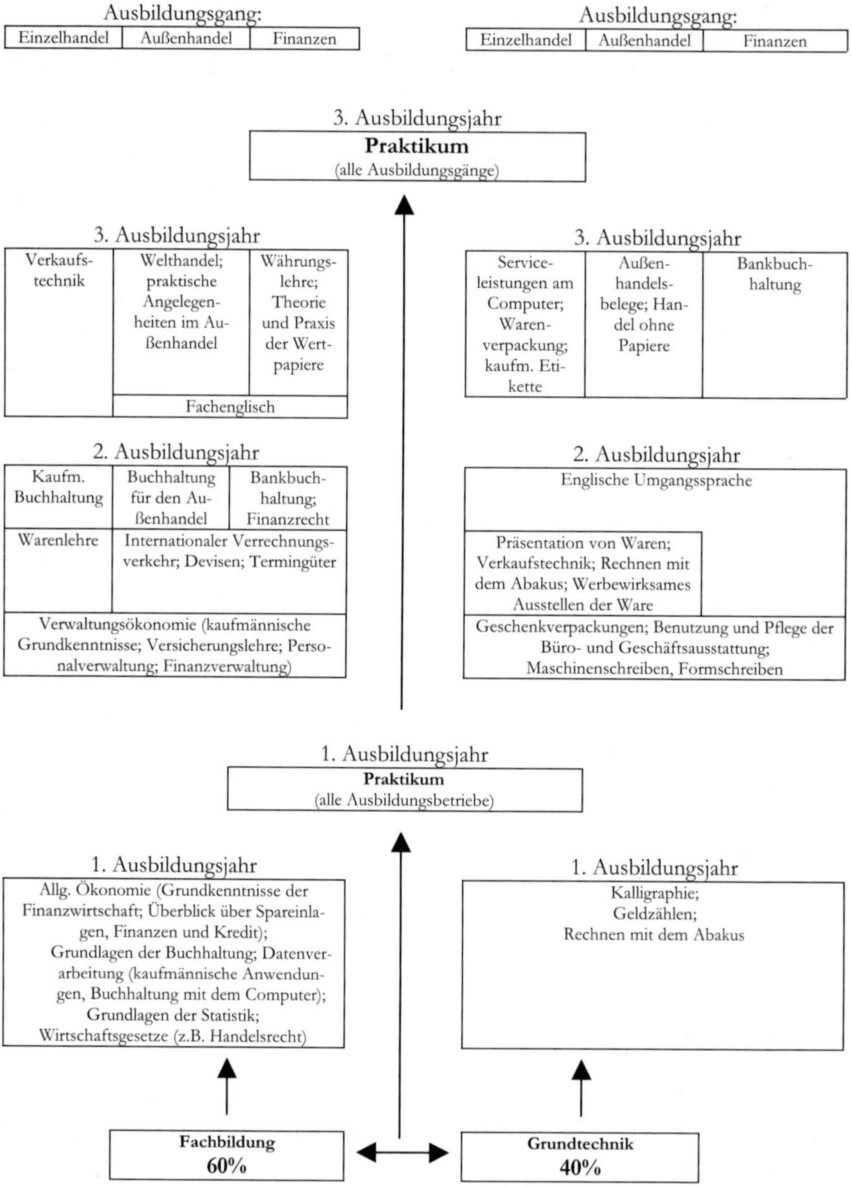

Ausbildungsgang:		
Einzelhandel	Außenhandel	Finanzen

Ausbildungsgang:		
Einzelhandel	Außenhandel	Finanzen

3. Ausbildungsjahr

Praktikum
(alle Ausbildungsgänge)

3. Ausbildungsjahr

Verkaufstechnik	Welthandel; praktische Angelegenheiten im Außenhandel	Währungslehre; Theorie und Praxis der Wertpapiere
	Fachenglisch	

3. Ausbildungsjahr

Serviceleistungen am Computer; Warenverpackung; kaufm. Etikette	Außenhandelsbelege; Handel ohne Papiere	Bankbuchhaltung

2. Ausbildungsjahr

Kaufm. Buchhaltung	Buchhaltung für den Außenhandel	Bankbuchhaltung; Finanzrecht
Warenlehre	Internationaler Verrechnungsverkehr; Devisen; Termingüter	
Verwaltungsökonomie (kaufmännische Grundkenntnisse; Versicherungslehre; Personalverwaltung; Finanzverwaltung)		

2. Ausbildungsjahr

Englische Umgangssprache
Präsentation von Waren; Verkaufstechnik; Rechnen mit dem Abakus; Werbewirksames Ausstellen der Ware
Geschenkverpackungen; Benutzung und Pflege der Büro- und Geschäftsausstattung; Maschinenschreiben, Formschreiben

1. Ausbildungsjahr

Praktikum
(alle Ausbildungsbetriebe)

1. Ausbildungsjahr

Allg. Ökonomie (Grundkenntnisse der Finanzwirtschaft; Überblick über Spareinlagen, Finanzen und Kredit); Grundlagen der Buchhaltung; Datenverarbeitung (kaufmännische Anwendungen, Buchhaltung mit dem Computer); Grundlagen der Statistik; Wirtschaftsgesetze (z.B. Handelsrecht)

1. Ausbildungsjahr

Kalligraphie; Geldzählen; Rechnen mit dem Abakus

Fachbildung 60% ↔ **Grundtechnik 40%**

Zum Abbau der Überlastigkeit der theoretischen Anteile der Ausbildung wurde unter anderem ergänzend mit Hilfe der GTZ ein Lernbüro eingerichtet. Dieses Lernbüro ist nicht mit Tätigkeiten verbunden, die unter irgendeinem Verwertungsinteresse des eingesetzten Kapitals stehen, sondern dient allein der pädagogischen Zielsetzung zur Erlangung büropraktischer Fertigkeiten wie der Vertiefung in das Organisationsverständnis eines Büros und der Fähigkeit zum Umgang mit chinesischer Buchhaltungs- und Textverarbeitungssoftware.

Inhaltlich wurden zudem die traditionell überspezialisierten Ausbildungsberufe, die auf engen Ausbildungscurriculazuschnitten basisierten, auf eine neue Grundlage gestellt. So wird im Yangpu- Modellversuch im ersten Ausbildungsjahr für alle kaufmännischen Berufe der gleiche fachbildende und grundtechnische Unterricht angeboten, sodass alle Ausbildungsgänge gleichermaßen auf ein breites kaufmännisches Grundlagenwissen (u.a. Abakusrechnen, Kalligraphie, allgemeine Ökonomie, Prinzipien der Statistik) zurückgreifen können. Erst ab dem zweiten Ausbildungsjahr setzt sukzessive eine Spezialisierung im Hinblick auf das angestrebte Ausbildungsziel ein.

Anzumerken ist, dass die Fachrichtungen dem speziellen chinesischen Kontext angepasst sind, d.h., es liegen keine einfachen Übertragungen deutscher Lehrinhalte in die chinesische Berufsausbildungsstruktur vor. Zum Beispiel werden in der Ausbildung des Finanzkaufmanns im Lehrplan als Lernziel alle Tätigkeiten berücksichtigt, bei denen mit Buch- oder Bargeld Transaktionen durchgeführt werden. Dabei wird sowohl der zukünftige Arbeitsplatz einer Bank, eines Kaufhauses oder eines Hotels berücksichtigt. Damit ist dieser Ausbildungsgang mit einem breiten Qualifikationszuschnitt, für den es in Deutschland kein entsprechendes Pendant gibt, für viele spätere Tätigkeiten in Shanghai prädestiniert. Als zweite didaktische Neuerung versuchte die GTZ, in Anlehnung an deutsche Erfahrungen, die schulische Ausbildung zusätzlich mit der praktischen Arbeitswirklichkeit didaktisch zu verbinden. Ergebnis dieser Überlegungen war die Einführung zweier Pflichtpraktika, die sowohl in Betrieben als auch im eigenen Wirtschaftsbetrieb (ein kleines Gemischtwarenhaus) absolviert werden können, sofern die Situation eintritt, dass nicht ausreichend qualitativ gute Praktika zur Verfügung stehen.

2.2 Die Hanns- Seidel- Stiftung (HSSt)

Auch die Hanns- Seidel- Stiftung als politische Stiftung der Bundesrepublik Deutschland ist im Rahmen der entwicklungspolitischen Berufsbildungsarbeit in der VR China und speziell in Shanghai tätig. Historisch geht die Zusammenarbeit auf das Jahr 1983 zurück, wo erstmals mit der damaligen staatlichen Erziehungskommission ein Rahmenabkommen geschlossen wurde. Dieses Abkommen ist seitdem Grundlage für alle Projekte mit berufspädagogischem Anspruch. (Hanns-Seidel-Stiftung, S. 6). So engagiert sich die Stiftung in ganz China im Bereich der Projektentwicklung, wie zum Beispiel bei dem Berufsbildungszentrum für Bauberufe in Nanjing, dem Management- Trainingszentrum in Hangzhou nahe Shanghai wie auch seit 1993 in der Systemberatung, wofür das Zentrum für Koordinierung und Information in Beijing ins Leben gerufen wurde.

Das ELO- Modellprojekt

Im kaufmännischen Berufsausbildungsbereich wurde 1993/94 das erste und derzeit einzige Projekt, nämlich die Ausbildung von Industriekaufleuten, in einem Berufsbildungszentrum für Elektroberufe (ELO) ins Leben gerufen. Dieses Projekt baut auf eine Kooperation mit dem damaligen Elektroamt (Branchenamt) auf, heute namentlich Shanghai Instrumentation & Electronic Holding Company (SIEHC). Institutionell ging dieses Schulprojekt aus einer vom Branchenministerium administrativ zugeordneten Höheren Fachschule hervor, worin sich die Einbindung in die Berufsausbildungsstrukturen von Shanghai ausdrückt. Ähnlich wie bei dem Modellprojekt der Yangpu-Berufsschule steht auch hier weniger die Überarbeitung institutioneller Strukturen als vielmehr die Einführung neuer curricularer Elemente unter Berücksichtigung beiderseitiger Erfahrungen im Zentrum deutsch- chinesischer Kooperation. Anders jedoch als bei dem vom RIBB-S durchgeführten Projekt steht bei dem Projekt der HSSt die konsequente Durchführung eines kooperativen dualen Ausbildungssystems deutscher Prägung im Vordergrund, d.h. es soll eine dual abgestimmte Lernortkooperation zwischen Schule und Betrieb Bestandteil der Ausbildung sein. Hierbei geht es weniger um eine Anreicherung der schulischen Ausbildung mit Praktika, als vielmehr um die in Anlehnung an das deutsche duale System reale Vereinigung von zwei sich systematisch im Ausbildungsprozess gegenübersstehenden didaktisch- methodischen Prinzipien innerhalb eines Ausbildungsganges über die gesamte Ausbildungszeit hinweg.

Didaktisch ist auf schulischer Ebene auch hier die traditionelle Dreiteilung der Fächersystematik beibehalten worden (Allgemeinbildung, Fachbildung, Grundbildung, was bei Beruflichen Schulen dem Bereich Grundtechnik entspricht). Zeitlich wurde jedoch der Bereich Fachbildung (Allgemeine Wirtschaftslehre (AWL), Industriebetriebslehre (IBL) und Rechnungswesen) zum Bereich Grundbildung (u.a. : Rechnen mit dem Abakus, Schriftverkehr im Finanzwesen, Eingabe von chinesischen Schriftzeichen in den Computer) in ein neues Verhältnis von 48% zu 52% gebracht. Nach internen Unterlagen des RIBB-S beträgt die durchschnittliche Aufteilung von fachbildendem zu grundbildendem Unterricht an Shanghaier Höheren Fachschulen 36% zu 64%. Verglichen mit den Beruflichen Schulen lag der Anteil an den grundbildenden/grundtechnischen Fächern in den Höheren Fachschulen sehr hoch, sodass mit Blick auf eine praxisnähere Ausbildung im Betrieb dieser Anteil ohne weitere Nachteile für das Ausbildungsziel seitens der HSSt gesenkt werden konnte. Andersherum war der zeitliche Anteil der Fachbildung im Verhältnis zur

Grundbildung an diesem Schultypus vergleichsweise gering. Dies stand dem Ziel einer breiten kaufmännischen Fachausbildung, dessen curriculare Grundlage die kulturspezifische angepasste Übertragung der fachbildenden Inhalte aus dem bayrischen Lehrplan für Industriekaufleute war, entgegen, und musste folglich ausgeweitet werden.

Damit in diesem Projekt der Ausbildungsablauf zweier Lernorte didaktisch-methodisch, d.h. sachlich, zeitlich und organisatorisch, in Einklang gebracht werden konnte, hat die Konzeption der HSSt in Anlehnung an das deutsche duale System die Einführung eines Ausbildungsrahmenplanes für die betriebliche Ausbildung als didaktische Grundlage vorgesehen. Als Grundlage dafür steht der Ausbildungsrahmenplan für Industriekaufleute nach der deutschen Verordnung vom 1. März 1978. Da es in China anders als in Deutschland keine institutionell- rechtliche Pflicht der Betriebe in der Form gibt, dass ein eingestellter Auszubildender auch nach dem entsprechenden Berufsbild ausgebildet werden muss, verpflichtet sich der Betrieb vertraglich vor Aufnahme der Ausbildung, die im Ausbildungsrahmenplan genannten didaktischen Unterweisungsverpflichtungen einzuhalten, womit es der HSSt erstmals gelungen ist, die kooperative Beziehung Betrieb – Schule zum Ziele der Berufsausbildung konkret zu verrechtlichen und abzusichern. In der Darstellung 2 wird dieses Vertragsverhältnis mit Hilfe der angegebenen Quellen veranschaulicht.

Darstellung 2: Struktur des Vertragsverhältnisses im ELO- Projekt

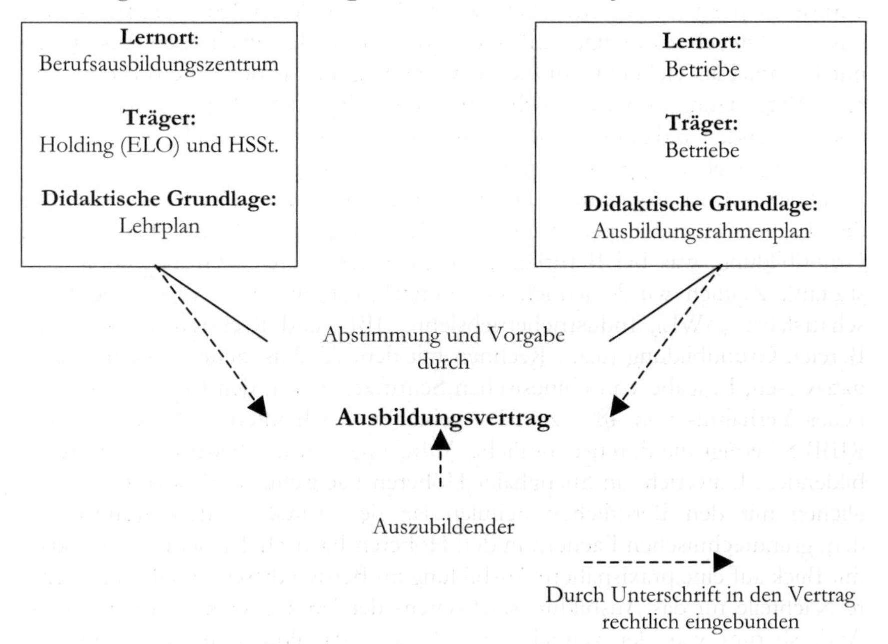

Das Besondere ist, dass es im Ausbildungsgang sowohl Lernortkooperationen mit chinesischen Staatsbetrieben als auch mit deutsch- chinesischen Joint-Ventures gibt, und dass für die Teilnahme an dem Ausbildungsgang die Zugehörigkeit zur Branche nicht mehr zwingende Voraussetzung ist, sodass auch branchenfremde Betriebe, wie zum Beispiel das Joint- Venture der Metro Gruppe, an diesem Modellversuch beteiligt sind.

Anders als im Yangpu- Modellversuch wurde der Ausbildungsgang am ELO Modellprojekt durch eine neue, an deutschen Erfahrungen orientierte Abschlussprüfung erweitert. Traditionell werden an chinesischen berufsbildenden Schulden getrennte, d.h. duale Prüfungen durchgeführt, indem einerseits die Schule für den fachbildenden Unterricht eine eigene Prüfung konzipiert und durchführt, und andererseits die tätigkeitsbezogenen grundtechnischen bzw. grundbildenden Fächer (z.B. Abakusrechnen) ergänzend durch standardisierte Tests des Amtes für Arbeit geprüft werden. Letztere bilden dabei im Gegensatz zu den schulinternen Prüfungen in der Regel die maßgebliche Grundlage für die tarifliche Eingruppierung im späteren, meist staatlichen Betrieb.

Damit der in den didaktischen Zielvorstellungen der HSSt breite Qualifikationszuschnitt am Ende der Ausbildung nicht nur durch eine schulinterne und eine tätigkeitsorientierte Abschlussprüfung des Amtes für Arbeit überprüft wird (was ja auch u.U. für den Auszubildenden die einheitliche Wahrnehmung des Ausbildungsganges erschweren würde), wurde ein neu konzipiertes Examen in Anlehnung an die deutsche Industrie- und Handelskammer (IHK)– Prüfung eingeführt. Im dafür zuständigen Prüfungskomitee sitzen neben einem Vertreter der Holding u.a. ein Vertreter des Berufsbildungszentrums (Fachlehrer), des Ausbildungsbetriebes und ein Bevollmächtigter des Amtes für Arbeit. Die Prüfung selbst gliedert sich in eine Fertigkeits- und in eine Kenntnisprüfung (hierunter fallen u.a. die neuen Grundlagenfächer wie zum Beispiel Industriebetriebslehre), womit sie von der traditionell schulischen Theorieprüfung abweicht. Damit der Abschluss vom chinesischen Arbeitsministerium anerkannt wird, was u.a. für die spätere tarifbezogene Eingruppierung im Unternehmen wichtig ist, müssen im Berufsbildungszentrum zudem noch alle grundbildenden Pflichtfächer im Rahmen der Fertigkeitsprüfung geprüft werden, die nicht nach den deutschen IHK- Maßstäben, jedoch nach chinesischen Prüfungsbestimmungen verpflichtend sein würden. Nach bestandener Prüfung erhält der Prüfling damit zwei Zeugnisse. Zum einen ein chinesisches Abschlusszeugnis des Amtes für Arbeit sowie ein zweites, an deutschen IHK Richtlinien angelehntes Zeugnis, das auf einer Kooperationsvereinbarung zwischen der IHK München/Oberbayern und der HSSt beruht. Anzumerken ist in diesem Zusammenhang, dass diese IHK- Prüfung für Industriekaufleute auch in Deutschland anerkannt wird.

2.3 Zusammenfassende Betrachtung der beiden Modelle

Zusammenfassend kann man also sagen, dass sowohl die GTZ als auch die HSSt das Ziel verfolgen, den chinesischen Modernisierungsprozess im kaufmännischen Berufsausbildungswesen unter Bereitstellung deutscher Erfahrungen begleitend zu unterstützen. Beiden Trägern ist gemein, dass sie in den von ihnen betreuten Modellprojekten curricualar eine breit auf dem Berufskonzept fußende kaufmännische Fachbildung etablieren. Weiterhin wurden in beiden Modellprojekten die praktischen bzw. schulpraktischen Tätigkeiten ausgeweitet. Genauer heißt dies, dass unter Berücksichtigung der Erweiterung praktischer Tätigkeiten in den Betrieben der grundbildende/grundtechnische Fächerkanon seine zeitlich angemessene Rolle weiter behält (HSSt) bzw. erhält (GTZ). Während die betriebliche Arbeit im Yangpu- Modellprojekt organisatorisch in Form von Praktika geschieht, führt die HSSt eine duale Ausbildungskooperation nach deutschem Muster ein, die darüber hinaus durch ein neuartiges Vertragssystem rechtlich abgesichert wird. Außerdem überträgt das Projekt der HSSt im Gegensatz zur GTZ Ansätze deutscher Prüfungsstrukturen in den chinesischen Kontext.

3. Bewertung der Modellprojekte

Eine Bewertung hinsichtlich der Fragestellung, ob sich die für das chinesische Berufsausbildungssystem spezifisch neuen Ideen der Modellprojekte (u.a. breite kaufmännische Ausbildung, Verknüpfung von Schule und Betrieb, „IHK- Prüfung" u.a.) in ihrer Breite oder auch als Ausschnitte allgemein übertragen bzw. integrieren lassen, ist angesichts des grundsätzlichen Problems zunehmender Beschleunigung der Modernisierung innerhalb eines Transformationsprozesses ein schwieriges Unterfangen. Kutscha und Geißler sprechen in diesem Zustand von dem Versuch der Bewertung einer paradox strukturierten Unruhe, wo das Alte sich verzögernd in das Neue einbringt und das Neue am Horizont aufbricht und mit dem Alten zusammenfällt (KUTSCHA/GEIẞLER, S. 310). Mit anderen Worten: Eine Bewertung, die nicht gleichzeitig zukünftige Entwicklungen antizipiert und den Weg der Transformation in die Gegenwart einbezieht, ist unscharf. Im Folgenden wird daher der Versuch gemacht, beides zu berücksichtigen.
Zunächst zur Frage, ob sich die Modellprojekte derzeit und nachhaltig in das chinesische insitutionelle System integrieren lassen und darüber hinaus zu systembildenden Impulsgebern innerhalb des chinesischen Berufsausbildungssystems entwickeln könnten.

Das chinesische wie auch das Shanghaier Berufsausbildungssystem ist von einem dreigliedrigen System geprägt (Berufliche Schulen, Höhere Fachschulen und Facharbeiterschulen), welches untereinander im Unterschied zum deutschen System nur rudimentär durch horizontale Abstimmungsmechanismen (z.B. im Sinne von gleichen Rahmenlehrplänen bei gleichen Ausbildungsgängen) geprägt ist (SHEN Chundao, S. 61 und ZIMMERMANN in diesem Themenband) .

Weiterhin gibt es im chinesischen Berufsausbildungssystem bislang noch keine rechtliche Grundlage, welche die immer wieder eingeforderte Verbindung von schulischem und praktischem Lernen (u.a. im neuen Berufsbildungsgesetz vom 01.01.1996 (China aktuell S. 479 – 482) oder in dem Beschluss des ZK der KPCh und des Staatsrates anläßlich der Dritten Nationalen Bildungskonferenz im Juni 1999 (ZINKE, S. 43) absichert, wie sie zum Beispiel in der Bundesrepublik durch die Existenz von Ausbildungsordnungen, die auf der Grundlage des Berufsbildungsgesetzes erlassen werden, implementiert wurde. Des Weiteren ist das chinesische Abschlussprüfungssystem institutionell von einer Dualität, d.h. schulinternen und schulexternen Prüfungen, geprägt. Zum einen gibt es die spezialisierten externen Prüfungen des Amtes für Arbeit, die in der Regel nur die Fächer der Grundtechnik/Grundbildung prüfen, und zum anderen existieren die relativ freien schulischen Prüfungen für die fachbildenden Fächer. Beide Prüfungen sind nicht durch eine institutionell didaktisch- kooperative Abstimmungsnotwendigkeit miteinander verbunden. Tendenziell wird dieses System auch in Zukunft noch eine bedeutende, jedoch im Hinblick auf die Vergleichbarkeit der Abschlüsse veränderte Rolle spielen, da sich derzeit ein Wandel von den bisher lokalen (HU Yongdong, S.100-104) zu landesweiten einheitlichen modularen (nach Tätigkeitsklassifikationen) Prüfungen vollzieht, die sich später in ein landesweites National Occupational Certification System (NOCS) integrieren sollen, welches dem internationalen Berufsklassifikationssystem der International Labour Organization (ILO) angelehnt ist. (CHEN Yongling, S.71-72).

Wie sind vor diesem Hintergrund die deutschen Modellprojekte zu bewerten? Zunächst zum Modellversuch des RIBB-S. Dieser Ansatz nutzt die im chinesischen Modernisierungsprozess entstandenen institutionellen Freiräume im Bereich der didaktischen Ausgestaltung der fachbildenden und grundbildenden Fächer und akzeptiert gleichzeitig die gegebene duale Prüfungssystematik. Darüber hinaus ist die im Projekt mittels Praktika geregelte Verbindung des schulischen und betrieblichen Lernen traditionell nichts Neues, wenngleich sie nun unter einem anderen pädagogischen Vorzeichen geschieht, nämlich dem des didaktisch verknüpfenden Lernens. Damit bewegt sich der Ansatz des RIBB-S in den existierenden insitutionellen Strukturen, sodass eine weitere Übertragung auf andere Sekundare Berufsschulen bzw. andere Schultypen von Erfolg gekrönt sein könnte.

Ähnlich wie das Projekt des RIBB-S stellt auch die HSSt die grundsätzlich gegebenen insitutionellen Strukturen nicht direkt in Frage. Die Konstruktion der dualen Ausbildung, die unmittelbar den Betrieb als einen zeitlich gleichberechtigten Ausbildungsort integriert, ist institutionell ohne weiteres möglich. Jedoch erscheint dem Verfasser dieses Artikels in diesem Zusammenhang problematisch, dass dieses kooperative Ausbildungssystem, anders als in Deutschland, von den Schulen selbst organisiert und überwacht werden muss, d.h. dass die organisationsstrukturellen Konsequenzen sehr hoch sind, und damit die Verbreitung eines solchen Modells beeinträchtigt werden könnte.

Wie lassen sich im weiteren die Modellversuche vor dem Hintergrund demographischer, ökonomischer und sozialer Veränderungen bewerten? Zunächst zur demographischen Betrachtungsweise, welche im folgenden zum Berufsausbildungssystem und der Erwerbstätigkeit in Shanghai in Beziehung gesetzt wird. Problematisch im derzeitigen und nächsten Jahrzehnt ist, dass die sehr hohen Geburtenzahlen in den achtziger Jahren (Statistical Yearbook of Shanghai, 1997, S.41) jetzt und demnächst eine hohe Eingangsrate in die berufliche Ausbildung bzw. in die Erwerbstätigkeit zur Folge haben werden. In diesem Zusammenhang muss auch auf die wahrscheinliche Korrelation zwischen der Möglichkeit zur Erwerbsaufnahme, die unter anderem bedeutend von dem Faktor der Arbeitslosigkeit abhängt, und der Nachfrage nach Berufsausbildung hingewiesen werden. Die Arbeitslosenrate in Shanghai beträgt nach Angaben der Shanghaier Stadtregierung 4% bei einer Gesamtbeschäftigungszahl zwischen 4,7 und 5 Millionen. Inoffizielle Angaben sprechen sogar von einer Arbeitslosigkeit von ca. 20% (China aktuell Nov. 1996. S. 1061) und diese wird wahrscheinlich nach Angaben der Zeitung Shanghai Star im Steigen begriffen sein. Diese Quelle geht davon aus, dass allein bis zum Jahr 2000 aufgrund von Umstrukturierungen in der Wirtschaft, die in Shanghai immer noch vom staatlichen Sektor geprägt ist (SCHÜLLER/HÖPPNER, S.88), eine Million Arbeiter ihre Erwerbsarbeit verlieren werden (Fiducia China Focus, ohne Seitenangabe). Weiterhin wird der beabsichtigte Beitritt Chinas zur WTO den Reformdruck (und damit auch den Kostendruck) auf die staatlichen Betriebe erhöhen, was wiederum Arbeitskräfte freisetzen könnte (BLUME, S. 33). Aus diesen nicht ganz undramatischen Zahlen und Aussagen wird deutlich, dass sich, unter der Annahme einer Korrelation zwischen der Nachfrage nach Berufsausbildung und der Möglichkeit zur Erwerbstätigkeit, der Druck in Richtung auf das Berufsausbildungssystem erhöhen wird. Vergegenwärtigt man sich darüber hinaus den Wandel zur Dienstleistungsgesellschaft (SCHÜLLER/HÖPPNER, S.90) und dessen weitere Prognose, dann ist anzunehmen, dass sich der Nachfragedruck besonders auf die Bereiche der kaufmännischen Ausbildung überproportional erhöhen und damit den Initiatoren der Projekte Recht geben wird, die den kaufmännischen Bereich in die deutsch- chinesische Berufsbildungszusammenarbeit einbezogen haben.

Betrachtet man beide Modellprojekte vor dem Hintergrund der dargestellten Veränderungen, so stellt sich die bedrängende Frage nach der Aufnahmefähigkeit und Möglichkeit einer „Breitenqualifizierung" im Rahmen der Projekte, wenn sie denn flächendeckend eingeführt werden sollten. Zunächst zum Projekt der HSSt., welches auf die Einführung eines „richtigen" dualen Systems setzt. Könnte man mit diesem Modell, wenn es denn im großen Maßstab gewollt sei, schnell und flächendeckend viele Schüler ausbilden? Würde es genug kooperierungswillige Unternehmen geben, die bereit wären, auch die möglichen betrieblichen Mehrkosten für die Ausbildung zu tragen? Und wie würde sich die Ausbildungsbereitschaft der Betriebe im Falle eines konjunkturellen Abschwunges in den nächsten Jahren verhalten? Ist in diesem Kontext vielleicht das Konzept des RIBB-S hinsichtlich des zu erwartenden Problemdrucks fortschrittlicher, weil es von seinem Aufbau her weniger konjunkturanfällig und leichter zu organisieren ist?

Eine Antwort, die allein den oben geschilderten Problemdruck berücksichtigte, würde zu kurz greifen, da sie u.a. den Kontext der Unternehmen, in denen die Berufsausbildungen stattfindet, nicht ausreichend würdigte. Die Unternehmenslandschaft in Shanghai ist geprägt von einer Vielzahl verschiedenartiger Betriebskonzepte, verstanden als ein System mit sich eigenen Denkweisen und daraus ausfließenden Organisationsmodellen. Gab es vormals, d.h. in der Zeit MAO Zedongs, für Arbeitnehmer nur die Möglichkeit, in staats- bzw. kollektivwirtschaftlichen Betrieben zu arbeiten und nur dort ihre Ausbildung zu verwerten, so reihen sich heute Joint- Ventures wie auch Privatbetriebe als alternative Beschäftigungsmöglichkeiten ein. Ist das Betriebskonzept der Joint-Venture bzw. der Privatbetriebe von erwerbswirtschaftlichen Überlegungen nach dem ökonomischen Rationalitätsprinzip ausgerichtet, so beruht das Handeln in den Staatsunternehmen auch heute oftmals auf den Grundlagen der sogenannten „Danwei". Dies heißt, das diese Betriebe in den makroökonomisch- gesellschaftspolitischen Gesamtplan eingebettet sind. Einerseits haben die Danweis politische Aufgaben, wie die der Herrschaftssicherung der KPCh mittels organisatorischer Durchdringung des einzelnen Erwerbstätigen bis zur Sicherstellung seiner sozialen Grundsicherung (z.B. Medizinische Leistungen, Altersversorgung), andererseits haben sie die wirtschaftliche Aufgabe, entlang geplanter Vorgaben das Produktionssoll zu erbringen. (Hebel, S. 3-20 und S.398 ff). In den letzten Jahren der sozialistischen Modernisierung hat sich jedoch dieses althergebrachte Danwei- Konzept Schritt für Schritt dem oben beschriebenen rationalökonomischen Betriebskonzept mehr oder weniger angenähert (z.B. wurde das staatliche Kadersystem durch Personalsysteme betriebswirtschaftlicher Ausprägung ersetzt).

Fazit für die Unternehmenslandschaft in Shanghai bleibt, dass solange der Prozess der Transformation von danwei-wirtschaftlich zu erwerbswirtschaftlich geprägten Betriebskonzepten mit darin einhergehender Abnahme politischer Durchdringung noch nicht abgeschlossen ist, die Unternehmenslandschaft hinsichtlich ihrer Organisationskonzepte und darauf aufbauender betriebswirtschaftlicher Handlungsweisen heterogen bleiben wird. Zurück zur Bewertung beider Modellversuche. Verglichen mit der bundesdeutschen Betriebslandschaft zeigen sich, wie oben beschrieben, die Shanghaier Unternehmen zutiefst heterogen in ihrer Unternehmensorganisation und damit „Modernität" bezüglich der internationalen Wettbewerbsfähigkeit (SCHÜLLER/HÖPPNER, S. 87-90). An dieser Stelle lässt sich erahnen, wie schwierig die Organisation eines halbwegs qualitativ gleichwertigen dualen Systems nach dem Muster der HSSt in Anlehnung an das deutsche System ist. Auch auf die Problematik der Finanzierung betrieblicher Ausbildung sei in diesem Zusammenhang einmal hingewiesen, denn chinesische Staatsbetriebe befinden sich sehr oft in einem finanziell sehr schwierigen Zustand. Vielleicht ist in diesem Kontext auch interessant, dass nach Auskunft des HSSt- Projektleiters die am ELO- Projekt teilnehmenden Betriebe dem eher modernen und wohlhabenden chinesischen (z.B. Shanghai Nong-Gong-Shang Kommunikationselektronik) und deutsch- chinesischen Industriesektor (z.B. Shanghai Volkswagen oder Bayer Shanghai Pigments Co. Ltd.) mit modernen Organisationsstrukturen entstammen. Im Entwicklungsansatz des RIBB-S hingegen ist eine Kooperation nur auf wenige Zeitanteile im Rahmen der Praktika beschränkt, womit die qualitative Abhängigkeit von einem modernen unternehmerischen Umfeld eine geringere ist. Das Lernen praktisch notwendiger Tätigkeiten (z.B. Kennenlernen von Buchhaltungssoftware) kann u.U. so auch grundlegend innerhalb der Schule bzw. auch im schuleigenen Wirtschaftsbetrieb erlernt werden.

Aus Sicht der bildungspolitischen Zielbestimmungen, der demographischen Entwicklung , der Umbrüche im Wirtschaftssystem, der zu erwartenden Steigerung der Nachfrage nach kaufmännischen Ausbildungsgängen und der Möglichkeit der institutionellen Einbindung der Projekte durch die relative Offenheit des chinesischen Berufsbildungssystems wird deutlich, dass beide Modellprojekte eine Existenzberechtigung haben. So liegt der besondere Reiz des dualen Systems in seiner spezifischen Verantwortungsteilung, in der zum einen die Betriebe schon vor der Einstellung einen sozialisierenden Zugriff auf die zukünftigen Arbeitnehmer haben, und zum anderen der chinesische Staat finanziell von einem Teil der Ausbildungskosten entlastet wird. Gleichzeitig bedingt der Mangel an institutionellen Strukturen, ausbildungsbereiten und ausbildungsfähigen Betrieben die Notwendigkeit, eher das Modell der Yangpu-Schule mit einer größeren Breitenwirkung zu popularisieren.

Literatur

BLUME, Georg: Panik im Parteikader: In: Die Zeit, Hamburg, 2. Dezember 1999, S. 33.

CHEN Yongling; GUDER, Michael: Bericht der Arbeitsgruppe 1 über die Entwicklung des Bildungssystems. In: 10 Jahre chinesisch- deutsche Zusammenarbeit in der Berufsbildung, Stand – Perspektiven, Beijing, München, Eschborn, 1994, S. 70-72 (zitiert als CHEN Yongling).

China aktuell: Berufsbildungsgesetz verabschiedet. In: China aktuell, Hamburg, Mai 1996, S. 479 – 482 (zitiert als China aktuell a.)

China aktuell: Shanghais Arbeitsmarkt unter Druck. In: China aktuell, Hamburg, November 1996, S. 1061- 1062 (zitiert als China aktuell b.)

Fiducia China Focus: Chinas Neue Generation, Shanghai, Oktober 1996, ohne Seitenangaben.

GEIßLER, Karlheinz A; Kutscha, Günter: Modernisierung der Berufsbildung – Paradoxien und Parodontosen. Oder: Was ist modern an der Modernisierung der Berufsbildung und ihrer Theorie? In: Kipp, M./Czycholl, R./Dikau, J./Meueler, E. (Hrsg.): Paradoxien in der beruflichen Aus- und Weiterbildung – Zur Kritik ihrer Modernitätsksrisen, Frankfurt am Main, 1992.

GTZ: Berufliche Bildung und Personalentwicklung für die gewerbliche Wirtschaft, Konzepte – Schwerpunkte – Projekte. In: Schriftenreihe der GTZ Nr. 226, Eschborn, 1992.

HANNS-SEIDEL-STIFTUNG: Hanns- Seidel- Stiftung in der Volksrepublik China 1983-1993, München, 1993 (zitiert als Hanns- Seidel- Stiftung).

HEBEL, Jutta: Chinesische Staatsbetriebe zwischen Plan und Markt, von der „Danwei“ zum Wirtschaftsunternehmen, Hamburg, 1997.

HU Yongdong: Das Prüfungssystem im deutschen System der Berufsausbildung – seine Bedeutung für die Facharbeiterprüfung in China: In: Trowe, Eberhard: Moderne Berufsbildung in China, Beiträge zum Dialog und Training, Magdeburg, 1995, S. 89 – 104.

JOHANNSEN, Sabine: Chinas kommerzielle Kapitalimporte: Ausländische Direktinvestitionen und Kredite. In: Bass, Hans; Schüller, Margot: Weltwirtschaftsmacht China, Hamburg, 1995, S. 100-117.

MOK, Victor: Industrial Development. In: Yeung,Y.M.; Yun-wing, Sung: Shanghai, Transformation and Modernization under China`s Open Policy, Hong Kong, 1996, p. 199-223.

RISLER, Matthias: Berufsbildung in China, Rot oder Experte, Hamburg, 1989.

SCHÜLLER, Margot; Höppner, Florian: Shanghai auf dem Weg zu einem regionalen und internationalen Wirtschaftszentrum? In: Shanghai, Chinas Tor zur Welt, Landeszentrale für politische Bildung in Zusammenarbeit mit dem Institut für Asienkunde, Hamburg, 1997, S.85-118.

SHEN Chundao: Vergleichende Studien zur Organisationsstruktur und zu den Aufgaben der Berufsbildungszuständigkeiten in Deutschland und China. In: Trowe, Eberhard: Moderne Berufsbildung in China, Beiträge zum Dialog und Training, Magdeburg, 1995, S. 57-74

Statistical Yearbook of Shanghai 1997; Shanghai Municipal Statistics Bureau (Hrsg.), Shanghai 1997.

TOMSA, Dirk: Die deutsche Entwicklungszusammenarbeit mit der VR China. In: China aktuell, Oktober 1997, S. 997-1011.

WAGNER, Hans- Günter (RIBB-S): Stand der vom RIBB betreuten Modellversuche im kaufmännischen Bereich sowie im Bereich Industrie- Design, Shanghai, November 1996 (zitiert als RIBB-S).

ZINKE, Gert: Dritte Nationale Bildungskonferenz in China und ihre Bedeutung für die Entwicklung der Berufsbildung. In: BWP 6/1999, Bonn.

Kurzbiographie:

Uwe SCHAFRANSKI, Dipl.-Handelslehrer.; geb. 1968; 1988-1990 Ausbildung zum Industriekaufmann (IHK), 1990-1991 Tätigkeit im Vertriebsmarketing, 1991-1997 Studium an der Freien Universität Berlin, Diplom-Handelslehrer, 1997-98 Tätigkeit als Assistant-Teacher (PAD) in Großbritannien/Essex, seit 1998 Tätigkeit als Dozent an der bbw- Akademie Berlin- Karlshorst für die Bereiche Rechnungswesen, VWL, BWL, Recht und Politik.
Anschrift: Uwe Schafranski, Hoeppnerstraße 91c, 12101 Berlin. E-mail: uwes@blinx.de

Hildegard Zimmermann

Berufsbildung in China
Besonderheiten und aktuelle Entwicklungen

The article is based on the participation in a cooperative German – Chinese project with the objective to develop a multimedia information system of the vocational training in Germany and China. The two vocational training systems have been described by the corresponding national project team in line with a common stipulated structure, thus enabling the user to compare. Starting with the representation of the Chinese vocational system the following article tries to extract some specialties and research trends which seem to be relevant in regard to the German vocational system. The main focus is therefore on the school based vocational system, the increasing dissemination of a short vocational training and the change of learning methods towards high emphasis of a practical and action orientation.

1. Hintergrund des Beitrags: Ein deutsch-chinesisches Kooperationsprojekt

Vom 1.4.96 bis zum 31.12.98 führte das Bundesinstitut für Berufsbildung (BIBB) gemeinsam mit dem Zentralinstitut für Berufsbildung (ZIBB) in Peking ein Kooperationsprojekt mit dem Titel "Erarbeitung gemeinsamer deutsch-chinesischer Berufsbildungsmaterialien und –medien" durch.[38] Grundlage dafür war ein Beschluss der Staatlichen Kommission für Wissenschaft und Technik (SKWT) in China und des damaligen Bundesministeriums für Bildung, Wissenschaft, Forschung und Technologie (BMBF) in Deutschland. Ziel des Vorhabens war es, sowohl das wechselseitige Verständnis über die Berufsbildung beider Länder zu verbessern als auch Möglichkeiten des Transfers von Berufsbildungsmaterialien und –konzepten zu untersuchen. Man einigte sich auf zwei inhaltliche Schwerpunkte:

- Entwicklung eines multimedialen Informationssystems zur Berufsbildung in Deutschland und in China,
- Untersuchung von Möglichkeiten des Transfers von Berufsbildungsmaterialien und –konzepten (z.B. Lehr- und Lernfilme); Beitrag zur Klärung der Transferproblematik.

[38] Mitarbeiter/innen des Projektes waren auf deutscher Seite Christian Buchholz, Hans-Dieter Eheim, Werner Gerwin, Hildegard Zimmermann, Gert Zinke und auf chinesischer Seite Yuning Bao, Hongshan Cui, Huiying Fan, Qian Wang, Ling Sun und Zhiqun Zhao.

Auf deutscher und chinesischer Seite gab es je eine Projektgruppe von 4-5 Mitarbeitern bzw. Mitarbeiterinnen, die sich 2-3 Mal pro Jahr zu themenspezifischen Arbeitssitzungen in Berlin bzw. Peking trafen. Die Treffen dienten sowohl der inhaltlichen Abstimmung der in den nationalen Projektgruppen durchgeführten Arbeit als auch der Diskussion von Fragen und Problemen der Berufsbildung in beiden Ländern und des interkulturellen Transfers. Zum Teil wurden die AG-Treffen auch für weitere Experten geöffnet. Von beiden Seiten wurde ein zweisprachiges Projekt-Info (deutsch-chinesisch) herausgegeben, in dem über das Projekt und angrenzende Themen der Berufsbildung laufend berichtet wurde.

2. Die Entwicklung eines multimedialen Informationssystems

Das Ziel des Teilprojektes „Die Entwicklung eines multimedialen Informationssystems zur Berufsbildung in Deutschland und China" war es, das Berufsbildungssystem in China und Deutschland so darzustellen, dass es für den jeweils Außenstehenden gut verständlich ist, unterschiedlichen Nutzergruppen (z.B. Wissenschaftler, Praktiker) gerecht wird und einen Vergleich zwischen beiden Berufsbildungssystemen ermöglicht.[39] Um die Möglichkeit des Vergleichs zu eröffnen, wurden die beiden Berufsbildungssysteme nach einer einheitlichen Struktur, der sog. Baumstruktur, dargestellt (Grafik 1).

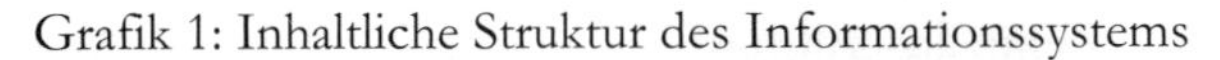
Grafik 1: Inhaltliche Struktur des Informationssystems

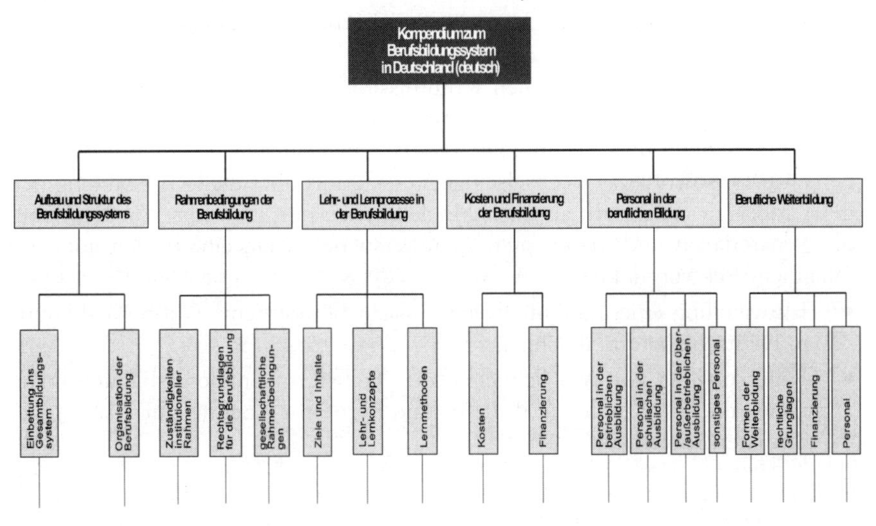

[39] Über die Ergebnisse des zweiten Projektteils wird in dem Beitrag von Hans-Dieter Eheim berichtet.

Die hier dargestellten ersten beiden Ebenen sind für beide Bildungssysteme gleich. Die Gestaltung der dritten bzw. vierten Ebene war der jeweiligen nationalen Projektgruppe überlassen, um der Besonderheit der einzelnen Berufsbildungssysteme Ausdrucksmöglichkeiten zu geben. Die Darstellung der nationalen Bildungssysteme nach der beschriebenen Struktur bildet das Herzstück des Informationssystems, das sog. Kompendium. Alle weiteren Systemteile, die als "Service" gekennzeichnet sind, dienen der Vertiefung der Information. Zu den Servicedateien gehören z.B. ein Glossar, Index, Grafiken, Videosequenzen, eine Literaturliste, Adressen und Originaltexte (Gesetzestexte, Verordnungen), die über Hyperlinks mit dem Kompendium verbunden sind. Wichtige Kriterien für die Erstellung des Kompendiums und der Servicedateien waren ein/e

- hoher Informationsgehalt (durch umfassende Darstellung der wesentlichen Bereiche der jeweiligen Berufsbildungssysteme, durch praxisrelevante Informationen wie Adressen, Ansprechpartner, Gesetzestexte und Verordnungen im Original),
- Vergleichbarkeit (durch gleiche Leitthemen, möglichst hohe Überschneidung bei den Stichworten im Glossar, vergleichende Hinweise bei der Übersetzung),
- Einfache Handhabung,
- zusammenhängende Darstellung,
- Anschaulichkeit (durch die Nutzung unterschiedlicher Medien wie Filme, Bilder, Grafiken etc.)

3. Das chinesische Berufsbildungssystem – Besonderheiten aus deutscher Sicht

3.1 Vorbemerkungen

Ehe vergleichende Überlegungen zu einigen aus deutscher Sicht relevanten Ausprägungen des chinesischen Berufsbildungssystems vorgenommen werden können, möchte ich einige Gedanken zu grundlegenden Unterschieden zwischen Stand, Entwicklung und kultureller Prägung der beiden Berufsbildungssysteme formulieren. Die kulturellen Unterschiede zwischen den beiden Ländern werden schon bei der Darstellung der beiden Berufsbildungssysteme deutlich, da diese durch die jeweilige nationale Projektgruppe erfolgte. Während von der deutschen Projektgruppe versucht wurde, die Darstellung der Struktur und der Entwicklungstendenzen des Berufsbildungssystems durch möglichst genaue statistische Grund- und Verlaufsdaten zu untermauern, war die chinesische Darstellung eher durch die bildungspolitische Programmatik bestimmt. Die Ursache dafür ist durch ganz unterschiedliche Dimensionen gekennzeichnet:

- Die statistische Erfassung des Ausbaues des Berufsbildungssystems in China ist sowohl wegen der Weite des Landes und teilweisen schlechten Zugänglichkeit einzelner Regionen, aber auch wegen der mangelnden Verfügbarkeit von Experten und Institutionen, die in der Lage sind, entsprechende Daten zu erheben, noch sehr unzureichend entwickelt.
- Der Ausbau des Bildungs- und damit auch des Berufsbildungssystems ist in den einzelnen Regionen sehr unterschiedlich. Während auf dem Land häufig nur der Besuch der Grundschule möglich und auch üblich ist, ist in den Städten, vor allem auch in den wirtschaftsstarken Regionen, eine Vielfalt von weiterführenden Schulen sowohl des allgemeinbildenden als auch des berufsbildenden Schulwesens vorzufinden.
- Die Bildungsangebote in den einzelnen Regionen unterscheiden sich nicht nur nach dem Abschlussniveau vor allem des allgemeinbildenden Schulwesens, sondern auch durch die jeweilige Ausgestaltung der einzelnen Schulformen, der Kombination von Bildungsgängen, der Art und Dauer der Bildungsgänge. Die vorhandenen Angebote stellen eine Reaktion auf die jeweiligen regionalen wirtschaftlichen Erfordernisse dar und sind von daher durch eine große Vielfalt gekennzeichnet.

Insgesamt kann man sagen, dass das chinesische Bildungssystem sich noch in der Phase der Vereinheitlichung und Standardisierung befindet. Ein wichtiger Schritt auf diesem Weg war die Verabschiedung des Berufsbildungsgesetzes im Jahr 1996. Ein thematisches Interesse unserer chinesischen Partner in diesem Zusammenhang war die Zertifizierung von Qualifizierungsangeboten.

Die Phase der Standardisierung des Berufsbildungssystems wird begleitet von ständigen Veränderungsprozessen. In den 2,5 Jahren der Zusammenarbeit haben sich die Frage- und Problemstellungen der chinesischen Partner zum Teil stark verschoben. Während sich ihr Interesse 1996 sehr stark auf handlungsorientierte Lernkonzepte für die berufliche Bildung richtete, um den Bezug zur betrieblichen Praxis zu intensivieren, stand bereits zwei Jahre später die Anhebung des theoretischen Niveaus der Berufsbildung im Vordergrund (Verstärkung des Angebots einer „höheren Berufsbildung"), um dem abnehmenden Interesse eines großen Teils der Bevölkerung an den berufsbildenden Angeboten zu begegnen.

Im Folgenden soll das Augenmerk auf einige Bereiche des chinesischen Berufsbildungssystems gerichtet werden, in denen der Unterschied zum deutschen Berufsbildungssystem besonders augenfällig ist. Quelle ist dabei die Darstellung des chinesischen Berufsbildungssystems, wie sie in dem multimedialen deutsch-chinesischen Informationssystem formuliert ist.

3.2 Die Dominanz der „schulischen Berufsbildung“ in China – Öffnung für praktische Lernanteile

Aus deutscher Sicht fällt beim chinesischen Berufsbildungssystem als erstes die fast ausschließlich schulische Organisation der Berufsbildung ins Auge (Grafik 2).

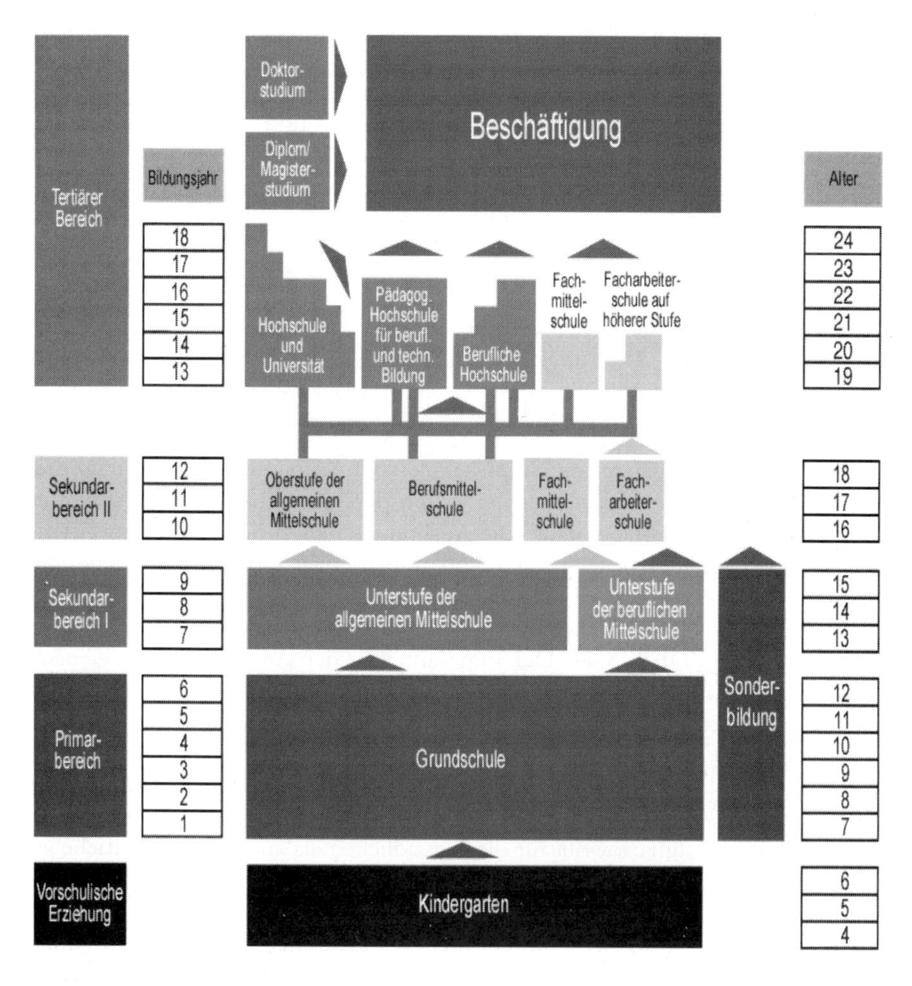

Quelle: BIBB/ZIBB 1998: Informationssystem, Bild 111

Die erste Stufe der schulischen Berufsbildung ist die Unterstufe der beruflichen Mittelschule. Sie ist dem Sekundarbereich I zugeordnet. Auf der Ebene des Sekundarbereichs II wird zwischen drei verschiedenen beruflichen Schulen unterschieden, der Berufsmittelschule, der Fachmittelschule und der Facharbeiterschule. Auf der Ebene des Tertiärbereichs werden zwei der beruflichen Schulen, die Fachmittelschule und die Facharbeiterschule fortgeführt, neben der "Hochschule und Universität" wird sowohl eine pädagogische Hochschule für berufliche und technische Bildung als auch eine "Berufliche Hochschule" angeboten. Die einzelnen beruflichen Schulen unterscheiden sich nach Darstellung chinesischer Berufsbildungsexperten hinsichtlich der notwendigen Zugangsvoraussetzungen, der fachlichen Ausrichtung und dem Stellenwert ihrer Abschlüsse:

Die Berufsmittelschule (Unterstufe) ist eine Bildungseinrichtung des Sekundarbereichs I. Sie baut auf der Grundschule auf und vermittelt sowohl die Allgemeinbildung der Unterstufe der allgemeinen Mittelstufe als auch eine berufliche Einführung. Ihr Ziel ist es, künftigen Facharbeitern, Bauern und anderen Beschäftigten berufliche Grundkenntnisse und Fertigkeiten zu vermitteln. Sie ist vor allem in den ländlichen Gebieten verbreitet und bildet dort überwiegend Arbeitskräfte für die Landwirtschaft aus. Die VR China ist bestrebt, den Anteil der Berufsmittelschulen (Unterstufe) weiter zu verringern, um langfristig die Berufsbildung in der Sekundarstufe I ganz abzuschaffen bzw. durch Allgemeinbildung zu ersetzen.

Die Facharbeiterschulen sind berufliche Schulen, die überwiegend Facharbeiter auf der Mittelstufe ausbilden. Zugangsvoraussetzung ist der Abschluss der Unterstufe der allgemeinen Mittelschule. Die Ausbildungsdauer beträgt drei Jahre. Einige wenige Fachrichtungen setzen den Abschluss der Oberstufe der allgemeinen Mittelschule voraus. Die Ausbildung dauert dann ein bis zwei Jahre. Träger der Facharbeiterschulen sind normalerweise die Großbetriebe, die Zuständigen Stellen für die Industrie oder die Arbeitsbehörden. Zur Zeit gibt es etwa 500 Fachrichtungen, die sich eng an den entsprechenden Berufstätigkeiten orientieren[40] (GUDER, S.44) Der Praxisanteil in der Ausbildung beträgt nach chinesischen Angaben über 50%. Die praktische Ausbildung findet zunächst in den Werkstätten der Schulen statt, gegen Ende der Ausbildung in Form von Praktika in den Betrieben (überwiegend Staatsbetriebe).

Die Facharbeiterschulen wurden in China erst 1953 eingerichtet. Seit den 90er Jahren haben sie aufgrund der wirtschaftlichen und gesellschaftlichen Entwicklung in China sowohl für die Jugendlichen als auch für die Betriebe an Attraktivität verloren. Deshalb findet zur Zeit ein umfassender Wandel statt. Während man die Ausbildung früher sehr stark an den Erwerbsberufen orientierte, bemüht man sich jetzt um ein breiteres Profil der Ausbildung. Im Sinne des Konzepts einer handlungsorientierten Ausbildung wurde der Praxisanteil von 50 auf 60 % erweitert. Eine Reihe von Schulen finanzieren sich z.T. über

40 Die Fachrichtungen lassen sich mit den Industrieberufen in Deutschland in den 50er und 60er Jahren vergleichen.

die Einrichtung von Produktionsschulen[41], d.h. dass in der Schule erstellte Produkte kommerziell verwertet werden. Außerdem öffnen sich die Facharbeiterschulen zunehmend für andere Ausbildungsgänge, z.B. für die kurze Berufsausbildung[42], die Aufstiegsfortbildung und fachorientierte Fortbildung der tätigen Facharbeiter sowie die Umschulung der jungen Arbeitslosen.

Die Berufsmittelschulen (Oberstufe) wurden zum ersten Mal 1958 eingerichtet und schlossen die damaligen landwirtschaftlichen, industriellen und handwerklichen Mittelschulen ein. Die heute vorhandenen Berufsmittelschulen sind nach der Reformierung des Sekundarbereichs Ende der 70er Jahre entweder durch die Umstrukturierung allgemeiner Mittelschulen oder durch Neugründung entstanden. Von den Fachrichtungen her sind sie sehr umfassend und schließen fast alle Bereiche ein. Nach Guder haben sie sich in den letzten Jahren zunehmend für die Ausbildung für den Dienstleistungssektor profiliert. "BMS bilden heute für Banken und Versicherungen, für Hotels und den Tourismus, aber auch Schneider, Friseure, Kosmetikerinnen, Modegestalter und Kraftfahrzeugmechaniker aus" (GUDER, S.44). Im Unterschied zur Facharbeiterschule spielt die Vermittlung breiterer allgemeinbildender Qualifikationen, z.B. in Mathematik und Fremdsprachen eine größere Rolle. Der Unterricht in einer Fremdsprache, in der Regel Englisch, ist obligatorisch. Die Absolventen sind entweder Facharbeiter oder Techniker. Sie erhalten zwei Zeugnisse, ein schulisches und ein berufliches durch das Arbeitsamt. In jüngster Zeit spielt der Computer als Lern- und Arbeitsmittel eine zunehmende Rolle. Die Absolventen finden zunehmend auch eine Beschäftigung in Verlagen und Rechenzentren.

Die Fachmittelschulen sind berufliche Schulen, die auf der Grundlage der Unterstufe oder Oberstufe der allgemeinen Mittelschule eine technologieorientierte Berufsbildung durchführen. Ihr Ziel besteht darin, Fachkräfte für die technische Organisation, Facharbeiter und weitere Fachkräfte auf unterer und mittlerer Ebene auszubilden. 1993 wurde landesweit in insgesamt 518 Fachrichtungen ausgebildet, die sich in 9 Bereiche zusammenfassen lassen: Industrie, Landwirtschaft, Forstwesen, Medizin/Gesundheitsweisen, Finanzwesen, Verwaltung, Politik/Justiz, Kunst und Sport (BIBB/ZIBB 1998). Im Vergleich zur Facharbeiterschule und Berufsmittelschule hat die Fachtheorie einen größeren Stellenwert. Zuständig sind die staatliche Bildungskommission gemeinsam mit dem jeweiligen Fachministerium. Die Fachmittelschulen wurden als Schulform nach der Gründung der VR China aus der ehemaligen Sowjetunion übernommen und haben sich bei der Gestaltung des Ausbildungsprogramms auch sehr stark an dem sowjetischen Vorbild orientiert. Obwohl die Fachmittelschulen

---

[41] Ein Beispiel dafür ist die Facharbeiterschule für Maschinenbau in Peking. Vgl. dazu Interview mit dem Schulleiter dieser Schule im Rahmen des Informationssystems zur Berufsbildung in Deutschland und China.

[42] Vgl. Kapitel 3.2

zur Zeit Schwierigkeiten haben, ihre Absolventen unterzubringen[43] (GUDER, S.44), spielen sie immer noch eine Schlüsselrolle in der Berufsbildung des Sekundarbereichs.

Die Beruflichen Hochschulen/Universitäten haben zum Ziel, Fachkräfte dem Bedarf der regionalen Klein- und Mittelbetriebe entsprechend auszubilden. Sie wurden als neue Schulform Anfang der 80er Jahre aufgebaut. Die Ausbildungsdauer beträgt zwei bis drei Jahre. Das Ausbildungsniveau entspricht dem des allgemeinen verkürzten Studiums, die Fachrichtungen werden jedoch flexibler gestaltet und die Ausbildung ist stärker praxisorientiert. Im Unterschied zur akademischen Hochschulausbildung können hier auch Absolventen der beruflichen Schulen der Sekundarstufe II Zugang finden. Trotz der vergleichsweise kurzen Existenz dieser Schulform ist die Nachfrage sehr groß. Die chinesische Regierung beabsichtigt, die Berufsbildung im Tertiärbereich auszubauen, indem sie vorhandene Bildungsressourcen wie z.B. die Berufliche Universität, ein Teil der technischen Fachmittelschulen und die Hochschulen für Erwachsene nutzt.

Um die Bedeutung der einzelnen beruflichen Schulen im chinesischen Gesamtbildungssystem zu erfassen, ist zusätzlich eine quantitative Betrachtung der Schülerströme notwendig (Graphik 3):

Übergänge der Absolventen in die einzelnen beruflichen Schulformen 1996

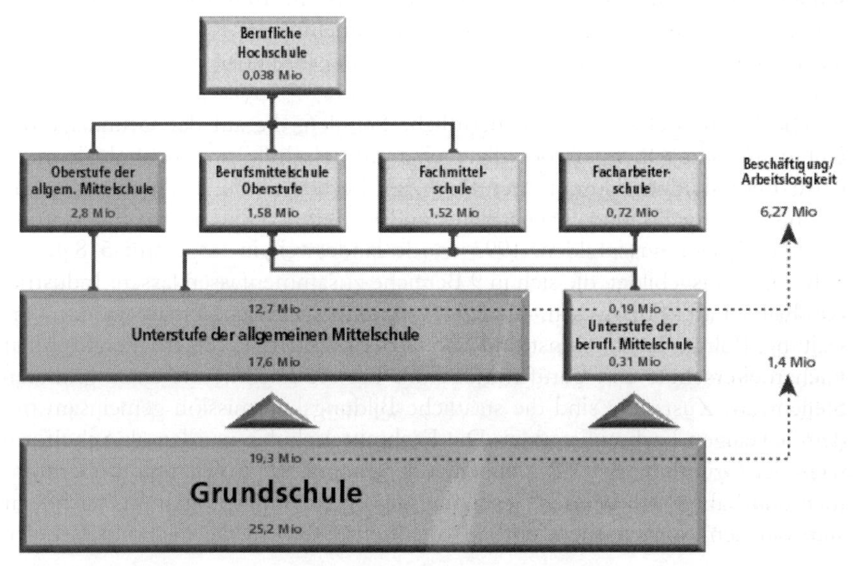

Quelle: BIBB/ZIBB 1998: Informationssystem, Tabelle 112: Grunddaten des Bildungswesens in China 1966; Tab. 2164 Entwicklung der beruflichen Hochschulen 1990 – 1996; eigene grafische Umsetzung

[43] Vor allem in den gewerblich-technischen Berufen wird vor allem von Wirtschaftsseite kritisiert, dass die Absolventen keine praktische Berufserfahrung haben.

Wenn man von einer Jahrgangsstärke von 25,2 Millionen Schüler ausgeht (Ausbildungsanfänger in der Grundschule 1996), so befinden sich am Ende der Sekundarstufe I noch 12,89 Millionen (= ca. 50%) im Bildungssystem. Davon setzt ca. die Hälfte (6.62 Millionen) die Ausbildung in der Sekundarstufe II fort (ca. 25 % eines Altersjahrgangs). Davon gehen ca. 50 % auf die Oberstufe der allgemeinen Mittelschule (2,8 Millionen), die übrigen 50% verteilen sich auf die Berufsmittelschule, die Fachmittelschule und die Facharbeiterschule. D.h. in der Sekundarstufe II besteht eine Gleichverteilung zwischen dem Besuch des allgemeinbildenden und beruflichen Schulsystems; von dieser Ausbildung werden jedoch insgesamt nur noch ein Viertel eines Altersjahrgangs erfasst.

Die Grafik macht deutlich, dass sich das chinesische Bildungssystem noch im Aufbau befindet. Nicht deutlich werden die regionalen Unterschiede. Während in den Städten und den expandierenden wirtschaftlichen Zonen die Schulpflicht voll realisiert ist und auch der Ausbau der beruflichen Schulen weit fortgeschritten ist, ist für manche Jugendliche in den ländlichen Zonen der Schulbesuch bereits nach Abschluss der 6-jährigen Grundschule beendet. Im Unterschied zum chinesischen Bildungssystem findet die Berufsbildung in Deutschland in erster Linie im Dualen System statt. Dieses hat aus chinesischer Sicht gegenüber der schulischen Berufsbildung folgende Vorteile (CHENG/ LEI, S.114). Die Ausbildungsziele entsprechen den betrieblichen Anforderungen. Die Auszubildenden werden praxisbezogen ausgebildet. In der authentischen Produktionsumgebung haben die Auszubildenden mit der betrieblichen Arbeitswelt mehr Kontakte und lernen ihre zukünftige Arbeitswelt kennen. Sie werden auch mit den neuesten technologischen Entwicklungen konfrontiert.

Die chinesischen Bildungspolitiker waren bisher sehr an einer Realisierung auch dualer Ausbildungsgänge in China interessiert. Doch zeichnet sich hier zur Zeit ein Wandel ab. Sowohl bei den deutschen Entwicklungshilfeprojekten als auch bei den chinesischen Experten wächst die Überzeugung, dass das Duale Ausbildungssystem, das in Deutschland durch eine lange Tradition gekennzeichnet ist, nicht ohne weiteres auf China zu übertragen ist. Die Realisierung wird sich daher vermutlich weiterhin auf die Einrichtung von Modellversuchen[44] beschränken. Die Betriebe in China sind zwar an der Finanzierung und technischen Ausstattung der beruflichen Schulen beteiligt, soweit die Schulen direkt einem Betrieb zugeordnet sind, zahlen sie auch die Gehälter der Lehrkräfte und Ausbilder und laufende Kosten, dennoch lehnen sie eine Ausbildung im Betrieb in der Regel ab, weil sie entweder „zu teuer ist oder den Produktionsablauf stört“ (GUDER, S.42).

---

[44] Vgl. z.B. ZIBB (Hrsg.): Modellversuch Duales System. Zur Berufsbildungsreform in China, Peking 1998, unveröffentlichtes Manuskript

3.3 Die „kurze Berufsausbildung bzw. -fortbildung“ – ein Instrument zur Bewältigung des ökonomischen und gesellschaftlichen Wandels

Zum zweiten Bein der chinesischen Berufsbildung neben der schulischen Berufsbildung entwickelt sich zunehmend die ”kurze Berufsausbildung und –fortbildung”. Sie wird auch als die ”nichtschulische Berufsbildung” bezeichnet. Zu ihr gehören:

- die Lehrlingsausbildung (traditionelle Form der ”Beistelllehre”)[45]. Die Auszubildenden werden an ihrem Arbeitsplatz von einem Meister unterwiesen und betreut.
- die arbeitsplatzorientierte und –wechselnde Fortbildung: Hier werden Vorarbeiter und Facharbeiter für spezielle Tätigkeiten oder wichtige Arbeitsplätze turnusmäßig, mit voller oder halber Freistellung von der Arbeit fachlich qualifiziert (Glossar des Infosystems).
- die Umschulung: Berufsausbildungsmaßnahme für Beschäftigte, die ihren Beruf wechseln möchten bzw. müssen. In China wird die Umschulung hauptsächlich von den regionalen Arbeitsbehörden durchgeführt.
- kurze Trainingskurse vor der Beschäftigung und
- die weitere berufliche Aus- und Fortbildung.

Im deutschen Verständnis von Berufsausbildung als eine der Beschäftigung vorausgehende Ausbildung fällt nur die Form der ”Trainingskurse vor der Beschäftigung” unter diese Rubrik. Diese ”kurze Berufsausbildung” findet auf drei Stufen statt, der Unterstufe, Mittelstufe und höheren Stufe. Die Ausbildung findet an den Beruflichen Schulen bzw. anderen Aus- und Fortbildungseinrichtungen statt. Sie hängt sehr eng mit dem Bedarf der Betriebe an Beschäftigten zusammen. In den letzten Jahren wurde die kurze Berufsausbildung und –fortbildung in China reformiert. ”Nach einem Vertrag zwischen den Betrieben und den Aus- und Fortbildungseinrichtungen werden z.B. die Lehrlinge als Schüler in den Betrieben eingestellt. Daraus wird ein neues Modell für die Ausbildung der Facharbeiter auf der Unterstufe gebildet.”

Die Kurzausbildung mit Bildungsmaßnahmen von 3-6 Monaten wird derzeit als ein Netzwerk ausgebaut. In diesem Zusammenhang wurde die Kampagne ”Erst Ausbildung, dann Beschäftigung” gestartet. Sie sollte vor allem junge Leute in den ländlichen Gebieten, die vor Abschluss der Klasse 9 aus der Schule aussteigen und ohne jede berufliche Vorbereitung auf den Arbeitsmarkt gehen, erreichen (GUDER, S.42). Den Betrieben wurde die Anweisung erteilt, dass Arbeitskräfte mit Ausbildungszertifikat zuerst einzustellen sind. Nach Aussage eines deutschen Langzeitexperten in China gelten diese Angebote inzwi-

---

45 Im Unterschied zur deutschen Lehrlingsausbildung handelt es sich hier jedoch um eine informelle Ausbildungsform, die durch keinerlei Standards gekennzeichnet ist. Es gibt weder Ausbildungsordnungen noch Prüfungs- oder Zertifizierungsstandards.

schen ebenfalls für die Absolventen der Oberstufe der Mittelschule, die keinen Zugang zu den Hochschulen finden. Es besteht die Gefahr, dass die Betriebe diese wegen ihrer besseren Allgemeinbildung und aufgrund des Alters höheren persönlichen Reife den Abgängern der 8. bzw. 9 Klasse vorziehen.

Der Ausbau der kurzen Berufsausbildung und –fortbildung ist eine bildungspolitische Antwort auf die umfassendenden ökonomischen und politischen Umstrukturierungsprozesse in China. Sie ermöglicht es, in kurzer Zeit Arbeitskräfte für den aktuellen Bedarf der Unternehmen zu qualifizieren. Die kurze Berufsausbildung schafft für einen großen Teil der Schulabgänger der allgemeinbildenden Schule einen Zugang zu einer beruflichen Qualifizierung, d.h. sie trägt zur Verbreiterung des Gedankens der Notwendigkeit einer Berufsausbildung bei. In Deutschland ist demgegenüber der Gedanke einer abgeschlossenen Berufsausbildung (2-3 Jahre) weiterhin politischer Konsens. Nur im Rahmen berufsvorbereitender Maßnahmen wird über die Vermittlung von Teilqualifikationen nachgedacht.

Berufliche Fortbildungsmaßnahmen finden in China sowohl in Einrichtungen der Aus- und Weiterbildung statt als auch im Rahmen der Erwachsenenbildung. Aufgrund des - im Vergleich zu Deutschland - geringeren Ausbaus des grundständigen Bildungssystems (Sekundarstufe I und II) hat sich in China ein enges System von Einrichtungen zur Erwachsenenbildung etabliert, die sowohl dazu dienen, fehlendes Allgemeinwissen nachzuholen als auch eine berufliche Anpassungsqualifizierung bzw. Weiterbildung durchzuführen.

3.4 Die Infragestellung des traditionellen Lernens

Ein Thema, das im Rahmen vor allem des 2. Projektteils (Transfermöglichkeiten von in Deutschland erstellten Lehrmaterialien/Lernfilmen nach China) immer wieder auftauchte, waren die aufgrund der unterschiedlichen kulturellen Entwicklung in den beiden Ländern sehr verschiedenen Lernkonzepte und -methoden.

> "Gegenwärtig sind die Lehrmethoden in der VR China noch nicht auf die Besonderheiten der Berufsbildung zugeschnitten. Die verschiedenen beruflichen Schulen wenden generell immer noch die klassische Lehrmethode an, die von den Schülern verlangt, den kompletten Lehrstoff jederzeit memorieren zu können". (BIBB/ZIBB 1998, Kompendium: Lehr-/Lernmethoden)

Hinsichtlich der Aktivitäten der Schüler werden in der Regel drei Formen unterschieden: Mündliche Lehr- und Vermittlungsformen, die Methode der Visualisierung und die praktische Übung. Der Vortrag als mündliche Vermittlungsform ist dabei mit Abstand die dominierende und verbreitetste Lehrform in den beruflichen Schulen. Er ist gleichzeitig das Fundament aller Lehrformen in der Berufsbildung. Andere Lehrformen werden in der Regel mit dieser Methode kombiniert.

Obwohl der theoretische Unterricht in der chinesischen beruflichen Bildung weiterhin dominiert, stellt die Orientierung an der Praxis ein wichtiges Unterrichtsprinzip dar. Im Rahmen des Informationssystems werden folgende Unterrichtsprinzipien genannt: 1. Vorrang der Praxis, 2. Kombination von Unterricht und Produktion, 3. Systematik des Unterrichts, 4. Adaption: Inhalte, Niveau und Umfang des Unterrichtsstoffs wie auch die Lehrmethoden und die Organisationsform des Unterrichts müssen an das je spezifische Wissensniveau der Schüler angepasst werden, sodass die Lernerfolge bei den Schülern gewährleistet werden können und 5. Anschaulichkeit (BIBB/ZIBB 1998, Kompendium: Unterrichtsprinzipien).

Hinsichtlich des Unterrichtsprinzips "Systematik des Unterrichts" gibt es zur Zeit unterschiedliche Strömungen in China. Während die "Traditionalisten" großen Wert auf die Systematik im fachlich-theoretischen Unterricht (Fachsystematik) legen, vertreten die Reformer die Auffassung, dass der berufsbildende Unterricht von der beruflichen Praxis her gestaltet werden müsse, d.h. ausgehend von der Systematik der Arbeitsvorgänge. - Das Prinzip der Anschaulichkeit lässt sich bisher aufgrund der begrenzten Material- und Medienausstattung in den Schulen und den noch unzureichenden didaktischen Fähigkeiten und Erfahrungen erst ansatzweise realisieren. Auch in Deutschland sind beide Konzepte in der pädagogischen Diskussion und Praxis vertreten. Dem fachsystematischen Lernen steht das Erfahrungslernen (Schwerpunkt: Betrieb) gegenüber. Neuere Ausbildungskonzeptionen versuchen, beide Prinzipien zu integrieren und Inhalte und Methoden zu entwickeln, die Arbeit und Lernen miteinander verbinden.

„Die Auswahl der Lehr-/Lerninhalte orientiert sich am Ziel der beruflichen Handlungskompetenz und bezieht sowohl fachsystematische als auch situative, arbeitsorientierte Problemstellungen mit ein" (BIBB/ZIBB 1998, Kompendium: Lehr- und Lernkonzepte in der Berufsbildung). Die Lernenden werden mit ausgewählten, komplexen Problemstellungen aus beruflichen Handlungszusammenhängen konfrontiert, ohne vorgegebene Lösungen gleich mitgeliefert zu bekommen. „Unterstützt durch die Lehrer oder Ausbilder beschaffen und ordnen sie notwendige Informationen selbst und bearbeiten die gestellte Aufgabe eigenständig (BIBB/ZIBB 1998, ebenda).

3. Entwicklungsstand und Entwicklungstendenzen

Die derzeitige Umstrukturierung der chinesischen Volkswirtschaft hat unmittelbare Auswirkungen auf das chinesische Berufsbildungssystem. Die zunehmende Arbeitslosigkeit trifft auch die Absolventen der beruflichen Schulen, deren Arbeitsplätze nach Aussage von Zhiqun Zhao (ZHAO, S.4) von Hochschulabsolventen eingenommen werden. Diese Entwicklung ist ein Indiz dafür, dass das Vertrauen der Betriebe in die beruflichen Bildungsgänge noch nicht so groß ist, zeigt andererseits aber auch, dass für Arbeitsplätze auf der mittleren Ebene hier kein Arbeitskräftepotential vermutet wird. Weiterhin zeigt sich aus der Sicht der deutschen Berufsbildung, dass die fehlende Integration der chinesischen Berufsbildung in den betrieblichen Arbeitsprozess den Übergang in das Beschäftigungssystem erschwert.

Durch das Wegbrechen der staatseigenen Betriebe verschwinden auch die Abnehmer der Absolventen beruflicher Schulen, speziell der Facharbeiterschulen. Hinzu kommen Finanzierungsprobleme speziell der Fachmittelschulen und Facharbeiterschulen, die sich vermutlich auf die Qualität der Schulen auswirken. Die sich verschlechternden Beschäftigungschancen der Absolventen führen dazu, dass gerade in Zeiten der Einzelkindfamilie der Andrang auf die allgemeinbildenden Schulen und Hochschulen wieder zunimmt. Das neue Bildungsministerium versucht, diesen Entwicklungen mit folgenden Maßnahmen zu begegnen:

- Der weitere quantitative Ausbau beruflicher Bildungsgänge soll zugunsten qualitativer Verbesserungen zurückgestellt werden.
- Es sollen Qualitätskriterien für Ausbildungsgänge entwickelt werden. Zur Steigerung der Attraktivität der Berufsbildung sollen qualitativ hochwertige Bildungsgänge mit guten Beschäftigungsperspektiven ausgebaut werden.
- Zur Vereinheitlichung der Qualität sollen Standards zum Einrichten beruflicher Schulen ausgearbeitet werden.
- Um die Akzeptanz der Berufsbildung zu erhöhen, sollen die Sektorverwaltungen und Betriebe politisch motiviert werden, an der Berufsbildung weiter aktiv teilzunehmen.
- Die Qualifizierung von Lehrkräften soll unterstützt werden.

Auch die Dritte Nationale Bildungskonferenz, die im Juni 1999 in Peking stattfand, beschloss Maßnahmen zur Qualitätsverbesserung, die an den Kernproblemen des chinesischen Bildungssystems wie Praxisferne des Bildungssystems, regional sehr unterschiedliche Ausstattung mit Bildungseinrichtungen, mangelnde Durchlässigkeit, zu geringe finanzielle, personelle und materielle Ausstattung ansetzen.

Maßnahmen zur Qualitätsverbesserung sehen z.B. vor,

- in den beruflichen Schulen den Unterricht stärker mit der Produktion zu verbinden,
- in den Prüfungen ein größeres Gewicht auf die Kontrolle der umfassenden Fähigkeiten (anstelle einer reinen Wissenskontrolle) zu legen,
- Mechanismen zur ständigen Erneuerung der Unterrichtsinhalte zu etablieren und die Ausbildungsinhalte komplex und praxisnah zu gestalten,
- Die technischen Lehrmittel zu modernisieren und den Grad der Informationsübertragung zu erhöhen,

- Durch Umschulung und Ausbildung sowohl die Qualifikation der Werktätigen zu erhöhen als auch denen, die umverteilt oder freigesetzt worden sind, eine Wiederbeschäftigung zu gewährleisten (ZINKE, S.43).

Die genannten Ziele können nur mit einem gut qualifizierten und motivierten Lehrpersonal realisiert werden. Dies zu entwickeln ist ebenfalls ein Ziel der chinesischen Bildungspolitik.

Betrachtet man die bildungspolitische Diskussion unter dem Aspekt der Entwicklungstendenzen der einzelnen beruflichen Schulen, so liegt hier der Schwerpunkt eindeutig auf der höheren beruflichen Bildung. Die dadurch entstehende Konkurrenz zur Hochschulausbildung führt jedoch zu einem Abwandern des potentiellen Klientels der beruflichen Schulen in die Hochschulen. Die Ausbildung auf Facharbeiterebene wird dann vermutlich eher über Kurzzeittrainings in den Betrieben oder die „kurze Berufsausbildung und –fortbildung" abgedeckt. Die weitere Entwicklung der chinesischen Berufsbildung wird sehr stark davon abhängen, wie in Zukunft die Arbeit in den Betrieben organisiert wird, ob z.B. durch neue Organisationsformen in den Betrieben anspruchsvollere Arbeitsplätze entstehen, die eine Qualifizierung auf Facharbeiterniveau notwendig machen (ZINKE, S.45).

Literatur:

BIBB/ZIBB: Informationssystem zur Berufsbildung in Deutschland und China. Berlin/Peking 1998, CD-ROM, Bertelsmann Verlag

GUDER, Michael: Berufsbildung in der Volksrepublik China – Auf dem Wege der Reform – 5 Jahre vor der Jahrtausendwende. In: BIBB: Berufsbildung in Wissenschaft und Praxis 6'95, S.39-46

CHENG Yonglin/LEI Zhengguang: Vergleichende Studie zum deutschen Dualsystem und der chinesischen Facharbeiterausbildung. In: RAUNER, Felix/TILCH, Herbert (Hrsg.): Berufsbildung in China. Analysen und Reformtendenzen. Studien zur Vergleichenden Berufspädagogik. Hrsg. von der Deutschen Gesellschaft für Technische Zusammenarbeit (GTZ) GmbH. Baden-Baden 1994, S.113-122

ZHAO, Zhiqun: Chinesische Berufsbildung nach dem Volkskongress 1998: Probleme und Strategien, in: Projektinfo 4, 12'98, Info-Service zum deutsch-chinesischen Projekt des BIBB/ZIBB, S.4-5

ZIBB (Hrsg.): Modellversuch Duales System. Zur Berufsbildungsreform in China, Peking 1998, unveröffentlichtes Manuskript

ZINKE, Gert: Dritte Nationale Bildungskonferenz in China und ihre Bedeutung für die Entwicklung der Berufsbildung. In: Bundesinstitut für Berufsbildung: Berufsbildung in Wissenschaft und Praxis 6`99, S.42 – 46

Kurzbiographie:

Dr. Hildegard ZIMMERMANN, geb. 1948, Studium der Bildungsökonomie und Psychologie, seit 1972: Arbeit in verschiedenen Institutionen der Bildungsforschung und Erwachsenenbildung; 1975-80: Wiss. Ass. an der TU Berlin im Bereich: Interkultureller Vergleich von Bildungssystemen; seit 1995: Bundesinstitut für Berufsbildung, 1996-98: deutsch-chinesisches Kooperationsprojekt, Erstellung einer CD-ROM zur Berufsbildung in Deutschland und China.
Anschrift: Bundesinstitut für Berufliche Bildung, Hermann-Ehlersstraße 10, 53113 Bonn, Tel.: 0228-1071328.

Hans Dieter Eheim

Medientransfer und interkulturelles Lernen
Erfahrungen und Ergebnisse aus einem deutsch-chinesischen Projekt

International cooperation in the field of vocational training as a rule has to overcome many problems and difficulties. Transfer of models, conzepts and methods for vocational and adult training can only be successful, if the framework of conditions in both countries is sufficiently known. The decisive factors for the process of transfer must be identified, to find possibilities for it's efficiency. Primary aim of the Chinese-German project was to investigate the process of transfering the contents and concepts of learning by print-media and films. Factors of this process were defined, which foster or hinder the implementation between the Chinese and German system of vocational training. In close cooperation between both project-groups research has been done on performance of films in Chinese vocational schools. In a media-seminar for Chinese multiplicators, performed in Peijing, pädagogs and media-experts have been made acquainted with German media and learning-concepts of vocational training. The process of implementation was evaluated. Aim of workshops of Chinese and German scientists were to clear-up the relations between media-transfer and intercultural learning. Culturally related conditions of transfer and patterns of communication were discussed. Concequences for futural projects were defined.

Internationale Kooperation im Rahmen der beruflichen Bildung stößt in der Regel auf vielfältige Probleme und Schwierigkeiten. Transfer von Modellen, Konzepten und Methoden zur beruflichen Ausbildung und Weiterqualifizierung können nur dann erfolgreich sein, wenn die hierfür bestehenden Rahmenbedingungen im jeweils anderen Land hinreichend bekannt sind. Die für den Transferprozess entscheidenden Faktoren müssen identifiziert werden, um Möglichkeiten einer wirkungsvollen Übertragung zu finden. Ebenso wichtig ist das Sichtbarmachen von soziokulturellen und bildungspolitischen Grenzen. Nur so wird entscheidbar, inwiefern länderspezifische Anpassungen erforderlich werden bzw. ein neues und anderes Konzept nahe legen.

In dem deutsch-chinesischen Vorhaben wurde das Thema eingegrenzt. Der Transfer von Bildungsinhalten und Lernkonzepten durch Lernmaterialen/Filme sollte untersucht werden. Es stellte sich folgende Frage: Von welchen Faktoren hängt es ab, ob sich bestimmte Qualifizierungsinstrumente (z.B. Lehr- und Lernfilme) unter den unterschiedlichen soziokulturellen Bedingungen der chinesischen und deutschen Berufsbildung gleichermaßen verwenden lassen oder aber modifiziert und adaptiert werden müssen, um für den Anderen nutzbar zu werden. Um zu einer Klärung der Frage beizutragen, sollte ein im wesentlichen empirischer Weg eingeschlagen werden – bei aller Begrenztheit seiner Realisierung. Und dies war das Konzept mit folgenden, aufeinander aufbauenden Arbeitsschritten:

- In einem ersten Schritt wurde an ausgewählten chinesischen Berufsschulen der Einsatz und die Verwendung von Lehr- und Lernfilmen in der beruflichen Bildung untersucht. (III./IV. Quartal 96)
- Eine qualitative Erweiterung der Bestandsaufnahme stellten ein deutsch-chinesischer Workshop in Berlin zu Fragen des Medientransfers mit Bildungsforschern und Bildungspraktikern aus beiden Ländern sowie ein weiterer Workshop mit langjährigen Mitarbeitern der Hanns-Seidel-Stiftung in München dar. (I. und III. Quartal 97)
- Als ein wesentliches Ergebnis der Workshops wurde in Peking ein Medienseminar für chinesische Multiplikatoren durchgeführt. (III. Quartal 97)
- Abschließendes Glied in der Kette empirischer Versuche, Fragen des Medientransfers zu klären, bildete ein weiterer Workshop mit Bildungsexperten in Berlin. Soziokulturelle Einflussfaktoren auf den Transferprozess und interkulturelles Lernen wurden diskutiert. (IV. Quartal 98)

1. Medienverwendung in der Volksrepublik China

1.1 Ziele und Untersuchungsinhalte

Zu Projektbeginn fehlten insbesondere auf deutscher Seite weitgehend Erkenntnisse und Erfahrungen über Medienverwendung (insbesondere von Lehr- und Lernfilmen) an chinesischen Bildungseinrichtungen. Aber auch auf chinesischer Seite waren Informationen und weiterreichende Erfahrungen hinsichtlich Ausmaß, Ziel und Didaktik in der Verwendung von Filmen noch unzureichend. Bekannt war nur, dass sowohl deutsche (begrenzt übersetzte) als auch chinesische Lehr- und Lernfilme an Schulen zur Verfügung standen.

Es war daher naheliegend, zunächst einen Überblick über Einsatz und Verwendung von Lehr- und Lernfilmen beruflicher Bildung zu gewinnen. Diese von beiden Projektgruppen vorbereitete, von der chinesischen Seite durchgeführte und gemeinsam ausgewertete schriftliche Befragung bezog sich auf insgesamt 100 ausgewählte berufliche Schulen in unterschiedlichen Branchen, unterschiedlicher Größenordnungen, in großen Städten und mehreren Provinzen. Fragen der Ausstattung mit Geräten und Filmen, ihres Einsatzes und der unterschiedlichen Formen ihrer Verwendung sowie Perspektiven zukünftiger Entwicklung von Filmen für das chinesische Berufsbildungssystem wurden erfasst. Sie sollten den chinesischen und deutschen Partnern des Projekts Einblick in die aktuelle Situation an chinesischen beruflichen Schulen geben. Folgende Bereiche waren Gegenstand der Befragung:

- Ausstattung mit Geräten: Erfasst wurde u.a., ob und in welchem Ausmaß die Schulen über audiovisuelle Anlagen verfügen; welcher Art die Anlagen sind und wie sie in den Schulen bzw. Räumen angeordnet sind.
- Ausstattung mit Videofilmen: Neben der Erfassung der Gesamtzahl waren es vor allem Fragen nach der Herkunft der Filme, nach der Häufigkeit ihres Einsatzes sowie nach ihrer Bewertung, die interessierten. Weitere Fragen galten den Lehrern, die sie einsetzen sowie dem beiliegenden schriftlichen Material.
- Verwendung von Videofilmen: Der umfangreicheste Teil der Untersuchung bezog sich auf Aspekte der Einbeziehung der Filme in den Lehrplan. Wie verwenden Lehrer das filmische Material im Unterricht? Wie ist ihre Verbindung mit anderen Lernmaterialien? In welchem Zusammenhang (Theorie-/Praxisunterricht) werden sie verwendet? In welchen Phasen des Unterrichts und mit welchen Zielen finden sie Einsatz?
- ZIBB-Filme:[46] Es wurden u.a. Einschätzungen der technischen und fachinhaltlichen Qualität dieser Filme erfasst.

1.2 Ausgewählte Ergebnisse

1.2.1 Ausstattung mit Geräten und Filmen

Wie die Untersuchung zeigt,[47] zeichnen sich die – überwiegend großen – Bildungseinrichtungen in der Regel durch einen relativ guten technischen Standard in der Ausstattung mit Geräten (Fernsehgeräte, Videorecorder etc.) aus. Diese Schulen verfügen außerdem über eine große Zahl von Videofilmen (ca. die Hälfte verfügt über 200 bis 500 Lehr- und Lernfilme). Im großen und ganzen sind die Fachmittelschulen mit Filmen besser ausgestattet als andere Schulen. Dasselbe gilt für die Schulen der elektronischen und chemischen Branchen sowie für Schulen in den Großstädten sowie in den Provinzen Jiangsu und Shandong.

Vor dem Hintergrund eines generell ausgeprägten Interesses der Lehrer an Filmen und Bildern ist zu erwarten, dass sich dies entsprechend positiv auf die Bereitschaft der Lehrer auswirken wird, diese im Rahmen des Unterrichts auch einzusetzen.

---

[46] Vom Bundesinstitut für Berufsbildung hergestellte deutsche Filme, die vom chinesischen Zentralinstitut für Berufsbildung übersetzt wurden, um sie in Modellschulen einsetzen zu können.

[47] In einem unveröffentlichten Manuskript des Verfassers sowie in Projektinfo 2 des Vorhabens sind die Ergebnisse ausführlich beschrieben.

1.2.2 Einsatz, Verwendung und Ziele der Filme

In der Frage, wer vor allem die Filme verwendet, ergibt sich ein interessantes Bild: Einsatz und Verwendung geschehen – bei enger Abstimmung und Kooperation – gleichermaßen in der berufspraktischen und berufstheoretischen Ausbildung, das heißt durch Fachtheorielehrer und Fachpraxislehrer. Dies sind günstige Voraussetzungen für eine komplexe, vielseitige Verwendung der Filme an den beruflichen Schulen.

Bedeutung für die Gestaltung des Unterrichts kommt der Frage zu, mit welchem Ziel bzw. mit welchen Zielen die Filme eingesetzt werden.Es zeigt sich, dass Filme vor allem zur Vermittlung schwieriger Ausbildungsinhalte eingesetzt werden. Sie finden aber auch Verwendung zur Motivation der Schüler.

Interessant für zukünftige Verwendungsmöglichkeiten der Filme ist ein weiteres Ergebnis: Filmisches Material ist in der Regel nicht eingebettet in Lernkonzepte, die auch andere (wie z.B. schriftliche) Lernmaterialien einschließen. Dies heißt: Wenn Filme im Rahmen des Unterrichts eingesetzt werden, dann übernehmen sie – so die dazu befragten Lehrer – eine zentrale Funktion.

1.2.3 Zukünftige Filmentwicklungen

Für die zukünftige chinesisch-deutsche Zusammenarbeit in der beruflichen Bildung sind Fragen und Wünsche für weitere Medienentwicklungen von Bedeutung. Neben dem zu erwartenden Wunsch nach Filmen mit technischen und naturwissenschaftlichen Inhalten zeigen die befragten Lehrer ebenso Interesse an Filmen zu Themen „Didaktik und Lehrerbildung" sowie „sozialkommunikative Verhaltensweisen". Bei zukünftigen Entwicklungen sollte daher Filmen mit komplexen pädagogischen Inhalten und Zielen (z.B. Handlungslernen, Lerninseln u, a.m.) besondere Beachtung geschenkt werden.

Die Ergebnisse der schriftlichen Befragung, die aufgrund ihrer zwangsläufig großen Begrenztheit der teilnehmenden Berufsschulen keinesfalls überbewertet werden sollten, erhalten eine akzentuierte Bestätigung und Erweiterung durch Berichte von GTZ-Langzeitexperten. Übereinstimmung zeigt sich in der Einschätzung, dass in China ein großer Bedarf an entsprechend didaktisch aufbereiteten Lehr- und Lernmedien besteht. Vor diesem Hintergrund ist es ein wesentliches Ziel der chinesischen Berufsbildungspolitik, die Mediendidaktik zu verbessern, d.h. medien- und fachdidaktische Kompetenz zu vermitteln.

Aus langjähriger Erfahrung in GTZ-Projekten wurde insbesondere auf die in China weitverbreitete andere Arbeits- und Technikwirklichkeit, andere Führungsstrukturen und eine andere Arbeitsorganisation verwiesen. Diese Faktoren müssen beim Einsatz von deutschen Medien entsprechend berücksichtigt werden. Eine wesentliche Forderung richtet sich auf Weiterbildungsmaßnahmen, die alle Ebenen der Medienverwendung und -entwicklung betreffen - vor allem hinsichtlich der zunehmenden multimedialen Lernkonzepte.

2. Fragen und Probleme des Medientransfers

Die schriftliche Befragung zu Projektbeginn führte zu einem Überblick und ersten Erfahrungen über Einsatz und Verwendung von vornehmlich deutschen, dann übersetzten Filmen. Die gemeinsamen Diskussionen zwischen beiden Projektgruppen über die vorliegenden Ergebnisse zeigten aber, dass wesentliche Fragen des Medientransfers unbeantwortet blieben. Im Rahmen eines Workshops erörterte ein Teilnehmerkreis von chinesischen und deutschen Bildungsforschern, Bildungspraktikern und Medienexperten die Frage, auf welche spezifischen Probleme und Schwierigkeiten im chinesischen Berufsbildungssystem deutsche Lernkonzepte/Medien stoßen und – vor allem – welche Schlussfolgerungen sich hieraus für zukünftige Transfer- und Implementationsprozesse ergeben können.

Einigkeit bestand auch unter diesen Experten in der Einschätzung, dass an chinesischen Einrichtungen für berufliche Bildung nach wie vor großer Bedarf an Qualifizierungsinhalten und Medien besteht. Der bisher dominierende theoriegeleitete Unterricht müsse qualitativ ausgeweitet und vor allem durch innovative Praxisanteile ergänzt werden.

Für die chinesische Berufsbildung stellt sich vor allem folgende Frage: Wie kann es gelingen, den lehrer- und - in der Regel auch noch – tafelzentrierten Unterricht in den beruflichen Ausbildungszentren so umzugestalten, dass reale Gegebenheiten von Technologie und Arbeit an dem gespiegelt werden können, was in den Fabriken wiederzufinden ist? Zur Lösung dieser umfassenden Aufgabe können Medien – so die Experten – eine entscheidende Funktion übernehmen.

Aus chinesischer Sicht werden für den in diesem Rahmen stattfindenden Medientransfer im wesentlichen zwei Funktionen gesehen: Zum einen sollen Medien eher im Sinne von „Mustern“ für Fachleute Orientierung sein, die an Berufsbildungsfragen interessiert sind und Perspektiven entwickeln. In dem Zusammenhang kommt dem Ziel eines schrittweisen Aufbaus eigener Kompetenzen zur Medienentwicklung große Bedeutung zu.

Generell zeigt sich auf chinesischer Seite ein starkes Interesse an relativ kurzfristig verwertbaren Qualifikationsinhalten und Zielen, sowie an bestimmten, konkreten Themen. Hinsichtlich der Frage der Verwendbarkeit der in der Regel im Rahmen der chinesischen Aus- und Weiterbildung eingesetzten Filme werden keine grundlegenden Probleme gesehen. Allerdings sollten sie um entsprechende Begleitmaterialien ergänzt werden, um den Adaptionsprozess zu erleichtern. Eine Ausnahme bilden Filme mit hohen sprachlichen Anteilen, deren Ziel die Förderung von Kommunikation ist: Solche Filme sollten im Hinblick auf unterschiedliche Kommunikationskulturen in beiden Ländern grundsätzlich in China selbst entwickelt und gedreht werden.

Ein weiterführendes Ergebnis des Workshops war die Bitte der chinesischen Bildungsexperten an die deutschen Projektpartner, Modelle und Konzepte zu entwickeln, die in der chinesischen Lehrerfortbildung Verwendung finden könnten. Es wurde vereinbart, ein Seminar durchzuführen, dessen Ziel es sein sollte, Lehrer chinesischer Berufsschulen mit unterschiedlichen filmischen Materialien und möglichen Lernkonzepten für die berufliche Bildung in China vertraut zu machen.

3. Medienseminar für chinesische Multiplikatoren

Dem chinesischen Wunsch wurde mit einem Medienseminar für chinesische Multiplikatoren entsprochen, das im Herbst 1997 in Peking durchgeführt wurde.[48] Vorausgegangen war eine intensive gemeinsame Vorbereitung und Abstimmung zwischen beiden Projektgruppen. In dem Seminar sollten chinesische Pädagogen und Medienentwickler mit deutschen Ausbildungsmitteln und Lernkonzepten der beruflichen Bildung vertraut gemacht werden. Anhand von Beispielen sollten unterschiedliche Methoden der Medienanwendung im Dualen System vorgestellt und reflektiert werden. Damit sollte Zugang zu einer breiten Mehrheit von chinesischen Berufsschulen gefunden werden, deren Lehrer einer Weiterqualifizierung und Professionalisierung hinsichtlich der Anwendung neuer Lernkonzepte und Medien bedürfen.

3.1 Schwerpunkte

Das Medienseminar zum Thema „Lehr- und Lernfilme in der deutschen Berufsbildung - Funktionen, Möglichkeiten und Grenzen“ war in folgende Schwerpunkte untergliedert:

- Lehren und Lernen in der Berufsbildung – filmische Beispiele: Anhand der Darstellung der betrieblichen Ausbildung in Industrie und Handwerk und der schulischen Berufsausbildung wurden zunächst die allgemeinen Zusammenhänge von Lernkonzepten und Medien dargestellt. Verbunden war dies mit theoretischen Erläuterungen zum Stellenwert von Medien und Lernkonzepten in der Dualen Berufsausbildung.
- Medienbeispiele und Lernkonzepte für Fachtheorie und Fachpraxis: Unter den Aspekten des Verstehens von Technik, der Vermittlung von Fertigkeiten sowie des Erwerbs von Methoden- und Handlungskompetenz war das Ziel der 2. Seminareinheit, das Erkennen des Zusammenhangs von Lernkonzepten und schriftlichen Materialien mit unterschiedlichen Videoinformationen zu fördern.
- Mediendidaktische Modelle: Im Mittelpunkt des dritten Programmteils standen die Themen „Didaktik der Vermittlung von fachpraktischen Inhal-

[48] Zu dem Seminar liegt eine vollständige Dokumentation einschließlich der Ergebnisse der Abschlussdiskussion und Teilnehmerbefragung vor.

ten, mediale Lernkonzepte zur Arbeitssicherheit sowie das Lernen an ganzheitlichen Aufgaben (Projekten)". Ziel war das Erkennen unterschiedlicher Vermittlungsstrategien.

- Vom Lehr/Lernfilm zu Multimedia: Anhand konkreter Anwendungsbeispiele für CD-ROM sowie für multimediale Konzepte sollte in diesem letzten Seminarteil das Erkennen von modernen Entwicklungstendenzen unter Einbeziehung Computer unterstützter Medien (CBT) vermittelt werden.

3.2 Rahmenbedingungen

Entscheidend für Durchführung und Ergebnisse des Seminars waren die Rahmenbedingungen. Daher hierzu einige Anmerkungen:
Die räumlichen und technischen Voraussetzungen für das Seminar waren ausgesprochen gut.

Die unerwartet hohe Zahl der Teilnehmer stellte allerdings eine erhebliche Belastung für alle Beteiligten dar. Nach vorangegangenen Erfahrungen hatten die chinesischen Veranstalter mit ca. 30 Teilnehmern gerechnet. Die große Aktualität des Themas führte jedoch nahezu zu einer Verdopplung dieser Zahl. Die Teilnehmer kamen aus unterschiedlichen Provinzen, aus Einrichtungen der Berufsbildung und Berufsverwaltung sowie von Forschungsstellen für Medienentwicklung.

Das gesamte Seminar wurde sowohl protokolliert als auch per Video und Tonband aufgezeichnet. Damit war die Grundlage für eine Dokumentation und Evaluation des Programms gelegt. Dies führte darüber hinaus zu einer Entlastung der Moderatoren, die sich ausschließlich auf die Präsentation der Inhalte konzentrieren konnten.

Charakteristisch für den gesamten Verlauf war, dass sich die chinesische Leitung und die deutschen Moderatoren nach Abschluss jedes Seminartages zu einer eingehenden Analyse der jeweils zurückliegenden Erfahrungen zusammenfanden und die Programmplanung für den nächsten Seminartag überprüften. An den Wünschen der Teilnehmer orientiert, führte dies mehrfach zu einer veränderten Programmabfolge.

3.3 Ergebnisse

Nichts erscheint schwieriger und fragwürdiger, als die Ergebnisse eines Medienseminars für Multiplikatoren zu bewerten. Längere Zeiträume nach Seminarende sind grundsätzlich erforderlich, um eine Einschätzung der Umsetzung der Seminarziele in der Bildungspraxis zu ermöglichen. Bis heute können derartige Versuche, über das Modell von Multiplikatoren einen Beitrag zur Weiterqualifizierung von Pädagogen im Bildungsbereich zu leisten, als oft umstritten, oft als ausgesprochen ineffizient betrachtet werden. Was lässt sich, bei aller gebotener

Skepsis, über das Seminar an Erfahrungen und – zumindest vorläufigen - Ergebnissen aussagen?

Zunächst zur bildungspolitischen Ebene, zu der die chinesische Seite in einem Abschlussprotokoll folgendes festgehalten hat:

- Verlauf und Ergebnisse des durchgeführten Seminars übertrafen die ursprünglichen Erwartungen der chinesischen Seite. Dies fand unter anderem seinen Ausdruck in der – im Vergleich zu anderen Veranstaltungen – hohen aktiven Beteiligung der Teilnehmer des Seminars bis zum Seminarabschluss.
- Die gemeinsam erarbeitete Seminarkonzeption wird in ihrer konkreten Realisierung (Multiplikatorenmodell) als bedeutender Beitrag für die Reform der chinesischen Berufsbildung betrachtet. Dies bezieht sich insbesondere auf Inhalte der vorgestellten Lehr-/Lernkonzepte und Medien- aber auch auf die besondere Form der Seminardidaktik: Wechsel zwischen wissenschaftlichen Darstellungen und praxisorientierten Anwendungsbeispielen. Maßgebliche Adressaten hierfür sollen in Zukunft in den verschiedenen Provinzen Chinas sowohl Praktiker in den Bildungseinrichtungen als auch Bildungsforscher sein.
- Von chinesischer Seite wurde der ausdrückliche Wunsch geäußert, die begonnene Arbeit fortzusetzen und zu vertiefen. Aus den komplexen Seminarprogrammen sollen nach chinesischen Vorstellungen einzelne Bausteine herausgelöst und daraus eigenständige Seminarprogramme entwickelt werden. Grundkonzept und Ziel bleibt auch hier das Multiplikatorenmodell.

Vielleicht noch wesentlicher für zukünftige Transferprozesse von mediendidaktischen und pädagogischen Weiterbildungskonzepten erscheinen weitere Erkenntnisse aus dem Seminar. Entscheidend für die positive Haltung und Motivation von Multiplikatoren ist ihr Eindruck zukünftiger Verwendung und Umsetzung des im Seminar Vermittelten und Gelernten. In dem Maß, in welchem sich ihre persönliche Einschätzung an konkreten Lerninhalten „festmacht", wird diese positiver; der Eindruck, das Gelernte für die eigene Arbeit anwenden zu können, wird günstig bewertet. Zwei Drittel der Teilnehmer schätzten die Frage sehr positiv ein.

Neben der Frage nach der eigenen Einschätzung der vermittelten Inhalte steht – entscheidend für eine zukünftige Verwendung des Modells – die Frage danach, ob das Seminar geholfen hat, die vorgestellten Themen und Inhalte als Multiplikatoren gegenüber den Kollegen an der eigenen Schule vermitteln zu können. Diese im Grunde nur schwer einzuschätzende Frage wurde von nahezu der Hälfte der Seminarteilnehmer bejaht.

Kein Aspekt ist so umstritten, wie die Frage nach der Effizienz von Multiplikatorenmodellen und dem Versuch, durch sie den Transfer von Lernkonzepten/Medien zu fördern. Daher ist – bei aller zu Seminarende erfolgter positiver Resonanz auf chinesischer Seite – hierzu Skepsis angebracht. Mehrfache Versuche wurden gemacht, um Umsetzung und Weiterführung der Seminarinhalte und –ziele abzusichern. So wurde bereits während des Medienseminars in Peking versucht, Bildungspolitiker und -experten in die angestrebte Implementation der Seminarinhalte im Rahmen von Weiterbildung einzubeziehen. Mit Lehrern des Seminars fanden ausführliche Gespräche statt, wie sie nach der Rückkehr an ihren Schulen in den Kollegien die gewonnenen Erfahrungen verbreiten und umsetzen können. Mit Lehrerstudenten und Doktoranden von chinesischen Universitäten, denen an der Universität Bremen das Medienseminar vorgestellt worden war, wurden Möglichkeiten diskutiert, wie die neuen Konzepte beruflicher Bildung in eine veränderte Lehrerausbildung Eingang finden könnten.

4. Medientransfer und interkulturelles Lernen

Die mehrjährige Zusammenarbeit zwischen beiden Projektgruppen hatte zu vielfältigen Erfahrungen und konkreten Ergebnissen geführt. Einblick in Einsatz und Verwendung von chinesischen und deutschen Lernmaterialien/Filmen, konnte gewonnen werden. Probleme des Medientransfers konnten bestimmt, Erfahrungen mit einem Medienseminar für chinesische Multiplikatoren gewonnen werden. Dennoch blieben nach wie vor viele Fragen eines erfolgreichen Medientransfers offen.

Für die weitere gemeinsame Arbeit war wesentlich: in beiden Projektgruppen wuchs das Bewusstsein, dass sich neben der Frage eines erfolgreichen Medientransfers vor allem Fragen des interkulturellen Lernens zwischen beiden Ländern stellten. Diese veränderte bzw. erweiterte Fragestellung rückte ins Zentrum eines weiteren Workshops, der wiederum in Berlin stattfand.

Der Transferprozess von Bildungsinhalten, Lernkonzepten und Medien zwischen beiden Ländern wurde nicht mehr als „Einbahnstraße" begriffen. Interkulturelles Lernen, der Versuch einer Annäherung an das Thema, waren Ziel des Treffens zwischen chinesischen und deutschen Bildungsforschern, GTZ-Langzeitexperten, Filmspezialisten, Forschern und Trainern für interkulturelle Kommunikation und einer Sinologin.

Zunächst wurde erneut darüber diskutiert, auf welche Probleme und Schwierigkeiten Medientransfer stößt, wenn deutsche Lernkonzepte/Filme im Rahmen der chinesischen beruflichen Bildung verwendet werden. Aber im Mittelpunkt standen nun vor allem kulturbedingte Unterschiede zwischen deutschem und chinesischem Lernen – mit entsprechenden Konsequenzen für Rezeption und Umsetzung von Lernmaterialien. So stellten sich die Teilnehmer die Frage: Wie wirken sich kulturgeprägte, d.h. möglicherweise andere Formen der Wahrnehmung, eines anderen Lernens, andere hierarchische Strukturen u.a.m. auf den Wahrnehmungs- und Lernprozess aus? Wie können diese Zusammenhänge verstanden und definiert werden?

4.1 Wesentliche Ergebnisse aus der Diskussion

4.1.1 Rahmenbedingungen

Auch bei diesem Arbeitstreffen wurde die große Bedeutung von Rahmenbedingungen für Transferprozesse und interkulturelles Lernen hervorgehoben. Einen wesentlichen, kulturbedingten Faktor stellen die erheblichen Klassengrößen an chinesischen Schulen (in der Regel mehr als 50 Schüler) dar, mit vollkommen anderem Lernverhalten („es wird nicht diskutiert, es wird nicht geredet, es wird nicht gefragt und geantwortet"). Als generelles Problem wird der mangelnde Anwendungsbezug von Technik im Unterricht gesehen. D.h. ein Transfer von Anwendungsbezug in die Praxis fehlt weitgehend. Eine strategische Bedeutung bei der Verwendung von deutschen Lernkonzepten/Filmen an chinesischen Schulen kommt der Wahl der Lernorte zu. Sie ist entscheidend für deren Transfer und Akzeptanz. Als wesentlich werden ebenso die mangelnder Erkenntnis der betrieblichen Realität auf berufschulischer Seite, sowie die uneingeschränkte Bedeutung des – strategischen – Gebrauchs von technischen Geräten für die Rolle im hierarchischen System der entsprechenden Bildungsinstitutionen eingeschätzt.

4.2 Kulturbedingte Kommunikationsmuster und Denkstrukturen

Diese Kriterien berühren den eigentlichen Kern der Probleme, die im Zusammenhang mit der Verwendung deutscher Lernkonzepte/-medien/-filme in chinesischen Bildungsinstitutionen entstehen. Teilnehmer des Arbeitstreffens verwiesen auf die außergewöhnliche Schwierigkeit der Frage, mit der sich schon „ganze Bataillone vergleichender Erziehungswissenschaftler" befasst und versucht haben. Kein anderer Aspekt wurde daher während des Workshops so kontrovers diskutiert.

Es zeigte sich, dass die öffentliche Diskussion weitgehend noch von Klischees geprägt ist, von westlichen Vorurteilen gegenüber „typisch"-chinesischen Denkstrukturen und Kommunikationsmustern. Auf eine noch immer weitverbreitete Unfähigkeit wurde verwiesen, sich unbefangen und wertfrei einer anderen Kultur zu öffnen, die bis heute tiefgreifend - vor allem auch im Bildungsbereich - vom Konfuzianismus geprägt sei.

Wie angedeutet, verlief die Diskussion über ein spezifisch asiatisches (oder gar chinesisches) Lernverhalten ausgesprochen kontrovers: Bei der Beurteilung von Lernvorgängen in chinesisch-sprachlichen Gemeinschaften wurden unterschiedliche Positionen sichtbar: so verwiesen Experten auf eine ihres Erachtens falsche Interpretation von Lernprozessen, wenn Chinesen vorwiegend nicht-kreatives Lernverhalten im Sinne von Auswendiglernen zugeschrieben werde.

Der sprachlichen Ebene kommt im interkulturellen Lernen zentrale Bedeutung zu. In dem gemeinsamen Projekt zeigte sich, dass nicht hinreichend reflektiert wurde, welche Wertigkeit von beiden Seiten der sprachlichen Ebene beigemessen wird. So zeigt sich z.B. beim Vergleich der deutschen und chinesischen Texte in den Projektinfos, dass sich der deutsche Text nur mit der sachlichen Ebene befasst, während die gesamte kommunikative Ebene, die aus chinesischer Sicht sehr wesentlich ist, im deutschen Text entfällt.

Im Dialog mit chinesischen Kollegen wurde immer wieder deutlich, dass bei diesen zum Teil völlig andere Vorstellungen über Begriffe bestehen. Bei aller Skepsis gegenüber den gängigen Klischees, wird in derzeit relevanten Forschungsansätzen, so Experten des Workshops, davon ausgegangen: es gibt unterschiedliche Formen von Wahrnehmung und unterschiedliche Kommunikationsstile. In dem Zusammenhang wurde vorgeschlagen, eher von unterschiedlichen „Lebenswelten" mit entsprechenden Differenzierungen in Deutungsmustern zu sprechen. Statt des Terminus „interkulturelles Training" sollte „interkulturelle Sensibilisierung" verwendet werden. Bezogen auf die Sprache bedeutet dies: ein Begriff ist als Ergebnis je unterschiedlicher Deutungsmuster von Lebenswelten entsprechend vorinterpretiert, mit entsprechenden Konsequenzen für die Kommunikation.

In China hat die Kombination von Sprache und Bild eine lange Tradition: Schrift kann Bild und Bild kann Schrift sein; bzw.: Schrift ist im Bild integriert. In China sind die für deutsche Filme geltenden Prinzipien, dass Schrift bzw. Sprache möglichst nicht den Inhalt der Filme wiederholen sollten, umgekehrt: Bild und Schrift sollten einander entsprechen (vielleicht sogar identisch sein). Die chinesische Sprache, die wesentlich bildhafter als die abstraktere deutsche Sprache ist, gibt darüber hinaus zusätzliche Bilder zum Film. In jedem Zeichen steckt ein konkreter Begriff. Moderne Begriffe entstehen aus der Kombination alter Zeichen.

Insgesamt bleibt festzuhalten: bei der Verwendung deutscher Filme an chinesischen Bildungsinstitutionen ist mit erheblichen Schwierigkeiten zu rechnen. Wie sollten die Filme kommentiert werden, mit welchen Begleitmaterialien versehen sein, um die durch sie intendierten Botschaften (Beobachtungsaufträge u.a.m.) auf Seiten der Schüler erfüllen zu können? Dies sind Fragen, die in zukünftigen Kooperationsprojekten einer Klärung bedürfen.

5. Schlussbetrachtung

5.1 Allgemeine Einschätzung

Das deutsch-chinesische Vorhaben wurde 1996 mit dem auf hoher politischer Ebene formulierten Ziel einer Verbesserung des wechselseitigen Verständnisses der Berufsbildungsbedingungen in der Volksrepublik China und der Bundesrepublik Deutschland begonnen. Beachtenswerte Fortschritte und konkrete Ergebnisse konnten erreicht werden. Das wechselseitige Verständnis für Struktur und Inhalte der beruflichen Bildung des Anderen konnte erweitert und in vielfältiger Weise vertieft werden. Wie sind vor diesem Hintergrund, über bereits dargestellte Ergebnisse hinaus, die Erfahrungen zum Thema „Medientransfer und interkulturelles Lernen" zu bewerten?

Das vielleicht wichtigste Ergebnis ist die Einsicht, dass der Zeitfaktor für Planung und Durchführung derartiger, länderübergreifender Projekte beim Aufeinandertreffen – noch zutiefst unterschiedlicher Kulturen und hierdurch geprägter Berufsbildungssysteme – entscheidend ist. Kulturen mit jeweils unterschiedlichen, weitreichenden Konsequenzen für Lernen und Arbeiten und Leben treffen aufeinander. Beide Seiten wussten, wie der Verlauf des gemeinsamen Projekts zeigte, sehr wenig voneinander. Und beide Seiten versuchten, die offenkundigen Defizite in einem gemeinsamen Erfahrungsprozess zu reduzieren.

Projektgruppen mit - in Theorie und Praxis - unterschiedlichen Vorstellungen und Konzepten von beruflicher Bildung planten und arbeiteten für eine begrenzte Zeit gemeinsam. Sie lernten voneinander, beide Seiten veränderten sich in der Sichtweise „des Andern" und in der Wahrnehmung eigener Positionen. So ist der Zuwachs an gegenseitigen Erfahrungen und Erkenntnissen über das jeweils andere System beruflicher Bildung positiv zu bewerten. Sichtbar ist auch der Zuwachs an Erkenntnissen, wie der Transferprozess von deutschen Lernkonzepten/Medien im chinesischen Bildungssystem gefördert werden kann und worauf besonders geachtet werden sollte.

5.2 Projektkonzeption

Bei länderübergreifenden Kooperationsmodellen entscheidet die gewählte Projektkonzeption und – Strategie von Beginn an darüber, ob die „Einbahnstraße" zugunsten einer offenen Begegnung zwischen unterschiedlichen Kulturen verlassen werden kann. Hinreichende, von beiden Seiten getragene Zieldiskussionen verhindern in der Regel den – auch im deutsch-chinesischen Vorhaben verbreiteten – Eindruck eines Ungleichgewichts in der Kooperation. Über Prioritäten in Zielen und Inhalten sollte Einvernehmen bestehen. Die gewählte Zeitdimension für das Projekt sollte für beide Seiten – auch hinsichtlich bestehender Personalkapazitäten – realistisch sein. Über unterschiedliche Zielgruppen und Themen bei Entwicklung und Untersuchungen in den Ländern sollte Klarheit bestehen, d.h. sie sollten gemeinsam bestimmt werden. Zukünftige Projektkooperationen sollten versuchen, die hier angedeuteten Erfahrungen entsprechend zu nutzen und umzusetzen.

5.3 Strategien für den zukünftigen Einsatz und die Verwendung von Lernmaterialien und Filmen

Abschließend noch einige Hinweise zur didaktischen und bildungspolitisch strategischen Verwendung von Filmen. Der angestrebte Reformprozess im chinesischen Bildungswesen kann nur durch neue Technologien, mit neuen Denkstrukturen und veränderten Qualifikationen/Qualifikationsprofilen fortgeführt werden. Filme können in diesem Prozess eine wesentliche Rolle übernehmen. Allerdings reicht das einfache Übersetzen deutscher Filmkommentare nicht aus. Sie müssen durch entsprechende begleitende Maßnahmen ergänzt und erweitert werden.

Der bisher noch beobachtbare, eher zögerliche Einsatz von Medien, die aus traditionell chinesischer Sicht einen effizienten, direkten Vermittlungsprozess zwischen Lehrenden und Lernenden eher unterbrechen, ist gebunden an ihre Verfügbarkeit, sowie die Einsicht der entscheidenden Stelle (z.B. der Schulleitung) in ihre didaktische Notwendigkeit. Dem sollte auch durch entsprechende bildungspolitisch wirksame Maßnahmen begegnet werden.
Aus der Sicht der GTZ-Experten sollte es primäres Ziel sein, Medien/Filme zu transferieren, die den Praxisbezug herstellen und unterstützen. Sehr viel weniger gilt dies für den theoretischen Unterrichtsbereich. Demnach sollten vorallem Lernmaterialien transferiert werden, die handlungsorientierten Unterricht exemplarisch abbilden.

Eine bloße Übersetzung der Medien/Filme reicht nicht aus. Negative Konsequenzen hinsichtlich des Transfers in die Praxis sind damit verbunden. Bei den in der Regel eingesetzten deutschen Filmen fehlen veränderte bzw. erweiterte Kommentare und Begleitmaterialien, um entsprechende Missverständnisse dieser Filme auf chinesischer Seite zu vermeiden.

Für die zukünftige Entwicklung, Einführung und Verwendung von Lernmaterialien wird eine mehrstufige Strategie vorgeschlagen: Filme sollten grundsätzlich von chinesischer und deutscher Seite gemeinsam konzipiert werden. Ihre Einführung und Verbreitung sollte dann über Multiplikatorenprojekte erfolgen. In dem Zusammenhang wurde u.a. auf die Tongji-Universität in Shanghai verwiesen, in der solche Projekte als Bestandteil in die Ausbildung von Berufsschullehrern integriert werden könnten. Darüber hinaus kommt dem Ausbau landesweiter Lehrerfortbildung durch die derzeit überregional eingerichteten weiteren Berufsbildungsinstitute (RIBBs) in China zentrale Bedeutung zu.

Literatur:

Projektinfo zum deutsch-chinesischen Projekt, 1 (1996); Bundesinstitut für Berufsbildung, Bonn

Projektinfo zum deutsch-chinesischen Projekt, 2 (1997); Bundesinstitut für Berufsbildung, Bonn

Projektinfo zum deutsch-chinesischen Projekt, 3 (1998); Bundesinstitut für Berufsbildung, Bonn
Projektinfo zum deutsch-chinesischen Projekt, 4 (1998); Bundesinstitut für Berufsbildung, Bonn

Kurzbiographie

Hans Dieter EHEIM; geb. 1940 in Oehringen/Baden-Württemberg; Psychologiestudium und Abschluss 1967 in Tübingen. Seit 1968 Bildungsforschung: zunächst in Hannover zur Reform des allgemeinbildenden Schulwesens; seit 1976 in Berlin Berufsbildungsforschung am Bundesinstitut für Berufsbildung. Medienforschung in unterschiedlichen Berufsfeldern. Schwerpunkte: Evaluation, Qualifizierungsstrategien, Implementation, Transfer. 1996-98 Mitarbeit in einem deutsch-chinesischen Vorhaben zu Fragen von Medientransfer und interkulturellem Lernen. Anschrift: Pfalzburgerstraße 74, 10719 Berlin, Tel.: 030-883 4808.

Siegfried Meschede

Interkulturelle Erziehungsarbeit an der Deutschen Schule Peking

The „Deutsche Botschaftsschule Peking" (German Embassy School Beijing) is a completely structured „Auslandsschule" (school abroad). It is aimed at enabling children of resident German to pass their school career according to what Germans expect of school conceptions. That means that intercultural education cannot be considered as a main goal of this school. Nonetheless there are curricular and extra-curricular activities which are initiated to provide the pupils with an insight into their host country.

Die Deutsche Botschaftsschule Peking (DSP) ist eine voll ausgebaute deutschsprachige Auslandsschule, die von den entsprechenden deutschen Stellen gefördert wird. 1999 fand erstmals die Reifeprüfung statt. Damit ist der Ausbau der Schule, der vor 21 Jahren begonnen hatte, abgeschlossen. Die Schule ist einzügig, sie wird von etwa 230 Schülern und 60 Kindern im Kindergarten besucht. An der DSP können alle deutschsprechenden Schüler aufgenommen werden, mit Ausnahme von chinesischen Staatsbürgern. Zur Zeit besuchen Schüler aus 16 Nationen die Schule, viele der nicht-deutschen Schüler haben eine doppelte Staatsangehörigkeit. Interkulturelle Erziehungsarbeit ist in der Vergangenheit nicht sehr intensiv gepflegt worden.

Die erste Deutsche Schule in Peking wurde 1914 gegründet. Zielsetzung war: " ... für deutsche Kultur und deutsche Art unter den Angehörigen anderer Länder verständnisvoll zu werben". (1914 –1934, S. 10). Damals war es das deutsche Wesen, an dem sich die Welt orientieren sollte und wollte: " Die Zahl der für deutschen Unterricht und deutsche Schulerziehung interessierten Chinesen ist in Peking nicht gering. ... Der Schulvorstand ist sich der Aufgabe bewusst, die seiner hier harrt, die den wichtigen kulturellen Wert in sich birgt: ohne gesundheitliche, geistige und sittliche Schädigung der deutschen Schulkinder die Kinder aus den besten chinesischen Kreisen an der straffen Geistes- und Charakterschulung, die deutsche Art ist, teilnehmen zu lassen.... " (1914 – 1934, S. 10).

Immerhin war es damals möglich, chinesische Schüler aufzunehmen und die Schülerzahl von 1937 zeigt, dass von dieser Möglichkeit Gebrauch gemacht wurde: von 46 Schülern waren 29 "nicht reichsdeutsch" .
Wie sich die Situation geändert hat! Im Gegensatz zu damals könnten wir heute vielleicht umgekehrt vom Lernwillen und der Disziplin in chinesischen Schulen lernen!?

In der Schulordnung der Deutschen Botschaftsschule Peking heißt es:

> "Die Schule vermittelt den Schülern die deutsche Sprache, deutsche Bildungsinhalte und ein wirklichkeitsgerechtes Deutschlandbild in seinen mannigfaltigen Aspekten. Darüber hinaus stellt sich die Schule die Aufgabe, die Schüler mit der Kultur und der Sprache der Volksrepublik China vertraut zu machen, sowie im Rahmen des Möglichen durch außerschulische Aktivitäten menschliche und kulturelle Verbindungen zu pflegen und gegenseitiges Verständnis zu fördern." (Schulordnung 1.2)

Diese beiden Sätze tauchen – wörtlich – auch in der Satzung des Deutschen Schulvereins Peking wieder auf. Damit sind die Prioritäten festgelegt: Interkulturelle Arbeit steht nicht im Mittelpunkt der Erziehungsarbeit an der DSP, sondern nur "darüber hinaus" und "im Rahmen des Möglichen". Dennoch sind sich fast alle am Schulleben Beteiligten darüber einig, dass die im zweiten Satz formulierten Ziele es wert sind angestrebt zu werden. Doch wie sieht die Praxis aus? Dazu einige Vorbemerkungen.

- Die DSP ist eine rein deutschsprachige Auslandsschule. Sie unterscheidet sich dadurch von den meisten anderen deutschen Schulen im Ausland, die als Begegnungsschulen konzipiert sind und dadurch ganz andere Möglichkeiten des interkulturellen Austausches haben. Nach den Bestimmungen des Gastlandes darf die DSP keine Schüler chinesischer Staatsangehörigkeit aufnehmen, es sei denn, sie bekommen eine (schwer zu erhaltende) Ausnahmegenehmigung. Eine Begegnung im Rahmen des Unterrichts ist also von vornherein erschwert bzw. unmöglich gemacht.
- Die DSP ist an deutschen Bildungszielen orientiert und führt zu deutschen Abschlüssen. Das bedeutet, dass auch die Lehrpläne und Stundentafeln auf den deutschen Unterricht abgestimmt sein müssen. (Unser Orientierungsland ist weitgehend Nordrhein-Westfalen.)
- Die DSP ist keine Ganztagesschule. Die Stundentafel wird weitgehend im Rahmen des Vormittags abgearbeitet. Dadurch fehlt es an Zeit, die notwendig wäre um sich anderen Bildungszielen zu nähern.

Im Rahmen dieser Vorbemerkungen wird interkulturelle Erziehungsarbeit auf verschiedenen Ebenen geleistet:

- Im *Ergänzungsbereich der Stundentafel* für die Klassen 1 – 4 ist jeweils eine Stunde für Chinakunde ausgewiesen. Für die Klassen 5 –10 stehen zwei Stunden Chinesisch in der Stundentafel. In der Praxis ergeben sich einige Schwierigkeiten diese Stunden entsprechend umzusetzen: Neue Lehrerinnen und Lehrer in der Grundschule müssen sich erst mit den kulturellen Gegebenheiten des Gastlandes vertraut machen, bevor sie diese Erkenntnisse altersgemäß weitergeben können. Das ist in der Regel nicht gleich zu Anfang zu erwarten. Der Chinesisch-Unterricht in den Klassen 5 – 10 muss leistungsdifferenziert angeboten werden, denn einige Schüler sprechen schon beinahe fließend, die Mehrzahl steckt in den Anfängen, die Neuen haben noch keine Ahnung. Doch wo sollen wir 5 oder 6 chinesische Lehrer finden, die den Forderungen nach einem guten altersgemäßen und methodisch abwechslungsreichen Unterricht entsprechen können? Nach einem Versuch im ersten Jahr und der zum Teil sehr schnell einsetzenden Ernüchterung und Erkenntnis bei den meisten chinesischen Kolleginnen und Kollegen, dass sie mit den Klassen nicht zurecht kommen, sind wir reumütig zur guten alten Arbeitsgemeinschaft und dem freiwilligen Unterrichtsangebot zurückgekehrt. In diese Arbeitsgemeinschaften kommen naturgemäß nur die lernwilligen deutschen Schüler. Aber das sind leider recht wenige.

- In die *Lehrpläne* der einzelnen Fächer sind chinakundliche Themen eingearbeitet. Das ist vor allen in den Fächern Geschichte, Erdkunde, Deutsch, Gemeinschaftskunde, Biologie und Bildende Kunst der Fall. In diesen Fächern nutzen wir auch immer wieder die Gelegenheit, vor Ort tätige Experten, chinesische oder auch deutsche, in den Unterricht einzubeziehen und von deren Erfahrung zu profitieren.
- Das reichhaltige Angebot an *Arbeitsgemeinschaften* umfasst neben dem Fach Chinesisch auch andere chinesische Fächer, wie Kung Fu, Kalligraphie oder chinesische Geschichte. Es kommt jedoch immer darauf an, geeignete Experten zu finden, die fähig und bereit sind ihr Wissen und ihre Erfahrung an deutsche Schüler weiterzugeben.
- Auch *Projekttage* sind willkommener Anlass, sich dem Thema China unter anderen Vorzeichen zu nähern. Projekttage haben einen festen Stellenwert im Leben der Schule und dienen meistens dazu, diesen chinakundlichen Aspekt zu verstärken. Während der Projekttage holen wir bevorzugt chinesische Fachleute an die Schule. Und nicht nur Schüler, sondern auch Eltern sind mit großer Begeisterung dabei, Grundzüge der chinesischen Malerei, der Stempelschneidekunst oder der Fußzonenreflexmassage zu erlernen. Der Tag der Präsentation aller Projekte ist für die ganze Schulgemeinschaft ein hochinteressanter "chinesischer" Tag.
- Jedes Jahr kann eine Klasse eine Woche eine *Jahresfahrt* unternehmen. Ihr Radius umfasst ganz China. Hierbei erhalten unsere Schüler einen intensiven und lebendigen Unterricht, der weit darüber hinaus geht, was im Klassenzimmer vermittelt werden kann. Besonders lohnende Ziele sind die "alte deutsche Kolonie" Qingdao (Tsingtau), das buddhistische Kloster Xiahe, das Shaolin-Kloster mit seiner Gongfu (Kung Fu) Tradition, die Sommerresidenz der chinesischen Kaiser, Chengde, mit der Übernachtung in Jurten.
- Wenn man im Unterricht aus aktuellem Anlass auf Phänomene zu sprechen kommt, die sich in der Umgebung von Peking besichtigen lassen, stehen selbstverständlich *Exkursionen* auf dem Programm. Gerne besuchte Ziele sind der chinesische Zoo, der Lama- und der Konfuzius-Tempel, aber auch aktuelle Ausstellungen wie z.B. die zu Marco Polo.

- Seit kurzem haben wir mit einer *chinesischen Mittelschule* Kontakt. Diese Mittelschule ist eine der wenigen, die Deutsch als Unterrichtsfach anbietet. Sie hat ihrerseits partnerschaftliche Kontakte zu Berlin (im Rahmen der Städtepartnerschaft Peking – Berlin) und erhält seit kurzem auch Unterstützung vom deutschen Staat durch die Entsendung einer deutschen Sprachlehrerin. Erschwerend für diesen partnerschaftlichen Kontakt ist die große Entfernung zur Schule. Man fährt mindestens eine Stunde im Bus um zur Partnerschule zu gelangen. Doch sind erste Kontakte geknüpft, gegenseitige Begegnungsmaßnahmen eingeleitet, und wir hoffen alle, dass es zu einer fruchtbaren weiteren Partnerschaft kommt.
- Schließlich wird auch im Kontakt mit *anderen internationalen Schulen* interkulturelle Erziehungsarbeit geleistet: Auf offizieller Ebene finden Begegnungen im Rahmen von Schüleraustausch mit der französischen Schule statt und werden Sportturniere mit der japanischen, französischen und russischen Schule durchgeführt. Auf informeller Ebene durchmischt sich das Völkchen der internationalen Community mehr oder weniger stark, auch auf der Ebene der Jugendlichen. Hier ist der Kontakt mit den verschiedenen englischsprachigen Schulen besonders ausgeprägt.
- Die DSP ist auch ein gern besuchtes Ziel für *chinesische Studenten*, die beim Goethe-Institut, beim DAAD oder auf den verschiedenen Universitäten Deutsch gelernt haben und nun eine deutsche Schule und deutschen Unterricht kennenlernen wollen. Sie sind immer sehr beeindruckt von der ungewohnten Unterrichtsmethode mit seiner lebendigen Unterrichtsatmosphäre, den kleinen Klassen und der guten Ausstattung.

Das entscheidende Hindernis beim Versuch einer interkulturellen Erziehungsarbeit ist immer wieder die Sprache. Chinesisch ist eben nicht – wie die meisten europäischen Sprachen – in relativ kurzer Zeit oder durch den sprachlichen Kontakt mit der Umgebung zu erlernen, sondern es bedarf eines intensiven, mühevollen Studiums um auch nur die Anfänge einer Konversation glücklich bewältigen zu können. Da andererseits Englisch als "Lingua Franca" von den meisten Chinesen nicht gut beherrscht wird, stellt sich immer wieder der Mangel an Sprachbeherrschung als Kommunikationshindernis Nummer Eins heraus.

Auch die manchmal nur recht kurze Verweildauer deutscher Lehrer an der Schule (oftmals nur zwei Jahre oder weniger) erschwert die Vermittlung kultureller Kontakte mit dem Gastland. Denn man kann nur das gut und überzeugend vermitteln, was man selbst erfahren und erlebt hat. Selbstkritisch gesprochen: mit größerem finanziellem und zeitlichem Aufwand könnte mehr erreicht werden. Insgesamt gesehen ist die interkulturelle Erziehungsarbeit ein zartes Pflänzchen, aber wir geben die Hoffnung nicht auf, dass sich daraus eine kräftige Staude entwickeln kann.

Literatur

Schulordnung der DSP vom 24.8.1989 Nr. 1.2 (Auftrag und Bildungsziel der Schule). (Zitiert als: Schulordnung)

1914 – 1934 Zwanzig Jahre Deutsche Schule Peking. Bericht über die Entwicklung der Deutschen Schule in Peking, China. Von Studienassessor Dr. K. GRUBER z.Zt. Lehrer an der Deutschen Schule Peking. Tientsin-Peiping 1934 . (Zitiert als: 1914 – 1934.)

Kurzbiographie:

Oberstudiendirektor Siegfried MESCHEDE, geb. 1941; Studium der Fächer Deutsch und Sport in Tübingen und München; seit 1970 im Schuldienst des Landes BW; 1973-75 Leiter einer "Expertenschule" in Bangalore/Indien; 1985–97 Leiter des Wilhelms-Gymnasiums Stuttgart-Degerloch; seit 1997 Leiter der Deutschen Botschaftsschule Peking.

Anschrift: Deutsche Schule Peking, c/o Deutsche Botschaft Beijing, Postfach 1500, 53105 Bonn.

Nachwort von Wolfgang Mitter

Wohin geht die Transformation von Chinas Bildungswesen?

1. Die kontroverse Debatte, die seit einigen Jahren über Begriff und Realität der *Globalisierung* geführt wird, ist durch ihre Verknüpfung mit den Untersuchungen zur *Transformation* erweitert und bereichert worden. Dieser Begriff ist bereits zwischen den beiden Weltkriegen entstanden. Seit den späten achtziger Jahren hat er insofern eine beachtliche Ausweitung erfahren, als er zur Kennzeichnung der Prozesse eingeführt worden ist, welche die Umbrüche in den Nachfolgestaaten der Sowjetunion und den „real-sozialistischen" Staaten Mittel- und Südosteuropas vergleichbar macht. Der zweite bedeutsame Anwendungsbereich bezieht sich auf Südafrika zur Kennzeichnung des dort ablaufenden Umbruchs vom Apartheidsystem zu einer demokratischen Gesellschafts- und Staatsordnung. Die Umbrüche in beiden Weltregionen, die zumindest in bezug auf ihre Dynamik weder Politiker noch Wissenschaftler vorhergesehen hatten, stellen in ihrer Neuartigkeit vielfach ganz neue, bisher unübliche Anforderungen an die Steuerbarkeit vergleichbarer Gesellschaftssysteme und deren Subsysteme, unter diesen des Bildungssystems.

Im zurückliegenden Jahrzehnt hat sich eine vornehmlich wirtschafts- und politikwissenschaftlich dominierte Transformationsforschung ausgeformt. Sie stellt ein relativ heterogenes Forschungsfeld dar, sowohl unter thematischem und methodischem als auch unter theoretischem Aspekt. Der Begriff *Transformation* hat sich inzwischen zwar eingebürgert; eine präzise und eindeutige theoretische Klärung ist indes noch nicht geleistet worden. Dieses Forschungsdefizit legt den Grund zur Diskussion über theoretische Grundfragen des Forschungsfeldes. Eine grobe Kommentierung, auf die sich unsere Schlußbetrachtungen beschränken, führt zu Aussagen über den Forschungsstand in den folgenden grundlegenden Problemfeldern.

- Die *Begriffsklärung* wird dadurch grundsätzlich erschwert, daß die Begriffe *Transformation* und *Transition* konkurrieren. Es gibt wohl Versuche, die Begriffsinhalte gegeneinander abzugrenzen. Während demnach Transformation auf Prozesse bezogen wird, in denen ein Gestaltungswille der (im umfassenden Sinn) führenden politischen Kräfte erkennbar ist, betont Transition Übergangsprozesse, die innerhalb der Gesellschaft auch ohne erkennbaren Gestaltungswillen, ausgelöst und wirksam werden. Durchgesetzt hat sich diese Unterscheidung jedoch nicht (OFFE 1991; DORNER 1999).
- Einigkeit besteht in der Diskussion über die wesentlichen *Zielrichtungen heutiger Transformationsprozesse*: Marktwirtschaft, Zivilgesellschaft, Demokratie. In

differenzierteren Betrachtungsweisen wird diese Grundorientierung erweitert im Hinblick auf: Entstehung einer Mittelklasse; Kulturwandel (in bezug auf Sprachengebrauch und Sprachendominanz im öffentlichen Leben; religiöse Erneuerung; Pluralität von Erscheinungsformen in Literatur, Musik, Architektur und bildender Kunst; Wiedergeburt oder Entstehung „nationaler Identitäten"; Veränderungen individueller Lebensmuster und Wertvorstellungen (mit Widerspiegelungen in Einstellungen zu Familie, Eigentum, Arbeit und Natur; Veränderungen in Elitestrukturen; schließlich auch: Wandlungen im formalen und nicht-formalen Bildungs- und Erziehungswesen (siehe unten).

- Diskutiert wird der *Ablauf von Transformationsprozessen*, wobei das Fünf-Phasenmodell weithin akzeptiert wird, das von dem politischen Umbruch als auslösendem Moment ausgeht. Es folgen nach diesem Modell der Zerfall bzw. die Auflösung des alten Systems, die Einführung neuer politischer, wirtschaftlicher und gesellschaftlicher Strukturen, eine Stabilisierung des neuen Systems, schließlich die Festigung dieser Strukturen (bezogen auf die Selbstregulierungsfähigkeit des neuen Systems). Im Gesamtkontext dieser Diskussionen hat die Frage nach dem „Dilemma der Gleichzeitigkeit" (OFFE 1991) besondere Aufmerksamkeit erregt, die sich auf das Verhältnis zwischen den erwähnten wesentlichen Zielrichtungen konzentriert (siehe 1). Diese Frage wird bis heute kontrovers diskutiert, wobei der Rückgriff auf Aussagen, die in der Spätphase der kommunistischen Systeme in Ost- und Mitteleuropa getroffen wurden, die historische Dimension der Sichtweisen erweitert (YOUNG 1984; HUNTINGTON 1984).
- Die Konzentration der Transformationsforschung auf Ost- und Mitteleuropa scheint die Frage nach der Reichweite von Transformationsprozessen in den Hintergrund zu drängen. Dieser Beschränkung auf umfassende und radikale Prozesse wird aber mit dem Argument widersprochen, daß auch *partielle* Veränderungen sozialpolitischer bzw. ökonomischer Strukturen in die Analyse einzubeziehen seien. Beispielsweise geht es hierbei um die in der zweiten Hälfte des 20. Jahrhunderts in Südeuropa, Lateinamerika und Südostasien abgelaufenen bzw. ablaufenden Veränderungen (SANDSCHNEIDER 1994). Lassen sich beispielsweise in diesem Zusammenhang nicht Dekolonisierungsprozesse im allgemeinen dieser Diskussion zuordnen?
- Die gegenwärtige Transformationsforschung reiht sich in die multidisziplinären Forschungsanstrengungen ein, innerhalb derer der Begriff Modernisierung zentrale Bedeutung hat und seine Widerspiegelung in der gesellschaftlichen Realität untersucht wird. Die unter den Begriffen *Globalisierung* und *Zweite Moderne* (BECK 1997) entfachte Diskussion hat diese Anstrengungen modifiziert, aber nicht ersetzt. Modernisierung erscheint in diesen Denkansätzen als *teleologischer* Begriff. Er beruht substantiell auf Vorstellungen von einer globalen (oder regionalen) „Aufwärtsentwicklung" der

Menschheit zu „höheren" Strukturen, wie sie durch Marktwirtschaft, Zivilgesellschaft und Demokratie zum Ausdruck kommen. Für die Transformationsforschung stellt sich unter diesem Aspekt jedoch auch die Frage nach dem Umgang mit Veränderungsprozessen, in denen zwar politischer Gestaltungswille erkennbar ist und auch die Anwendung des skizzierten Fünf-Phasenmodells zur Anwendung gelangen kann, die Anwendung des Begriffs Modernisierung in dessen teleologischer Orientierung aber nicht oder zumindest nur für Teilbereiche möglich ist. In diesem Kontext ist an die gegenwärtig zu beobachtenden Transformationsansätze im Iran, aber auch an die Frage zu denken, ob die Periode des „Dritten Reiches" in bezug auf die in ihr identifizierten „modernen" Elemente unter dem Begriff Transformation erfaßt und gedeutet werden kann.

- Schließlich wird die Transformationsforschung durch die *erkenntnistheoretisch* wie *wissenssoziologisch* begründete Spannung zwischen dem historischen und dem sozialwissenschaftlichen *Ansatz* bestimmt. Geht es bei jenem um die Herausarbeitung singulär ablaufender, nationaler oder regionaler bestimmter Prozesse, konzentriert sich dieser auf die theoretischen Modelle, die Grundlagen zur Vergleichbarkeit (im Hinblick auf Analogien und Differenzen) liefern sollen. Es scheint, daß sich mit der fortlaufenden Forschung eine Annäherung beider Ansätze andeutet, die auf der Anerkennung der Komplementarität beider beruht. Anregungen hierzu bietet der Rückgriff auf die „klassische" Totalitarismusforschung. Zu erwähnen ist in diesem Zusammenhang auch das Hinzutreten des sozial- und kognitionspsychologischen Forschungsansatzes, der aus dem fortschreitenden Interesse an den Veränderungen individueller Lebensmuster und sozialer Lebenswelten resultiert.

Die meisten dieser Untersuchungen und Diskussionen reihen sich in die zahlreichen einschlägigen Forschungsprojekte ein, die sich aus ganz verschiedenen Perspektiven mit dem als „Transformation" bezeichneten aktuellen gesellschaftlichen Veränderungsprozessen in verschieden en Weltreligionen beschäftigen.

2. Es dürfte kein Zweifel daran bestehen, daß *China* als herausragendes Beispiel einer mehrschichtigen Transformation einzustufen ist. Diese Aussage gilt zum einen für die gesamte Entwicklung des Landes seit dem Sturz des jahrtausendealten Kaiserreichs (und dessen Vorgeschichte) mit ihren Brüchen und Veränderungen, zum anderen für die jüngste Periode, welche China seit dem Ende der Kulturrevolution am Ende der siebziger Jahre durchläuft.

Die letzten beiden Jahrzehnte stehen unter dem Programm eines gesellschaftlichen Wandels, der das Land aus der maoistischen Radikalität zu einem System führen soll, dessen wirtschaftliche Komponente von seinen Führern als „sozialistische Marktwirtschaft" bezeichnet wird. Damit ist offiziell der Transformationsprozeß auf das Wirtschaftssystem beschränkt. Ob er im Sinne umfassender Transformation auf die Entwicklung einer Zivilgesellschaft und einer demokratischen Staatsordnung ausgeweitet wird, ist derzeit nur in ersten Ansätzen zu erkennen. Ihnen wird künftig verstärkte Aufmerksamkeit zuteil werden müssen. Dabei geht es zum einen um die Prozesse auf der Makro-Ebene mit deren sozioökomischen und politischen sowie rechtlichen Strukturen, beispielsweise die bereits heute zu beobachtenden Einschränkung der politischen Zentralgewalt zugunsten dezentraler Kompetenzen sowie die Veränderungen in den Elitestrukturen. Zum anderen stellt die Mikro-Ebene einen wesentlichen Indikator dar; auf ihr stehen Veränderungen von Lebensmustern und Wertvorstellungen bei Individuen und Kleingruppen auf dem Prüfstand. Beide Bereiche werden durch die Frage nach dem künftigen Status der kommunistischen Ideologie und ihrer institutionellen Absicherung durch die Partei- und Staatsbürokratie verbunden. Ergänzt wird diese Frage danach, wie sich künftig das Verhältnis der herrschenden kommunistische Ideologie mit dem - in den Beiträgen dieses Band mehrfach deutlich werdenden - Nationalismus gestalten wird.

Ein wesentliches Element der Verknüpfung von Makro- und Mikro-Ebene stellt auch das Bildungswesen dar. Seine Bedeutung ist allein schon dadurch bestimmt, daß die in allen Subsystemen der Gesellschaft leitenden, vermittelnden und ausführenden Menschen selbst durch einen formalen und informellen Bildungsprozeß gegangen sind und sich in ihren Handlungen mit ihm auseinandersetzen müssen, was sich an der „Bewältigung" der Kulturrevolution und der Aneignung „kapitalistischer" Denk- und Handlungsweisen beispielhaft demonstrieren läßt. Zeigt sich in dieser Auseinandersetzung die „stimulierende" Funktion von Bildung und Erziehung im gesamtgesellschaftlichen Prozeß, führt die Analyse der gegenwärtigen und zukunftsorientierten Bildungsinstitutionen und umfassenden Bildungsprozesse zur „unterstützenden" (oder ggf. auch „hemmenden") Funktion. Unter diesem Aspekt bieten die Beiträge des Bandes anschauliche Einsichten und Denkanstöße.

3. Jürgen BAUMERT hat kürzlich anläßlich des ihm von der *European Science Foundation* verliehenen Latsis-Preises einige Faktoren umrissen, welche die Effektivität von Bildungssystemen kennzeichnen und danach folgende Verhinderungsfaktoren identifiziert [49]: den „Mangel an Gleichgewicht zwischen Zentralisierung und Dezentralisierung", den „Mangel and Anreizen" (bezogen auf Lehrkräfte) und den „Mangel an Professionalität" (ebenfalls bezogen auf Lehrkäfte). Diese evaluierten Einschätzungen sind im Kontext dieses Beitrags unter dem Aspekt des internationalen Bildungsvergleichs höchst aufschlußreich, weil sie den *Sonderfall China* ausdrücklich hervorheben:

„Ironischerweise hat das Land, das diesen Regeln trotzt - China - eines der stärksten Rangplätze in der Schulleistung. BAUMERT stellt fest, daß die Erfah-

[49] First European Latsis Prize. Professor Jürgen BAUMERT receives the prize for research that has influenced the education system. In: ESD Communications, Summer 2000, no.41, S.18-19.

rung dieses Landes seiner Analyse entspricht: es ist ein zentralisierter politischer Staat, doch gewährleistet seine geographische Größe, daß es aus bildungspragmatischer Perspektive nur dezentralisiert sein kann. Es gibt keine finanzielle Anreize, um das System zu verbessern, doch gibt es starke soziale Impulse, dies zu tun, zumal das Bildungswesen einen Schlüssel zu Erfolg und Status bildet. Teilhabe und Integration gehören zum System des Landes wie in Japan und anderen ostasiatischen Ländern.

Jüngere Forschungen, die in BAUMERTs Abteilung[50] durchgeführt wurden, zeigen an, daß chinesische Kinder auch beträchtlich besser bei der Darbietung von Informationen in unterschiedlichen graphischen Formen sind, verglichen mit ihren westlichen Altersgenossen. Da visuelle Bildhaftigkeit durch Internet und andere Technologien weiter verbreitet wird, könnte ihnen dies, wie BAUMERT sagt, erhebliche Vorteile bringen.

Der am Ende dieser Schlußbetrachtung wiedergegebene Hinweis auf die Schulleistungen chinesischer Kinder aus der Sicht eines deutschen Erziehungswissenschaftlers mag als Indiz für die Teilhabe Chinas und des chinesischen Bildungswesens an den Prozessen der *Globalisierung* und *Transformation* angesehen werden. Er dürfte künftig noch mehr an Bedeutung gewinnen, als dies bereits in den Beiträgen dieses Bandes deutlich wird.

Literatur

BECK, Ulrich; Was ist Globalisierung? Irrtümer des Globalismus - Antworten auf Globalisieurng. Frankfurt am Main: Suhrkamp 1997.

DORNER, Martina: Die Rolle des Bildungswesens im Transformationsprozeß der Ukraine.

In: HÖRNER, Wolfgang/KUEBART; Friedrich/SCHULZ, Dieter (Hrsg.): „Bildungseinheit" und „Systemtransformation". Beiträge zur bildungspolitischen Entwicklung in den neuen Bundesländern und im östlichen Europa: Berlin: Berlin Verlag Arno Spitz 1999, S.11-131.

HUNTINGTON, Samuel P: Will more countries become democratic? In Political Science Quarterly*,* 99(1984)2, S.193-218.

OFFE, Claus: Das Dilemma der Gleichzeitigkeit. Demokratisierung und Marktwirtschaft in Osteuropa, In: Merkur*,* (1991)4, S.279-292.

PALMA, Giuseppe di: Legitimation from the top to civil society In*:* World Politics*,* 44(1991)1, S. 49-80.

SANDSCHNEIDER, Eberhard: Stabilität und Transformation politischer Systeme. Stand und Perspektiven politikwissenschaftlicher Transformationsforschung. Opladen: Leske + Budrich 1995.

YOUNG, Oran: Regime dynamics: the rise and fall of international regimes. In: International Organization, 36(1986)2, S.277-297.

---

[50] Am Max Planck-Institut für Bildungsforschung (Max Planck Institute for Human Development) in Berlin.

[illegible]

[illegible]

[illegible]

[illegible]

[illegible] S. [illegible]

Barbara Kowalzik

Das jüdische Schulwerk in Leipzig 1912–1933

(Geschichte und Politik in Sachsen, Band 18)
2002. X, 374 Seiten. 39 s/w-Abbildungen. Gebunden.
ISBN 3-412-03902-0

Die Monographie stellt die einzige allgemeinbildende israelitische Konfessionsschule in Sachsen und ihren Ausbau zum Leipziger Jüdischen Schulwerk mit Volks- und Realschule dar. Berücksichtigung finden lokalspezifische, innerjüdische, schulgeschichtliche, kulturelle, demographische Entwicklungen und ihre Akteure. Die religiös-orthodox geführte Schule hatte die Bewahrung des orthodoxen Judentums zum Erziehungsziel. Auf der Basis bisher nicht erschlossener archivalischer Quellen wird die Entstehung, Struktur und Wirkungsgeschichte des Schulwerkes und das Wirken seines Gründers, Dr. Ephraim Carlebach, aufgezeigt. Die Studie verdeutlicht, wie die Schule junge Menschen einer ethnisch-religiösen Minderheit heranbildete, die bis 1933 ihren Platz im modernen gesellschaftlichen Leben Deutschlands fanden.